日本图书馆概论

沈丽云　著

上海科学技术文献出版社

图书在版编目（CIP）数据

日本图书馆概论/沈丽云著. —上海：上海科学技术文献出版社，2010.7
ISBN 978-7-5439-4383-4

I.①日··· II.①沈··· III.①图书馆事业-概论-日本
IV.①G259.313

中国版本图书馆CIP数据核字(2010)第118648号

责任编辑：邹西礼

封面设计：许　菲

日本图书馆概论
沈丽云　著
*
上海科学技术文献出版社出版发行
(上海市长乐路746号　邮政编码200040)
全国新华书店经销
江苏常熟市人民印刷厂印刷
*
开本660X990　1/16　印张24　字数333 000
2010年7月第1版　2010年7月第1次印刷
ISBN 978-7-5439-4383-4
定价：68.00元
http://www.sstlp.com

序　一

图书馆是社会文明进步的标志。日本之所以发达，与政府对文化事业的重视和民众对知识的渴求是分不开的，与图书馆在社会发展和民众生活中扮演的重要角色是分不开的。凡是到过日本的人，都会对其图书馆网点之普及、技术之发达、服务之精致留下深刻的印象。

日本图书馆事业是值得研究的。日本的图书馆既深受现代西方思潮和科学技术的影响，又保留着浓厚的尊重历史、尊重文化的传统。图书馆不仅从自动作业到泛在服务皆手段先进、技术发达，凡是国际上最先进的信息产品和服务都可以在日本图书馆看到；而且处处表现出读者服务的人性化，其服务之温馨亲切，令人流连忘返。这一切都属于一种叫做“软实力”的文化底蕴，图书馆的建筑再好，科技程度再高，也不一定都能达到这样一种境界。

首先，日本图书馆注重法制化建设。日本图书馆的法制建设很完善，从1950年4月颁布《图书馆法》起，图书馆建设就进入法制化的轨道，一系列围绕图书馆而设立的各类法制法规，为图书馆事业的蓬勃发展奠定了稳固的基础。其次，日本图书馆注重人才队伍建设。图书馆学教育与职业制度紧密结合，形成一整套完善的职业资格制度和专业人员知识更新机制，确保了图书馆管理与服务的质量。第三，日本图书馆注重高新技术的应用，紧紧跟踪世界先进技术，及时将最新技术和方法引进图书馆管理，提升了信息服务的质量。第四，日本图书馆注重文化遗产保存，将现代保存技术应用于文献管理之中。尊重文化和历史是支撑日本图书馆业的重要的价值理念。

当然，日本的图书馆也面临着一系列管理和技术上的严峻挑战。日本在这方面既有成功经验，也有不少教训值得我们借鉴。我们之所以紧密关注近年来日本图书馆界的改革动向，是因为日本现在面临的正是我们今后将要遇到的挑战。今天，全球图书馆正处于从传统向现代化转换的过渡时期，图书馆只有抓住机遇，直面挑战，在发展中完善自己、提升自己，才能真正实现向现代化的转型。他山之石，可以攻玉，我们可以从日本图书馆的发展和转型中得到有益的启示。

沈丽云女士是上海图书馆上海科技情报研究所国际交流处处长，曾经长期在日本生活，精通日语，对日本图书馆事业有深入研究。相信本书的出版，将有助于我们更深入地了解日本图书馆事业的发展全貌。

吴建中

2009 年 11 月 27 日

于上海图书馆

序　二

沈丽云さんが、日本の図書館「全体」を概説する基本図書を執筆したいと言われたのは、たしか2年ほど前だったと思う。そうした構想はかなり前から暖めておられたのであろうが、率直に言って驚いたのを今でも覚えている。専門分化が図書館情報学でも進んでおり、狭い範囲で研究論文を書くのは比較的簡単なのだが、図書館「全体」となると、チームでも組まない限り難しいのではないかと思っていた。

しかし同時に、こうした研究状況の中で、またこういう状況だからこそ、全体を扱うことが何にもまして重要になる。こうした点で、僕は沈さんの原稿が完成するのを心待ちにしていた。上海には年に3回ほど公務、講演、共同研究などで訪問するのだが、そうした時にはまとまって沈さんから質問を受けたりした。その場で答えられる質問もあったが、けっこうな難題もあった。日本で常識とされていることを素朴に問われると、これがけっこう答えるのに難しい場合が多くあった。要するに、わかったこととして感覚的に捉えていたことを、あらためて問われると、正確に答えるのが難しいということである。

ちょうどこの時期は、2009年8月に刊行した「中国の図書館と図書館学:歴史と現在」(呉建中・邱五芳・金暁明・范并思・沈麗雲著,沈麗雲・櫻井待子・川崎良孝訳,京都大学図書館情報学研究会発行,日本図書館協会発売)と重なっていた。この本の中国側の窓口が沈さんということもあり、電子メールでほぼ毎週といってよいほど、2冊の本の完成を目指して質問が行き交っていたし、図書館や国際交流をはじめ、気楽な事柄も含めて対話をしていた。これらは僕にとっても楽しい思い出になる。

昔とちがって図書館の視察や見学は簡単である。重要なのは、そうした個別の図書館や図書館サービスが、どのような基盤の上にのっているのか、そして全体の中でどのような位置にあるのかということの理解である。例えば基盤ということでは、法制度や行政制度の理解が前提となり、それはきわめてその国なり地域の歴史と文化に根ざしている。本書「日本図書館概論」がこうした基盤の理解に貢献するのを願っている。それはまた中国と日本の図書館関係者が基盤の理解を前提に、いっそう実のある学術的対話ができることを可能にするのではないかと期待している。

本書「日本図書館概論」を1つの契機として、中国と日本の図書館界で国際的な対話がさらに進むと信じている。

川崎良孝

京都大学大学院教育学研究科教授(図書館情報学)

日本図書館研究会理事長

译文：

我记得大约是在两年前，听说沈丽云女士要执笔撰写有关全面介绍日本图书馆概况的图书。对于这样的构思，她肯定酝酿了更长的时间。老实说，我至今都记得，当时我感到很吃惊。在图书馆情报学的领域，专业也在不断地细分，在狭窄的范围内撰写论文比较简单；然而，涉及图书馆的整个领域，我曾认为，不建立写作小组是很难完成这样的工作的。

同时，在这样的研究现状下，或者说，正是由于如此的状况，从全局的整体来研究图书馆比什么都重要。因此，我一直衷心等待着沈女士完成这个书稿。我每年由于公务、讲演或合作研究等原因，大约要去上海三次。每次，沈女士都会问我许多问题。有些问题，我当场就能回答，而有些问题就有相当的难度。其中有很多问题，看似简单，在日本是常识，我却感到难以回答。也就是说，对于自己自以为知道的事情，如果被作为问题提出来，要正确回答是比较困难的。

这段时期，恰逢沈丽云参与的新著出版，即 2009 年 8 月刊行的《中国的图书馆和图书馆学：历史和现在》(吴建中、邱五芳、金晓明、范并思、沈丽云著，沈丽云、樱井待子、川崎良孝译，京都大学图书馆情报学研究会和日本图书馆协会发行)。该著作的中方联络人是沈女士，我们几乎每周都要用电子邮件进行联系，为完成这两册图书而交换意见。除了图书馆和国际交流的话题，我们也交流其他彼此感兴趣的事情。对我而言，这些都是美好的回忆。

与过去相比，对图书馆的视察和参观都能比较容易地做到了。然而，重要的是必须理解这些单个的图书馆和图书馆服务具有怎样的基础，在全局之中它们又具有什么样的位置。例如，所谓基础，前提是对于法律制度和行政制度的理解，而这些又与国家和地区的历史文化有深层次的关系。我祝愿这本《日本图书馆概论》对于这种基础的理解作出贡献。并且，我还期待，以中国和日本的相关图书馆专家学者对于该基础的共同理解为前提，能够进一步进行富有成果的学术对话。

我坚信，以这本《日本图书馆概论》为契机，中国与日本的图书馆界能够进一步展开国际性的对话。

川崎良孝

京都大学大学院教育学研究科教授(图书情报学)

日本图书馆研究会理事长

自序

自从有了人类社会，便产生了记录从古至今人类发展和演变历史的文字，而这些文字的载体——图书也就应运而生，这些珍贵的文献资源是反映人类精神文明的宝贵财富。图书馆作为保存各民族文化财富的机构，担负着保存人类文化典籍的任务。其重要功能之一，就是对文献进行收集、加工、整理和科学管理，以便广大读者借阅使用。由此，在很大程度上，一个国家图书馆事业的发展演变，不仅可以反映该国民族文化的进展过程，而且体现了该国文化教育发展的整体水平。同时，国家的政治、经济与文化背景，也直接影响着该国各类图书馆的服务理念、制度建设和管理模式。加强图书馆的管理，充分发挥图书馆应有的作用，离不开图书馆界与各界人士一起在图书馆事业建设方面进行积极有益的探索和实践。中国的图书馆事业虽然经过几十年的建设和发展有了很大的进步，但在政治、经济、文化全球化的今天，为进一步推进我国图书馆事业的建设，积极、主动而又认真地研究国外同业的具体做法及其成功经验或失败教训，无疑是非常必要的。

日本是当今世界图书馆事业较为发达的国家之一。日本的文化教育事业以及图书馆事业历史悠久，与中国相关领域的发展关系密切，相互之间的学习和借鉴也从未间断。据史料记载，日本最早出现的“书籍馆”就是因为受到中国的影响而设立的。明治维新以后，随着西方文化对日本的影响不断扩大，日本传统的“书籍馆”逐渐向近代图书馆转化。而日本图书馆事业真正进入现代化的发展阶段，则得益于战后图书馆专门法的颁布。作者利用曾长期在日本工作生活的便利，积极收集相关资料，并充分借鉴参考国内外有关专家学者、特别是日本图书馆协会盐见升教授和北京大学李国新教授等的研究成果，希望通过本书的尝试，努力展示日本图书馆事业发展的全貌及有益经验。

本书共分八章，通过结合日本图书馆事业发展过程中的经济、法律和相关社会背景，介绍其主要特点和作用，并探讨对中国图书馆事业发展的借鉴意义。其中第一章第七节《日本国立国会图书馆数字图书馆事业》由张轶同志撰稿。前五章概要介绍了日本国立国会图书馆、公共图书馆、学校图书馆、大学图书馆、专业图书馆和日本其他图书馆的发展历程、馆藏、经费、服务、人员及管理等方面的现状及未来发展愿景。第六章从日本图书馆法律体系的演进发展、框架结构、基本内容和主要特点等四方面，全面介绍日本图书馆法律体系，重点介绍了2008年6月日本图书馆法最新修订的具体事项，尤其是其中关于图书馆服务、馆藏、职员资格和运营管理的最新变化。通过结合日本法律体系和相关社会背景，总结此次修订的特点，并讨论其对中国图书馆事业发展的借鉴意义。第七章从日本图书馆情报学教育的发展历史和司书及候补司书的培养等入手，介绍了日本图书馆情报学教育。本章第二节《司书和候补司书的培养》参考了盐见升教授提供的资料。第八章介绍了日本图书馆协会等相关团体对日本图书馆事业发展的作用。

本书附录《公立图书馆的任务和目标》等标准的翻译得到了日本图书馆协会的许可。书中的部分内容已发表在各种刊物上，如第二章第六节的制定管理者制度已刊登于《图书馆杂志》2009年第9期；第三章的学校图书馆部分内容已刊登于《中小学图书馆情报世界》2009年第9期等。对以上各刊物慨允笔者将这些文章收录于本书中，在此深表谢意。

由于掌握的文献有限和本人能力的限制，本书内容有不足之处，敬请广大读者和图书馆界同行们批评指正。在撰写和编辑出版过程中，得到川崎良孝教授、樱井待子女士以及蔡莉、章骞、孙东华、王珅青、向远媛、余兆俊等同志的大力支持和帮助，在此谨致谢忱！

沈丽云

2009年12月25日

目　录

序一　吴建中 /1

序二　川崎良孝 /1

自序 /1

第一章　日本国立国会图书馆 /1

第一节　国立国会图书馆的历史沿革 /1

第二节　国立国会图书馆的组织机构 /4

第三节　国立国会图书馆的经费及馆藏 /7

一、经费 /7

二、馆藏 /8

第四节　国立国会图书馆的服务 /10

一、面向日本国会的服务 /10

二、面向行政和司法的服务 /12

三、公共服务 /15

第五节　国立国会图书馆的职员 /17

一、人员 /17

二、培训 /18

第六节　图书馆协作 /20

第七节　国立国会图书馆数字图书馆事业 /21

一、资源内容建设——电子图书馆服务的扩充 /22

二、资源内容揭示——本馆网页的运营 /30

三、有关电子图书馆的技术研究和开发 /31

四、电子图书馆所采用的系统架构 /33
五、有关电子图书馆的交流合作活动 /34
六、小结 /37

第二章 日本公共图书馆 /39
第一节 公共图书馆现状 /39
一、公立图书馆 /39
二、私立图书馆 /46
第二节 公共图书馆历史 /47
第三节 公立图书馆的经费及馆藏 /55
一、经费 /55
二、馆藏 /57
第四节 公立图书馆服务 /57
一、服务内容 /57
二、服务现状 /60
三、商务支援服务 /61
第五节 公立图书馆职员 /65
第六节 公立图书馆制度建设 /66
一、公立图书馆建设的相关制度标准 /66
二、公共图书馆和《图书馆法》/69
三、公立图书馆和指定管理者制度 /70
第七节 公立图书馆的振兴政策 /80
一、都道府县的图书馆振兴政策 /82
二、补助金制度废除后的援助政策 /82
三、振兴政策面临的问题和解决对策 /83
四、公立图书馆读书活动 /84
第八节 公立图书馆面临的问题 /85
一、服务据点有待完善 /85

二、县立图书馆的资金投入不足，县区域内图书馆的网络建设有待完善 /86
三、严峻的职员体制 /86

第三章 日本学校图书馆 /90
第一节 学校图书馆历史发展 /91
第二节 学校图书馆经费 /93
第三节 学校图书馆馆藏 /94
第四节 学校图书馆的组织运营 /96
第五节 学校图书馆服务 /98
一、学校图书馆的任务 /98
二、学校图书馆和情报教育 /99
三、学校图书馆的利用和指导 /100
四、学校图书馆和儿童读书活动 /101
第六节 学校图书馆和公共图书馆协作事业 /103
第七节 学校图书馆职员 /106
一、司书教谕 /106
二、学校司书 /108
第八节 学校图书馆面临的问题 /110
一、教育改革的进程 /110
二、素质教育的重新审视 /111
三、司书教谕的职责 /111
四、专职职员的配置需求 /112

第四章 日本大学图书馆 /114
第一节 大学图书馆历史 /114
第二节 大学图书馆的现状 /117
一、大学图书馆数量变化 /118

二、国立大学图书馆性质的变化 /119
第三节 大学图书馆体系结构 /120
一、组织体制:一大学一组织 /120
二、大学图书馆的馆长 /121
三、大学图书馆委员会 /121
第四节 大学图书馆经费 /122
第五节 大学图书馆馆藏 /124
第六节 大学图书馆服务 /126
一、辅助大学教育 /126
二、资源共建共享,支持学术研究 /127
三、满足民众文化需求 /129
四、大学图书馆服务的变化 /130
第七节 大学图书馆职员 /137
第八节 大学图书馆评估 /140
一、评估背景 /140
二、评估方式 /141
三、评估指标 /142
四、评估效果和影响 /143
第九节 大学图书馆面临的问题 /144
一、财政基础不稳定 /144
二、职员缺乏和专职化程度减弱 /144

第五章 日本专业图书馆和特种图书馆 /147
第一节 专业图书馆 /147
一、专业图书馆类别 /147
二、专业图书馆的特色 /149
三、专业图书馆的规模及人员配备 /151
四、各具特色的专业图书馆 /152

五、专业图书馆面临的问题和挑战 /154
第二节　特种图书馆 /154
一、盲文图书馆 /155
二、医院患者图书馆 /156
三、监狱图书馆(服刑图书馆) /158

第六章　日本图书馆法律体系 /160
第一节　演进发展 /160
第二节　框架结构 /163
第三节　基本内容 /166
一、《图书馆法》/166
二、《学校图书馆法》/174
三、《国立国会图书馆法》/178
四、《大学图书馆基准》/183
五、其他相关法律法规 /185
第四节　主要特点 /186
一、现有图书馆法律体系的主要特点 /186
二、《图书馆法》的最新修订充分体现了日本法律体系的主要特点 /190

第七章　日本图书馆情报学教育 /199
第一节　发展历史 /199
第二节　司书和候补司书的培养 /200
一、"司书"名称的由来 /201
二、职员制度里的司书 /202
三、司书的资格条件 /203
四、司书的教育培养制度 /204
五、教育标准和必修课程 /206

六、大学的司书培训课题 /207
七、司书的进修 /207

第八章 日本图书馆相关团体 /211
第一节 日本图书馆协会 /211
一、发展历史 /211
二、组织机构 /212
三、主要职责 /213
四、主要作用 /215
第二节 日本图书馆研究会 /217
一、本会概要 /217
二、本会组织情况 /217
三、本会的出版物 /219
四、本会的活动 /220
第三节 日本国立大学图书馆协会 /221
一、发展历史 /222
二、组织机构及职能 /223
三、对外学术交流——日美大学图书馆会议 /225
第四节 日本图书馆情报学会 /226
一、本会简历(会史) /226
二、本会的组织情况 /226
三、本会开展的活动 /227
四、本会的出版物 /227
五、本会设立的奖项 /227
六、文献目录数据库 /228
第五节 大学图书馆问题研究会 /228
一、本会概要 /228
二、本会的组织 /229

三、本会的活动 /229
四、本会的出版物 /230

附录一：日本图书馆相关法律法规 /232
图书馆法 /232
国立国会图书馆法 /238
学校图书馆法 /247
大学图书馆基准 /249
图书馆法施行规则 /253
公立图书馆设置及运营方面的期望标准 /261
公立图书馆的任务和目标 /269
进行图书馆系统建设的数值标准 /285
图书馆员的伦理纲领 /288
图书馆自由宣言 /293

附录二：日本图书馆年表(1866～2008)/297

第一章 日本国立国会图书馆

日本国立国会图书馆隶属日本国会，是日本的国家图书馆，也是日本国内最大的公共图书馆，位于日本首都东京。

地处东京的日本国立国会图书馆在政治、经济和文化生活中都起着极为重要的作用。日本《国立国会图书馆法》于《前言》中明确规定，该馆的使命为“坚信真理为我们带来自由，为日本的宪法所宣示的日本的民主化和世界和平作出贡献”。日本国立国会图书馆的主要任务是：(1)广泛收集包括出版物和电子信息在内的日本国民的知识活动的成果，构筑日本国民共享的信息资源；(2)通过提供与政府课题有关的调查、分析和信息，对日本国会的立法活动进行协助；(3)向行政、司法各部门以及日本国民广泛提供图书馆服务，保障其现在和将来对于信息资源的运用渠道。

第一节　国立国会图书馆的历史沿革

日本国立国会图书馆虽然正式成立于 1948 年(昭和 23 年)2 月，但是，其历史渊源可以追溯到 1872 年(明治 5 年)。当时的日本文部省将昌平坂学问所、蕃所调所、和学讲谈所等的藏书集中起来，设立了书籍馆，1875 年(明治 8 年)曾改称东京书籍馆。

1890 年(明治 23 年)，根据当时日本贵族院书记官长金子坚太郎

(1853～1942)、众议院书记官长曾祢荒助(1949～1910)的禀议，设立了隶属于当时帝国议会的贵族院众议院图书馆。该图书馆和上述书籍馆的藏书，构成了日本国立国会图书馆的馆藏基础。①

而于1906年(明治39年)3月23日开馆的帝国图书馆新馆则可以说是日本国立国会图书馆的雏形。但是由于当时的日俄战争，帝国图书馆新馆只能达到设计规模的四分之一。直到1946年(昭和21年)，日本政府才根据众议院10名议员的提议，决定建立国会图书馆。

第二次世界大战日本战败后，为了正式实施国立国会图书馆的建设，日本众、参两议院的议长要求盟军最高统帅部(General Headquarters/Supreme Commander for the Allied Powers：GHQ/SCAP)向日本派遣图书馆专家。1947年(昭和22年)12月14日，美国议会图书馆副馆长V·W·克拉普以及美国图书馆协会东洋部委员长C·H·布朗应邀来到日本，帮助日本制定了《国立国会图书馆法》。1948年(昭和23年)2月9日，日本《国立国会图书馆法》和《国立国会图书馆建筑委员会法》正式颁布实施。同年2月25日，金森德次郎(1886～1959)被任命为战后日本首任国立国会图书馆馆长。

1948年(昭和23年)6月，国立国会图书馆以赤坂离宫(现在的迎宾馆)为临时馆址而开馆，并迅速展开了各项业务活动。其中包括：设置了支部东洋文库和支部静嘉堂文库；设置了行政和司法支部图书馆；制定组织规程；创刊了《呈缴本月报》(1950年改为《国内出版物目录》)、《杂志记事索引》的人文科学编和自然科学编、《全日本出版物总目录》、《参考咨询》(1951年6月)和《日本法令索引》(1951年7月)等等。1949年(昭和24年)3月15日，国立国会图书馆成为联合国的托存图书馆之一。

1961年8月，位于日本东京永田町的国立国会图书馆第一期工程竣工，并汇集了支部上野图书馆(原帝国图书馆)等的资料，以205万册的藏书，正式开始了国立国会图书馆的业务活动。1966年8月16日，国立国会图书馆加入国际图书馆协会联合会(IFLA)。

---

① 国立国会図書館について[EB/OL]. [2009-08-13]. http://www.ndl.go.jp/jp/aboutus/

1968年，在国立国会图书馆开馆20周年之际，随着第二期工程的竣工，全馆的建设正式完工，于该年11月21日举行了盛大的纪念活动。

为了应对不断增加的藏书，1986年建成了新馆，并于当年9月1日开馆。新馆藏书1 200万册，有阅览座位1 900个。为了优先服务于社会各界人士，新馆禁止20岁以下的大学生读者入馆。

1994年12月，由国立国会图书馆馆长、两院议院运营委员长、建筑大臣和建筑专家组成的国立国会图书馆建筑委员会向国会提出了关西馆建设的方案。国会批准了该方案，并在当年拨出相关经费，正式开始了关西馆的建设。2002年10月，位于关西文化学术研究都市内(京都府相乐郡精华町)的国立国会图书馆关西馆正式开馆。关西分馆主要负责收藏科学技术相关资料、亚洲语言类资料、国内博士论文等，与东京本馆一起成为国立国会图书馆中央馆的重要组成部分。

此外，2000年5月，具有悠久历史的支部上野图书馆经过改造，成为日本第一个国立的以儿童书籍为特色的图书馆，即国际儿童图书馆，并于2002年5月全面开馆。

近年来，除了致力于发展电子图书馆外，国立国会图书馆也有一系列组织结构的变革，包括2005年《国立国会图书馆法》规定的馆长享受的国务大臣待遇被取消、2006年自由民主党行政改革总部提出图书馆的独立行政法人化方案、以及2007年首次任命与国会无关的长尾真(原京都大学校长)为馆长等。

2006年2月10日，日本自民党行政改革推行本部要求将日本国立国会图书馆改革为独立行政法人的方针，拉开了国立国会图书馆改革的序幕。自民党行政改革本部指出，其他国立博物馆、美术馆等均已独立行政法人化，并取得了很好的效果，因此，国立国会图书馆也应该能够通过独立行政法人化进行根本的改革。根据日本自民党行政改革推进本部的设想，独立法人化后的国立国会图书馆将更名为“国立国会图书馆法人”，由参众两院的议院运营委员会共同管理。独立法人化以后的国立国会图书馆职员将不再是公务员，其组织机构将由国会图书馆馆长自己决定，基本设想为由调整室、收集书志局、资料提供局、主题情报局和调查室等构成。独立法人化以后的国立国会图书馆的业务范围将基于现行的《国立国会图书馆法》有所缩减。其员工的工资收入也将与其业绩挂钩。此外，参众两院的议院运营委员会将设立评估委员会，每个年度以及中期目标完成时，对国立国会图书馆法人的业绩进行评估。关于这一改革设想还存在争论。支持者认为：通过独立法人化，可以精简国立国会图书馆的冗员；同时，图书馆也有必要引进第三方评估系统。在整个公务员制度都在进行改革的过程当中，国立国会图书馆不应该是例外。在政府压缩财政的背景下，对于国立国会图书馆所拨的经费也应该有一个限度。而反对者则称：国立国会图书馆担负着为国会议员服务的特殊使命，如果按照管理企业的方式管理，就会降低其服务质量；国会图书馆是一个所谓的"文化人集团"，如果单纯以效率对其进行评估，就会使其失去应有的功能。对于图书馆而言，如何创造一个良好的学习环境，才是更重要的课题。而读者对此的普遍担心在于，独立法人化以后，图书馆的免费服务有可能变成有偿服务，这将有违设立图书馆的初衷，是对国民学习权利的一种侵犯。①

第二节　国立国会图书馆的组织机构

国立国会图书馆隶属日本的立法机关国会，为国会的常设机构，受众参两院的议院运营委员会领导。国立国会图书馆的组织运营，是由馆长主持、副馆长及各部局长参加的馆务会议对重要事项进行审议研究，做出决策。对各种专业性、技术性问题，设立常设或临时性的委员会、审议会进行研讨和管理。

国立国会图书馆由中央馆（总务部、调查及立法考查局、收集部、书志部、资料提供部、主题情报部）、关西馆、国际儿童图书馆、支部东洋文库以及行政司法各部门的26个支部图书馆组成（图1-1）。具体机构设置如下：

---

① 沈丽云. 日本国立国会图书馆的独立法人化追踪[J]. 图书馆杂志，2007(3)：58—59.

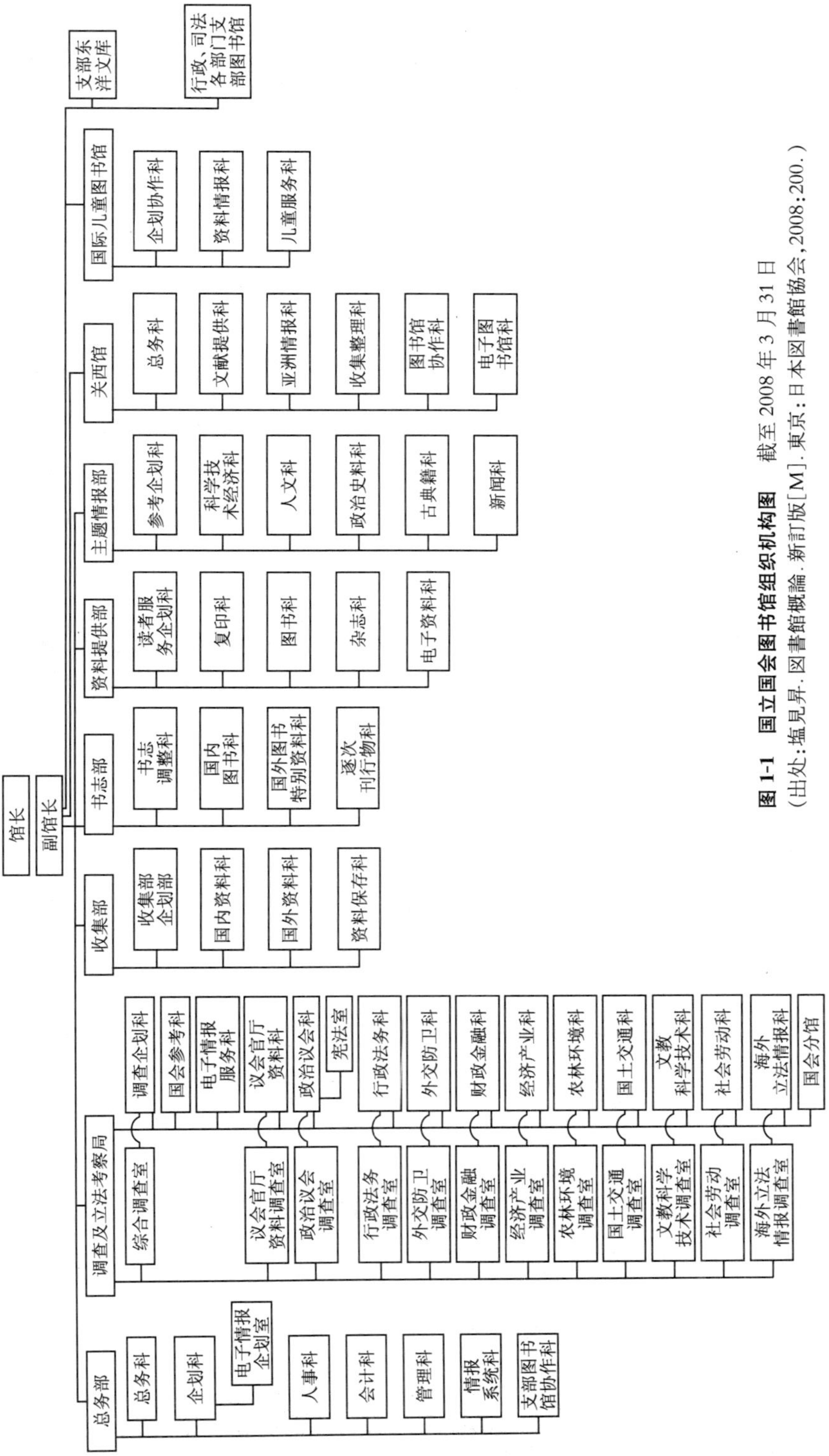

图 1-1　国立国会图书馆组织机构图　截至 2008 年 3 月 31 日

（出处：塩見昇．図書館概論．新訂版[M]．東京：日本図書館協会，2008：200.）

总务部包括总务科、企划科（下设电子情报企划室）、人事科、会计科、管理科、情报系统科和支部图书馆协作科。其主要职责是保证全馆业务工作有序正常运行，谋求业务进一步合理化、高效化，规划业务的自动化和强化协调功能。

调查及立法考察局包括综合调查室（下设调查企划科、国会参考科、电子情报服务科）、议会官厅资料调查室（下设议会官厅资料科）、政治议会调查室（下设政治议会科及宪法室）、行政法务调查室（下设行政法务科）、外交防卫调查室（下设外交防卫科）、财政金融调查室（下设财政金融科）、经济产业调查室（下设经济产业科）、农林环境调查室（下设农林环境科）、国土交通调查室（下设国土交通科）、文教科学技术调查室（下设文教科学技术科）、社会劳动调查室（下设社会劳动科）、海外立法情报调查室（下设海外立法情报科）和国会分馆。其主要职责是对来自国会的需求做出迅速准确的反应，全面充实和强化调查功能。

收集部下设收集企划科、国内资料科、国外资料科和资料保存科。其主要职责是制订、实施文献收集计划。

书志部下设书志调整科、国内图书科、国外图书特别资料科和逐次刊行物科（连续出版物科）。其主要职责是接收、整理加工和保管收集部送来的图书、杂志并迅速提供使用。

资料提供部下设读者服务企划科、复印科、图书科、杂志科和电子资料科。其主要职责是负责馆藏资料的阅览、复印等服务。

主题情报部下设参考企划科、科学技术经济科、人文科、政治史料科、古典籍科和新闻科。其主要职责是统一整理保管科技报告、官厅资料、地图和古籍文献等特定主题资料并提供参考咨询服务。

关西馆包括总务科、文献提供科、亚洲情报科、收集整理科、图书馆协作科和电子图书馆科。

国际儿童图书馆包括企划协作科、资料情报科和儿童服务科。

支部东洋文库是根据与财团法人东洋文库的协议，作为国立国会图书馆的分馆之一运营的，收藏有丰富的亚洲文献。2009 年 3 月底，因与财团法人东洋文库间的协议到期，自 1948 年以来运营至今的东洋文库被废除。①

行政司法部门 26 个支部图书馆有会计检察院图书馆、人事院图书馆、内阁法制局图书馆、内阁府图书馆、日本学术会议图书馆、宫内厅图书馆、公正交易委员会图书馆、警察厅图书馆、金融厅图书馆、总务省图书馆、总务省统计图书馆、法务图书馆、外务省图书馆、财务省图书馆、文部科学省图书馆、厚生劳动省图书馆、农林水产省图书馆、林野厅图书馆、经济产业省图书馆、特许厅图书馆、国土交通省图书馆、气象厅图书馆、海上保安厅图书馆、环境省图书馆、防卫省图书馆和最高裁判所图书馆。上述 26 个支部图书馆与中央馆既相互联系，又保持相对的独立性。它们各自分担收集资料、协助调查等业务工作，隶属政府各省厅和最高裁判所之下，这种支部图书馆制度在世界国立图书馆中是独一无二的。

第三节　国立国会图书馆的经费及馆藏

一、经费

国立国会图书馆的经费全部由国家拨付。2008 年度(日本的年度指当年 4 月 1 日至次年 3 月 31 日，如 2008 年度指的就是 2008 年 4 月 1 日至 2009 年 3 月 31 日，余皆依此类推，后文遇此情况如无特殊原因均不再说明)，国立国会图书馆的年收入预算额为 2 642 万日元，年支出预算额为 217.83 亿日元。年支出预算中，人力费 91.82 亿，资料费 25.28 亿，其他运营经费 82.71 亿，图书馆设施费 18.02 亿。②

---

①② 国立国会図書館. 平成 20 年度国立国会図書館年報［EB/OL］.［2009-11-16］http://www.ndl.go.jp/jp/publication/annual/h20/nen20.pdf

2009年度的年初预算总额为215.84亿日元，分为两大部分，分别是国立国会图书馆费(198.85亿日元，占预算总额的92%)和国立国会图书馆设施费(约17亿日元，占预算总额的8%)。在国立国会图书馆费中，人力费93.37亿，占总费用的43%；资料费25.29亿，占总费用的11.7%；业务情报系统化经费35.52亿，占总费用的16.45%；东京本馆、国际儿童图书馆和关西馆三馆的业务总经费为38.20亿，占总费用的17.7%；国会服务费3.95亿，占总费用的1.8%。①

二、馆藏

由于日本国立国会图书馆具有百年以上的悠久历史，又实施了独特的"呈缴本制度"，所以，其馆藏极其丰富。截至2009年3月，日本国立国会图书馆总共拥有图书9 290 198册(其中，日文和中文书籍6 756 004册，欧美文字书籍2 534 194册)，报纸和杂志13 091 355册(其中，日本国内发行的报纸2 840 356张，杂志5 749 831册，国外报纸1 339 887张，杂志3 161 281册)。②此外，日本国立国会图书馆还藏有大量的诸如缩微胶卷、录像带、磁带、地图、乐谱、博士论文、文件、报纸剪贴资料、盲文、静止图像资料等非图书形态的资料。其特色馆藏主要有：

宪政资料：收藏了日本自19世纪后叶以来的近代政治发展史的文献资料和日本近代政治家、外交家、军事家以及实业家等重要人物的日记、书信、备忘录草稿和办公文件等，计23万件。此外还有二战后驻日盟军最高统帅部的全部重要文件计3 200万页的缩微胶片。

法令、议会资料：包括日本在内的70个国家的国会议事录和约150

① Online国立国会図書館.平成21年度歳出予算額(当初)[EB/OL][2009-10-26] http://www.ndl.go.jp/jp/aboutus/outline_budget.html

② 国立国会図書館.平成20年度国立国会図書館年報[EB/OL][2009-11-16] http://www.ndl.go.jp/jp/publication/annual/h20/nen20.pdf

个国家的政府公报、法令集、判例集、条约等重要资料。其中日本资料 16 万册，外国资料 19 万册。

科技资料：除收藏国外科技期刊 28 000 册外，还收集 PB、AD 报告，原子能与能源报告、外国博士论文、学会出版物以及标准等。

地图资料：收藏有 52 万张地图。其中有日本明治时代至今由官方制作的地形图、地质图、航海图等。此外还有住宅图 52 221 张。

音乐资料：收藏约 58 万张唱片，占日本收藏之首。①

有关日本的西文资料：即西方人著述的有关日本的资料，其中包括 16 世纪初期基督教传教士的报告书。

古籍图书：截至 2009 年 3 月，馆内的古典籍资料室中，共有藏书 305 068 册，日语及汉语的古籍多达 30 万册，而西洋古籍也有 5 000 余册。其中不乏珍贵稀有的文献，另外还有不少中国历代、特别是清代的族谱、地方志及其他文献。②

亚洲资料：收藏了 36 万册亚洲、中东、北非地区有关政治、经济、历史和文化等方面的资料。其中，中、朝文资料占主要部分，计有中文图书 25 万册、期刊 5 908 种、报纸 464 种。③

日本国立国会图书馆主要通过资料采购、呈缴本、捐赠、国际交换等手段收集资料。其中"呈缴本制度"是其独特的制度。

《国立国会图书馆法》(1948 年法律第 5 号)规定了必须将在日本国内发行的出版物交纳到国立国会图书馆的"呈缴本制度"。呈缴图书的范围很广泛，不仅包括图书、小册子、杂志、乐谱、地图、电子出版物等，还包括日本国内各机构的出版物、地方团体和独立行政法人等机构的出版物以及民间出版物等。

---

①② 国立国会図書館. 平成 20 年度国立国会図書館年報[EB/OL][2009-11-16] http://www.ndl.go.jp/jp/publication/annual/h20/nen20.pdf

③ Online 国立国会図書館. アジア情報室所蔵資料の概要[EB/OL][2009-10-26] http://rnavi.ndl.go.jp/asia/entry/asia-02data.php

为了完善和正确实施呈缴本制度，1999 年 4 月，在呈缴本制度调查会的基础上设立了呈缴本制度审议会。此外，为了协调呈缴本制度的实施，每年还要召开一次有关呈缴本制度的恳谈会。2007 年度，国立国会图书馆第一次独自实行了综合呈缴率调查，同时确定每年的 5 月 25 日为“呈缴制日”，以这一天为代表致力于普及呈缴本制度，还设计了“呈缴本制度普及标志”。

第四节　国立国会图书馆的服务

一、 面向日本国会的服务

面向日本众参两院及其委员会、国会议员及其他有关人员的服务是日本国立国会图书馆的首要任务。对于国会的服务可以分为两大类，即(1)与政府课题有关的各种调查和信息提供服务(即所谓“立法调查服务”)，由国立国会图书馆和立法考查局共同承担；(2)图书资料的阅览、出借、复印、参考咨询等服务(即所谓“图书馆服务”)。

1. 委托调查

所谓“委托调查”即根据国会议员等的委托，就法案的分析和评估以及政治、经济、社会等政府课题、对内对外的制度等进行调查，并起草法案的纲要等。

委托调查的任务相当繁重。仅 2008 年度就有 46 664 项，较 2007 年增加了 1 520 项。调查的范围亦非常广泛，涉及政治、行政、外交、财政、经济、产业、社会、劳动、文教等。为了提高国会议员获取资料的便利度，国立国会图书馆提供将调查报告书、图书馆资料复印件等直接配送到议员的会馆并回收借出资料的服务。2008 年度的配送资料数为 17 028 件，回收资料数为 4 566 件。①

① 国立国会図書館　平成 20 年度国立国会図書館年報［EB/OL］［2009-11-16］http://www.ndl.go.jp/jp/publication/annual/h20/nen20.pdf

2. 预测调查

所谓“预测调查”，即根据国会议员等所预测的未来的政府课题进行调研，并将调研结果通过各种途径提供给国会。

国立国会图书馆每年都要制订“基本调查业务计划”，并根据该计划实施预测调查。2008 年度共实施了 501 项预测调查。预测调查的结果，通常都发表在《参考咨询》、《调查与情报—ISSUE BRIEF—》、《外国的立法：立法情报、翻译、解说》、《调查资料》等出版物上。在进行预测调查时，根据需要，举行“说明听取会”，邀请社会各界有关专家发表见解。2008 年度共召开了 29 次“说明听取会”，其中政治、行政、外交方面 17 次，财政、经济、产业方面 8 次，社会、劳动、教育方面 4 次。

国立国会图书馆还通过面向国会的网站中的“调查之窗”，以电子文件的方式提供调查信息、国会分馆信息、NDL-OPAC、国会议事录检索等服务。

此外，国立国会图书馆还与众参两院共同建立了国会会议录全文数据库系统，以电子文本方式提供迅速便利的信息服务。

在国立国会图书馆东京本馆 6 楼，还专门设有议员阅览室和议员研究室，以便国会议员来馆进行文献资料的调查研究。截至 2008 年 3 月，陆续设立了议员阅览室（30 个座位，同时设有议员著作文库）、14 个个人研究室、5 个共同研究室（共 76 个座位）、两个谈话室（共 24 个座位）和信息机器室。2007 年度，为了完善议员秘书完成委托调查的书面答复文的环境需求，另配置了两台终端打印机，以提高服务质量。2008 年度，为了进一步提高便利性，又在议员阅览室中配置了碎纸机和多功能数码打印机。①表 1-1 为 2008 年 4 月—2009 年 3 月国会议员利用议员阅览室和议员研究室的情况。

---

① 国立国会図書館. 平成 20 年度国立国会図書館年報[EB/OL] [2009-11-16] http://www.ndl.go.jp/jp/publication/annual/h20/nen20.pdf

表 1-1 议员阅览室和议员研究室的利用情况

(2008 年 4 月—2009 年 3 月)

国会议员利用议员阅览室人数:	639 人
国会议员利用议员研究室人数:	1 628 人
国会议员阅览册数:	3 506 册
国会议员外借人数:	171 人
国会议员外借册数:	351 册

(出处:2008 年度国立国会图书馆年报)

二、 面向行政和司法的服务

国立国会图书馆为了支援各行政和司法部门的业务,通过设立在政府各部门和最高法院的支部图书馆提供专项服务。虽然在 2003 年 4 月 1 日废除了支部邮政事业厅图书馆,但截至 2009 年 3 月,设立在各行政司法部门的支部图书馆数量仍然达到 26 个,其中 3 个支部图书馆还设有共 6 个分馆。表 1-2 为 2008 年 4 月—2009 年 3 月行政和司法部门支部图书馆的利用情况。

表 1-2 行政和司法部门支部图书馆的利用情况统计表

(2008 年 4 月—2009 年 3 月)

支部图书馆名	入馆人数(人)	阅览资料数(册)	外借人数(人)	外借资料数(册)	复印件数(件)	咨询件数(件)
会计检察院	—	57 870	3 179	6 703	—	134
人事院	3 034	15 009	1 714	1 825	0	440
内阁法制院	—	36 724	515	832	0	146
内阁府(合计)	—	109 663	4 198	9 729	1 457	1 802
内阁府 4 号馆	—	87 059	3 436	8 202	1 001	1 614
内阁府本馆	—	22 604	762	1 527	456	188
宫内厅	—	79 441	1 727	13 462	2 535	238
公正交易委员会	—	25 369	1 970	4 020	—	340
警察厅	—	31 776	782	1 180	392	1 127
防卫省	29 516	68 758	5 620	7 859	886	729
金融厅	—	18 488	709	7 202	—	87
总务省	3 022	54 556	2 795	5 460	—	193

（续表）

支部图书馆名	入馆人数（人）	阅览资料数（册）	外借人数（人）	外借资料数(册)	复印件数（件）	咨询件数（件）
总务省统计	4 446	176 606	995	2 700	632	5 187
日本学术会议	240	17 214	92	181	5	41
法务	—	181 406 −	3 844	9 087	0	435
外务省	38 857	131 971	5 545	10 026	695	1 781
财务省	—	153 136	4 772	11 353	—	5
文部科学省	9 326 −	88 954	3 563	8 431	1 375	474
厚生劳动省		176 368 −	925	5 243	—	5 948
农林水产省(合计)	33 760	540 250	5 277	13 954	4 556	2 595
农林水产省	31 668	213 674	4 325	9 282	1 742	373
农林水产政策研究所分馆	1 084	158 292	784	2 337	376	1 205
农林水产技术会议事务局 筑波事务所分馆所	1 008	168 284	168	2 335	2 438	1 017
林野厅	4 907	41 249 −	1 213	2 593	181	899
经济产业省	7 191	113 876	3 712	10 814	891	2 361
专利厅	6 340	52 843	443	555	3 787	1 400
国土交通省(合计)	17 724	367 058	5 243	9 615	6 280	2 552
国土交通省	15 849	101 021 −	3 450	6 098	1 297	1 292
国土技术政策综合研究所分馆	—	176 156	1 044	2 128	4 729	458
国土地理院分馆		45 786	389	632	—	614
北海道开发局分馆	1 875	44 095 −	360	757	254	188
气象局	2 915	113 059	623	1 139	1 274	10 611
海上保安厅(合计)	2 189	11 445	583	972	1 135	1 119
海上保安厅	1 749	11 445	448	759	1 135	983
海洋情报部分馆	440	0	135	213	0	136
环境省	2 633	25 286 −	555	967	—	987
最高裁判所	9 233 −	320 822 −	5 255	12 331	7 126	1 363
合　　计	175 333	3 009 197	65 849	158 233	33 207	42 994

说明：由于开架式阅览等原因，无法统计的项目用—表示。
（出处：2008 年度国立国会图书馆年报）

国立国会图书馆由中央馆和支部图书馆构成。自 1948 年创立支部图书馆制度以来，业已形成网络，相互协作共同开展图书馆的服务工作。支部图书馆是各领域的专业图书馆，通过国立国会图书馆的网络开展服务。

支部图书馆制度是国立国会图书馆的又一项独特的制度。和“呈缴本制度”一样，支部图书馆制度也是由《国立国会图书馆法》所规定的。同时，国会法第 130 条也明确规定了设在国会的国立国会图书馆与行政及司法各部门的图书馆相结合的组织制度。国立国会图书馆的组织结构就是由中央馆、关西馆、国际儿童图书馆和众多的支部图书馆构成的。

为了确保支部图书馆制度的顺利运行，除了在中央馆图书馆协力部设有支部图书馆科以外，还采取了以下一系列的措施。

1. **支部图书馆制度审议会**

成立于 1962 年 7 月。负责在法律、制度、预算和人事等方面对支部图书馆制度进行完善。

2. **支部图书馆研讨委员会**

1986 年随着新馆的建成，由中央馆和各支部图书馆组成的扩大干事会构成，负责对支部图书馆的制度、组织机构、运作等问题进行调查研究，提出改善建议。

3. **国立国会图书馆馆长和行政司法各部门支部图书馆馆长的恳谈会制度**

国立国会图书馆馆长和行政司法各部门支部图书馆馆长每年都要举行一次恳谈会，进行业务交流和协调。

4. **中央馆和支部图书馆协议会**

为了使行政司法各部门的支部图书馆能够顺利地运营，还设有中央馆和支部图书馆协议会及其干事会。

5. **国立国会图书馆和行政司法各部门支部图书馆的网络系统**

截至 2009 年 3 月，中央馆和 26 个支部图书馆通过计算机网络同时共享下述系统：呈缴本和捐赠资料信息系统、业务统计信息系统、图书馆利用介绍信息系统、共同利用数据库系统、BIBLOS 信息检索系统。

6. 兼任图书馆管理员会议

兼任图书馆管理员，既是支部图书馆员工，同时也兼任国立国会图书馆管理员。他们的主要职责是负责加强中央馆与支部图书馆的合作联系，并给出具体的意见建议。截至 2009 年 3 月，共有 26 名兼任图书馆管理员。

三、 公共服务

日本国立国会图书馆除了自己的特殊定位和任务以外，在为一般读者的服务方面也扮演着重要角色，在城市文化建设和服务方面占据着重要的地位。国立国会图书馆主要通过东京本馆、关西馆、国际儿童图书馆和支部东洋文库向一般读者提供服务。

（一）东京本馆和关西馆

1. 登录利用者制度

为了使馆内服务和远程服务更加方便，自 2002 年 10 月开始引进“登录利用者制度”。读者只要通过来馆或邮寄提供自己的姓名、地址、年满 18 岁的证明，就可获得读者 ID 和密码。读者通过网上系统 ID 认证，就可方便地申请资料的馆际互借、远程复印等服务项目。截至 2009 年 3 月，东京本馆的个人登录者已达 24 839 人。①

2. 馆内服务

2008 年度，东京本馆的开馆日为 278 天，来馆读者人数 457 140 人（平均每天 1 644 人）。②馆内提供图书外借、杂志外借、关西馆资料预约外借、普通阅览室、专业阅览室、阅览用目录（包括机读目录和卡片目录）、复印、参考咨询、电子出版物（包括 CD-ROM 等）、馆藏资料登载许可、资料证明和展览会等服务。此外，东京本馆还设有人文综合情报室、报纸资料

①② 国立国会図書館．平成 20 年度国立国会図書館年報［EB/OL］［2009-11-16］http://www.ndl.go.jp/jp/publication/annual/h20/nen20.pdf

室、科学技术和经济情报室、议会官厅资料室、地图室、宪政资料室、古籍资料室、音像资料室、电子资料室等，通过这些专室提供专题服务。

2008 年度，关西馆的开馆日为 278 天，来馆读者人数为 58 977 人(平均每天 212 人)。①馆内提供综合阅览、图书外借、亚洲资料外借、复印、参考咨询、电子出版物(包括 CD-ROM 等)、馆藏资料登载许可、资料证明和展览会等服务。

3. 东京本馆和关西馆的联动服务

东京本馆和关西馆通过网络而实现了远程联动服务。两馆之间不仅可以进行资料的互借，还可以进行远程复印、资料预约等服务。

4. 远程利用服务

对于无法来馆的读者，可以提供资料借阅、复印和参考咨询的远程利用服务。其中，东京本馆负责参考咨询，关西馆负责资料借阅和复印，两馆协同开展该项远程服务。在远程服务的手段中，既有传统的邮递和传真，也有 NDL-ILL 系统(其中包括文部科学省国立情报学研究所的 NACSIS-ILL 系统以及国立国会图书馆联合目录网络系统)和 2002 年开始运用的 NDL-OPAC 的因特网系统。

（二）国际儿童图书馆

国际儿童图书馆是作为国立国会图书馆的一个支部图书馆，于 2000 年 1 月 1 日成立的日本第一个国立的儿童专业图书馆。同年 5 月 5 日，第一期开馆，2002 年 5 月 5 日全面开馆。国际儿童图书馆使用的是明治时期具有文艺复兴风格的原帝国图书馆(后来改为上野图书馆)的建筑，已被指定为东京的“历史建筑”。

国际儿童图书馆建筑面积 6 671 平方米，设有资料室、儿童室、了解世界室、多媒体室等。2006 年 4 月制订了《国际儿童图书馆场馆扩建基本计划》，决定扩建和整修儿童图书馆。截至 2009 年 3 月，共拥有藏书约

① 国立国会図書館. 平成 20 年度国立国会図書館年報[EB/OL][2009-11-16] http://www.ndl.go.jp/jp/publication/annual/h20/nen20.pdf

29 万册(件),期刊约 87 000 多册。

2008 年度开馆日为 286 天,年度来馆读者人数达到 135 781 人(平均每天 475 人。)①

(三) 支部东洋文库

支部东洋文库是以日本传统文化为特色的专业和研究型图书馆,也是日本传统文化的信息中心。读者凭身份证可以进行短时间的阅览。2008 年度末,东洋文库还收集了与亚洲学相关的各语种图书,计 10 555 册,使藏书量达到 954 590 册(件)。其开馆时间为每星期一至星期五的上午九点至下午 4 点 30 分。阅览室有 33 个座位,开架参考图书约有 5 000 册。2008 年度的开馆日为 224 天,来馆读者人数为 1 869 人。②该馆还向博物馆等文化机构出借展览用的资料。例如,2003 年度就向东京世田谷美术馆等出借过 40 件文物资料。2007 年 5 月 7 日,日本国立国会图书馆与东洋文库财团法人签订了《关于支部图书馆合约终止协议书》,决定在 2009 年 3 月 31 日废除东洋文库与国立国会图书馆的从属关系。

(四) 面向残疾人的服务

国立国会图书馆对于残疾人读者的需求也极其重视。自 1975 年 10 月开始,国立国会图书馆就开始为盲人制作录音图书,并提供给日本国内 334 个各类图书馆。此外,还通过呈缴本制度收集和保存盲人图书资料。

第五节　国立国会图书馆的职员

一、人员

国立国会图书馆馆长由两议院议长在与两议院运营委员会协商之后经国会认可,由议长任命;馆长下设一名副馆长,其人选由馆长提名,经两议

---

①② 国立国会図書館. 平成 20 年度国立国会図書館年報[EB/OL][2009-11-16] http://www.ndl.go.jp/jp/publication/annual/h20/nen20.pdf

院议长同意后任命。图书馆工作人员属于国会职员，新职员每年通过公开考试录用。职员分专门调查员、调查员、参事、司书及其他人员。2008 年 4 月 1 日，根据修订后的国立国会图书馆职员定额规程规定，减少了 15 名职员名额。截至 2009 年 3 月，包括馆长、副馆长在内，共有职员908 名。①

二、 培训

日本国立国会图书馆的职员培训，是根据《国会职员法》第 27 条之二第 1 号的规定《关于国会职员的教育培训事项》，各种培训每年作为一项制度加以实施的。与 1948 年开馆同时开始的职员培训，在培训体系与组织上几经变迁，随着时代和本馆的发展不断完善，逐步形成了多层次、系统化、规范化的完整的体系。

各种培训概要如下：

(1) 新录用职员培训

对新录用的职员，授予作为国立国会图书馆职员所必需的心理素质、图书馆的组织概要、各部门的业务内容和日常业务等必要的常识和基础知识。培训时间一般 5 天左右。

(2) 职员基础培训(第 1 期)

为入馆两年的职员实施的培训活动，培训时间一般 8 天左右，帮助他们掌握图书馆职员的基础知识和图书馆的基本业务内容。

(3) 职员培训活动(第 2 期)

为入馆三年的职员实施的培训活动。在授予他们图书馆职员的基础知识和图书馆的基本业务内容的同时，也让他们接触馆外的工作项目。

(4) 3 级培训

培训对象是有望提升为股长、副调查主任的 3 级职员，培训时间一般 5 天左右。开展 3 级培训有助于提高其作为骨干职员应具备的能力和

---

① 国立国会図書館．平成 20 年度国立国会図書館年報[EB/OL][2009-11-16] http://www.ndl.go.jp/jp/publication/annual/h20/nen20.pdf

见识。

(5) 5级培训

培训对象是有望提升为课长助理及调查主任的5级职员，培训时间一般3天左右。开展5级培训有助于提高其岗位所要求的综合业务能力。

(6) 管理职员培训

此项培训活动，旨在提高管理职员的资质，开拓他们的视野。例如，在2007年度就曾举办过“新任管理职员研究”等一系列的讲座。

(7) 调查业务培训

这种培训在本馆调查及立法考查局内实施，以提高为完成调查业务所需的必要基础和专业知识，充实调查能力。这种培训有讲课和研究会两种方式，参加对象为调查及立法考查局职员。根据需要，其他部局职员也可参加。

(8) 职员特种培训

以提高职员的专业素养为目的而实施的培训。以馆外学识丰富的专家和馆内有造诣的职员的演讲会为中心。

(9) 外语培训

对于在完成业务时需要运用外语的职员，为使其提高外语水平，有助于增强能力、促进业务顺利开展而实施的培训活动。

(10) 委托派遣培训

除了在馆内进行的研修外，适当地让职员参加各省厅、大学、民间等馆外诸机构举办的各种研修活动，以提高职员的专门知识和技能。

通过以上介绍我们可以看到，日本国立国会图书馆的培训体系历经半个多世纪的实践和发展，目前已基本臻于完善。首先，职员培训具有可靠的法律依据，并形成制度，为员工的培训提供了有力的保障。其次，研修体系的严密和规范，满足了不同类型、不同层次职员的需求。第三，授课与研究相结合，注重实效，这体现在培训是以让职员获得本职岗位最需要的知识、从而提高能力为目的上。

第六节 图书馆协作

国立国会图书馆将图书馆协作视为自己的一项重要任务,并努力与日本国内外的各种图书馆和相关团体就图书馆业务进行广泛的合作。

就日本国内而言,国立国会图书馆通过召开恳谈会、派遣理事、向各种委员会派遣委员、参加年会、参加研讨会等方式,与日本国内各公共图书馆、高校图书馆、专业图书馆、议会图书馆、图书馆团体建立了协作关系。例如,截至2009年4月,包括国立国会图书馆、县立图书馆以及政令指定图书馆在内的共64馆的电子资料数据,被收录进图书馆"综合目录网络工程"的数据库中。目前全日本共有1 091所图书馆加入了这一项目。①

就日本国以外而言,国立国会图书馆加入了国际图书馆联合会(IFLA)、国立图书馆馆长会议(CDNL)、亚太地区议会图书馆馆长协会(APLAP)等国际图书馆组织。2006年8月,日本国立国会图书馆派出了有史以来人数最多的一个代表团参加了在韩国首尔召开的IFLA大会。代表团共有18位成员,其中8位在大会上作了发言。作为IFLA/PAC的亚洲中心,日本国立国会图书馆与国际图联保存保护中心国际中心、亚大中心和国际图联保存保护核心项目共同合作,在东京总馆召开了题为"亚洲保存保护工作"的国际图联大会会前会。会后,日本国立国会图书馆和日本图书馆协会组织与会者参观了国际儿童图书馆和其他儿童图书馆。

日本国立国会图书馆也非常重视与中国国家图书馆的业务交流。自1981年以来,中日两国的国家图书馆一直保持着友好交流关系。例如,2003年11月24日至12月3日,日本国立国会图书馆代表团访问了中国,与中国国家图书馆就"国立图书馆的功能强化"、"网络信息资源的收

---

① 国立国会図書館. 平成20年度国立国会図書館年報[EB/OL][2009-11-16] http://www.ndl.go.jp/jp/publication/annual/h20/nen20.pdf

集、组织化和运用”、“图书馆协作的新展开”等课题进行了交流，并参观了中国科学院文献情报中心、北京大学图书馆、中国国家图书馆分馆、浙江图书馆、苏州图书馆和上海图书馆等。

2007 年 11 月 4 日至 11 日，日本国立国会图书馆派遣代表团访问中国，参加中日国家图书馆第 27 届业务交流会。其中，在 11 月 5 日的交流议程中，日本国立国会图书馆馆长长尾真在“世界图书馆馆长研讨会”上发表了题为《知识让我们富有——电子图书馆的发展》的演讲。

第七节　国立国会图书馆数字图书馆事业

日本国立国会图书馆把其有关图书馆数字化的所有事业统称为“电子图书馆事业”，这与我们平常所说的“数字图书馆事业”是一样的。该馆对“电子图书馆”的定义是：图书馆利用通信网络，以电子方式提供一次情报(资料式的东西)、二次情报(有关资料的情报)及其基础设施。

日本国立国会图书馆的电子图书馆事业始于 20 世纪末。为了顺应 90 年代以来的图书馆数字化潮流，日本国立国会图书馆于 1998 年 5 月制定了《电子图书馆构想》。这个构想确定了该馆建立电子图书馆的框架以及实施的基本计划和步骤。未来的电子图书馆将与新建的国际儿童图书馆和关西分馆结合，同时成为这两个分馆的重要功能。为了更加快速、高效地建设电子图书馆，从总体上对电子图书馆事业进行立项、规划和实施，日本国立国会图书馆还在 1999 年 4 月新设了“电子图书馆推进室”，随后又在 2000 年 3 月制定了《电子图书馆服务实施基本计划》。

2002 年，随着关西分馆和国际儿童图书馆的正式开馆，日本国立国会图书馆的电子图书馆事业跨上了一个新的台阶。2002 年 4 月 1 日，国立国会图书馆将原电子图书馆推进室的职责进行了重新划分，将电子图书馆服务的总体计划及其调整工作划归总务部计划协作课电子情报计划室负责，而将电子图书馆的建设及其服务提供、研究开发等一应事务的实施都交由关西馆事业部电子图书馆课负责。与此同时，国立国会图书馆在服务层面上还对该馆的主页进行了充实和更新，增加了书目信息和电子图书馆内容的提供，大幅度提升了对互联网用户的服务支持。

2003 年，国立国会图书馆鉴于国内外对电子情报保存认识程度的提高，为了应对新的互联网发展趋势，在原《电子图书馆构想》基础上，又制定了《电子图书馆中期计划 2004》，对该馆今后 5 年在电子图书馆建设方面所应达到的目的及具体实施构架进行了规划。

以下将就国立国会图书馆电子图书馆事业迄今为止的实施情况做一个大致的介绍。国立国会图书馆的电子图书馆建设主要从资源内容建设、资源内容揭示、相关技术研究以及馆际交流合作等几个方面展开。

一、 资源内容建设——电子图书馆服务的扩充

（一）基于资料电子化的服务

1. 近代数字图书馆（http://kindai.ndl.go.jp/）

国立国会图书馆把推进电子藏书建设作为电子图书馆事业的中心，而在其电子藏书建设中，又以一次情报资料（即图书专著等）的电子化作为核心任务。在上述指导思想之下，根据 2000 年制定的《电子图书馆服务实施基本计划》，国立国会图书馆从 2001 年开始就实施了对明治时期（1868—1911）出版图书的数字化工程，即所谓的“近代数字图书馆”计划。作为这个计划的一部分，该馆还展开了同时期图书的著作权调查工作，以保证数字化图书不会发生版权问题。这项工作是在正式进行数字化之前的 2000 年就开始的。

从 2002 年 4 月 1 日开始，作为明治时期出版图书图像数据库的“近代数字图书馆”正式公布于国立国会图书馆的主页。在该数据库的检索系统中，除了显示检索条目的书目事项之外，还增加了书籍目录的文本显

示，用户可以从目录链接直接跳转到原文图像。图书数字化所采用的图像进行了高比率的压缩，用户可以迅速打开这些图像文件并任意放大和缩小。另外，在电子化图书中所采用的"书签"功能也大大提高了用户阅读时的便利程度。

"近代数字图书馆"项目从 2007 年开始与国立国会图书馆网上书目查询系统 NDL-OPAC 进行协作。通过 NDL-OPAC 检索获得的藏书，如果在"近代数字图书馆"中有馆藏，用户就可以直接点击相关链接阅读电子版的全文。同年，该项目开始追加提供大正时期(1912—1925)图书的数字化版本。

截至 2009 年 3 月，"近代数字图书馆"项目共计收录明治和大正时期图书约 15.6 万册。①

2. 珍本书画像数据库

国立国会图书馆从 2000 年 3 月起，公开其珍本书画像数据库(http://rarebook.ndl.go.jp/pre/servlet/pre_com_menu.jsp)。该数据库收录各种日汉古籍珍本、锦绘以及古代地图等的数字化版本，其中还包括国立国会图书馆所藏的重要文化财产，同时提供用户检索阅览。这些资料都是通过对有关珍本和图画的彩色缩微胶卷进行数字化处理而得到的。截至 2009 年 3 月，该数据库共收录资料 949 件(画像 49063 页)。②

（二）互联网电子信息资源服务

2002 年 3 月 1 日，为了就纳本(即呈缴本)制度审议会所提出的如何将互联网出版物收入纳本制度的质询作出回应，国立国会图书馆将《电子图书馆服务实施基本计划》附件《有关互联网出版物的指针》进一步具体化，制定了《互联网电子信息收集、组织、提供、保存相关实施计划》。该计划从 2002 年起，计划实施 3 年。其目的旨在通过在互联网上进行相关电子资源的收集和储存的实验，协助纳本制度审议会建立起有关互联网出

①② 国立国会図書館. 平成 20 年度国立国会図書館年報[EB/OL][2009-11-16] http://www.ndl.go.jp/jp/publication/annual/h20/nen20.pdf

版物的审查评议制度。3 年计划到期后，自 2007 年开始，计划内的 WARP 和 Dnavi 等主要项目都自动转入正式运营。该计划的内容主要包括以下几项：

1. 互联网资源选择性储存事业（又称“网页存档计划”或“互联网信息储备事业”）（WARP，http://warp.ndl.go.jp/）

国立国会图书馆的互联网资源收集整理计划分为两个部分。一部分是针对静态 Html 网页，使用网页自动收集软件进行采集，然后按照时间先后次序整理保存的计划，即所谓的互联网资源选择性储存事业（“WARP”：Web Archiving Project）。另一部分是针对那些无法通过网页自动收集软件采集的深层网页（即网上数据库）所实施的 Dnavi 计划。

国立国会图书馆采用从 2000 年开始开发的电子图书馆管理系统—互联网电子出版物系统软件平台，从 2002 年开始实施 WARP 计划。根据《互联网电子信息收集、组织、提供、保存相关实施计划》中所规定的收集“公共性和学术性较高的网络信息”以及“从网络电子信息的特点出发考虑比较容易丢失的网络信息”这两条原则，该馆着手构建起一个以电子期刊和网站资源为主的 WARP 事业体系。国立国会图书馆对电子期刊的定义是：“具有统一的题名，最终期未定，以卷期和年月进行表示且持续发行的电子信息”，其中包括同时还有纸质版发行的期刊、由于实行电子化而终止发行纸质版的期刊，以及从一开始就以电子版形式发行的期刊。WARP 计划还在获得对方允许的前提下，广泛收集政府和其他事业单位的网站。在著作权方面，国立国会图书馆从 2002 年 6 月开始即展开了同相关电子期刊编辑以及网站管理者之间的著作权许可协议的签约工作。

国立国会图书馆在获得相关方面许可之后，收集、储存、整理和加工有关的互联网资源，并于 2002 年 11 月 1 日开始正式在互联网上和本馆内部网公开 WARP 计划中的资源。截至 2009 年 3 月，该项计划中所收集的资源总容量已超过了 12 TB。其具体组成如表 1-3 所示。

表 1-3 WARP 计划所收资源详情

资源种类		资源主题数	资源主题访问次数	文件数	容量(GB)
电子期刊		1 872	10 628	6 953 693	1 042
网站	国家机关	53	503	21 721 251	2 323
	都道府县	38	203	25 011 738	2 164
	政令指定都市	14	79	10 174 393	917
	市町村合并	1 736	6 306	19 857 294	1 397
	法人机构	178	1 121	31 123 915	1 707
	大学	341	572	24 641 565	2 981
	活动	96	253	546 761	25
网站小计		2 456	9 037	133 076 917	11 514
合　计		4 328	19 665	140 030 610	12 556

(出处:日本国立国会图书馆 2008 年度年报)

2. 数据库导航服务(Database Navigation Service, Dnavi, http://dnavi.ndl.go.jp)

Dnavi 计划旨在收集那些无法直接通过网页收集软件采集的数据库资源,然后在国立国会图书馆的相关网页上提供这些数据库资源的入口,以方便用户的使用。与 WARP 一样,该计划也采用了国立国会图书馆从 2000 年开始开发的电子图书馆管理系统—互联网电子出版物系统软件平台。在资源的构建上,该系统主要通过与设置在日本国内服务器之上的公开数据库的管理者进行联系,通过 Dnavi 的网页对这些数据库资源进行正确的揭示。为了保证数据库资源的有效性,该项目还不断进行数据库链接的更新和整理工作。

Dnavi 计划从 2002 年 11 月 1 日开始在国立国会图书馆主页公开,到 2009 年 3 月为止总计已收录 13 119 个数据库资源。

3. WebArchive(网络文档存取)的制度化推进

为了实现《电子图书馆中期计划 2004》中所期望的 NDL WebArchive(网络文档存取)目标,需要对互联网电子信息的收集进行立法规制,同时还须对其运用情况作进一步的研究。为此,国立国会图书馆从 2004 年 10 月开始到 2005 年 3 月为止,进行了有关日本国内网络收集技术方面的调查。

调查对象是在全日本的网站中公开发布，且能通过使用软件的方式自动获取的数据。调查项目包括：数据量、数据采集机器人的性能、数据的储存方式和质量以及元数据的自动抽取情况等。国立国会图书馆根据这次调查的结果，对各类软件的网络数据收集功能进行了验证和评价。

国立国会图书馆在 2004 年 12 月 9 日接受了纳本制度审议会有关互联网电子出版物收集制度的质询。针对这一质询，需要进一步推进互联网信息收集的制度化进程。为此，国立国会图书馆在 2005 年 1 月设立了由馆内总务部长担任本部长的 WebArchive 制度化推进本部。该部门在 2004 年底制定了《互联网信息收集和利用制度化基本方针》，并就这一方针听取了有关机构和团体的意见。另外，该方针还以“有关互联网信息收集和利用制度化的思考”的名义通过国立国会图书馆主页向民众公布(2005 年 4 月 14 日至 4 月 27 日)，同时公开募集各方面的意见。在综合所收到的 11 条意见的基础上，国立国会图书馆于 2005 年 6 月 17 日在主页上公布了其自身对这一问题的观点。作为对外进行说明的一环，在同年 4 月 15 日还举行了有 25 个团体参加的纳本制度恳谈会，通过这次恳谈会又进一步听取了有关各方的意见。在充分总结上述所获意见的基础上，国立国会图书馆于当年 4 月进行了《基本方针》的第一次修改，5 月进行了第二次修改，6 月制定了更为详细的制度方案。

2007 年以后，国立国会图书馆确定：在法律规定的基础上，维持其进行互联网信息收集的方针，同时着重建立数字文档系统，并相应地进行有关的课题整理、调查研究和开发活动。有鉴于此，该馆在 2006 年底撤销了 WebArchive 制度化推进本部，随后又在馆内以承担实际研究业务者为基础建立了专门的研讨班，对推进网络信息收集的各方面课题展开了深入的探讨。

（三）内容的编集和编成——电子展示会

根据 1998 年 5 月制定的《电子图书馆构想》，国立国会图书馆将其所收藏的一次和二次文献以某一特定主题为线索进行编辑，然后以“电子展示会”的方式公布于它的主页上(http://www.ndl.go.jp/jp/gallery/index.html)。这类具有特定主题的馆藏电子文献展示活动可以进一步地吸引用户的兴趣和注意力，从而获得较好的文献利用效果。

“电子展示会”项目从1998年开始，迄今已进行了为数众多的相关主题馆藏展示活动。

1998年，在与多家外部机构的合作努力下，国立国会图书馆举办了“数字珍本画展”以及“世界中的日本”电子展示活动。

2001—2002年举办了“日本的历”展示活动。这个展览介绍了日本年历的历史。

2002年开始，所有编集和编成的系列资料都被冠以“日本的记忆”这一统一的主题，国立国会图书馆在这一主题之下制作展出了许多有关日本文化和历史的电子文献。作为这一系列计划的第一步，国立国会图书馆首先制作了介绍日本新宪法诞生过程的“日本国宪法的诞生”专题，这一专题在2003年5月3日宪法纪念日正式在主页公开。此后，该馆又于同年7月18日推出了“藏书印的世界”专题展览。以后各年度的主要电子展示活动如下。

2004年：

5月3日，“日本国宪法的诞生”经过大幅度更新后全面公开；

7月9日，“近代日本人的肖像”；

8月6日，“Incunabula— 西洋印刷术的黎明”；

本年开始为期2年的展示活动：“绘画中的动植物—江户时代的博物志”。

2006年：

7月20日，“史料中所看到的日本近代—从开国到讲和100年的轨迹”。①

2007年：

8月29日，“照片中的明治和大正—从国立国会图书馆所藏照片集

① 开国：指1853年美国军舰闯入日本江户湾，导致日本国门被迫打开。讲和：指的是第二次世界大战结束后，日本同以美国为首的盟国进行的媾和谈判，时在1951年。日语中，“讲和”是“媾和”的委婉说法。

出发—(东京编)",2008 年又推出了该系列的关西编。

2008 年:

为庆祝开馆 60 周年,推出了"国立国会图书馆开馆 60 周年纪念珍本书籍展";

同年,为纪念日本人移民巴西 100 周年,又推出了"巴西移民 100 年"专题展览。

从 1989 年开始,国立国会图书馆不定期地在东京本馆举行特定主题的藏书展示活动(http://www.ndl.go.jp/jp/gallery/permanent/back.html)。随着电子图书馆时代的到来,从 2000 年的第 107 期开始,这一展览活动又增加了电子版部分,除了提供相关主题的纸质书目的信息之外,还提供书籍、图像的电子版以及相关网络信息的链接,极大地丰富了展览的内容。2008 年举办第 155 次常设展示"寿司——家乡的味道"之后,该项目的内容转移到了新设的微型电子展示栏目"书本万花筒"(http://rnavi.ndl.go.jp/kaleido/)中。迄今为止,"书本万花筒"已经先后推出了"美国总统的历史——重新认识 220 年"以及"洋靴——从脚底开始的文明开化"两个展览主题。

(四)信息资源导航

从 2005 年开始,根据新制定的《电子图书馆中期计划 2004》,为了丰富获取各类电子文档的方法,国立国会图书馆开始了搭建本馆数字文档门户和建立参考咨询知识库这两个新的项目。

1. 搭建数字文档门户(PORTA)

这一项目的目的是同各类国家机构以及民间团体等进行合作,除了本馆各类电子资源(电子文献、书目记录)之外,全面搜集各类信息资源和情报(各类信息资源网站和数据库等),并将其进行整合,通过统一的门户提供给用户。

国立国会图书馆于 2004 年建立了试验性 PORTA 门户网站系统。2005 年 7 月开始,为了更加广泛地收集一般用户的体验意见,国立国会图书馆将该门户系统的使用范围进行了进一步扩大。该系统(http://porta.ndl.go.jp/)在 2007 年 10 月正式对公众开放,目前已能检索馆内外47种各类数字化资源(http://porta.ndl.go.jp/portal/dt? action = content&provider = JSPTabContainer)。国立国会图书馆积极将其最新的数字图书馆技术应用于PORTA项目。从2008年12月开始,该网站已能以XML形式向外部提供国立国会图书馆站内资源的元数据,其中包括"近代数字图书馆"的书目信息等。除了提供本馆信息资源,PORTA还同国立情报学研究所的"Webcat Plus"以及NPO法人联想出版社的"想—IMAGINE Book Search"等项目合作,实现了本馆"近代数字图书馆"资源在这些网站上的外部链接。

2. 参考咨询信息共享

对于图书馆来说,每天都会产生大量来自用户的参考咨询需求。国立国会图书馆根据《电子图书馆中期计划2004》所提出的要求,致力于积累各类参考咨询问答数据,并以此为基础建立起知识库,通过网络提供给用户。国立国会图书馆积极寻求与外部其他各馆进行参考咨询问答数据库的合作共享,截至2009年10月,已经初步建成一个参考咨询合作数据库(http://crd.ndl.go.jp/jp/public/)。这一项目的参加馆遍及全国,包括了公共馆、大学馆和专门馆等各类型的图书馆。成员馆具体情况参见表1-4。

表1-4 国立国会图书馆参考咨询合作馆情况汇总(截至2009年11月27日)

		2003—2008年度	2009年度		合计
			增	减	
公共图书馆	(小计)	306	17	1	322
	都道府县	54	0	0	54
	政令指定都市	21	2	0	23
	市区町村	231	15	1	245
大学图书馆	(小计)	126	4	0	130
	国立大学	42	0	0	42
	公立大学	10	0	0	10
	私立大学	74	4	0	78
专门图书馆及其他		37	0	0	37
国立国会图书馆		10	0	0	10
合计		479	21	1	499

(出处:国立国会图书馆参考咨询合作馆一览 http://crd.ndl.go.jp/jp/library/list.html)

二、 资源内容揭示——本馆网页的运营

国立国会图书馆主页(http://www.ndl.go.jp/)的运营从1999年6月开始由总务部计划课电子图书馆推进室负责。随着2001年该项目被确定为“本馆在互联网中的窗口”,2002年4月,网站的运营转交给了总务部计划与合作课电子情报计划室负责。2002年,随着国际儿童图书馆和关西分馆的相继建成并投入使用,国立国会图书馆主页的功能也发生了一定的变化。此后,随着国立国会图书馆电子图书馆事业的不断发展,主页所反映的内容也得到了极大的丰富。除了前文所述的电子图书馆项目之外,该主页主要还提供以下几个比较重要的服务项目:

(一)日本全国书目(http://www.ndl.go.jp/jp/publication/jnbwl/jnb_top.html)

“日本全国书目”(National Bibliography)主要用于编集整理国立国会图书馆新近到馆的书刊资料信息,并且每周一次向国内外进行揭示报道。从2002年4月5日发行的2002年第13号开始通过互联网进行公开,此后,从2003年第6号开始提供音乐和影像资料书目信息,2003年第11号开始提供地图资料的书目信息。

(二)国立国会图书馆藏书检索和借阅申请系统(NDL-OPAC,http://opac.ndl.go.jp/index.html)

该系统于2002年10月1日正式推出使用,其目的旨在代替原先使用的Web-OPAC系统。新系统可以用于检索原先的Web-OPAC系统所不能检索的西文期刊及其目录,同时还增加了在线申请借阅等功能。2003年1月还追加了盲文图书和录音图书全国综合目录的检索功能。随着NDL-OPAC的推出,Web-OPAC系统在2003年3月底正式停止运营。

(三)国立国会图书馆亚洲语言OPAC(http://asiaopac.ndl.go.jp/)

其中收录了NDL-OPAC中未收录的中文、韩文等亚洲语言资料的书目信息并提供检索,对外公开时间与NDL-OPAC相同,均为2002年10月1日。

除了上述这些服务项目之外,国立国会图书馆主页还提供了全国报

纸综合目录数据库检索(http://sinbun.ndl.go.jp/)、国会相关文献资料检索(http://www.ndl.go.jp/jp/data/diet.html)、国立国会图书馆年报(http://www.ndl.go.jp/jp/publication/annual/index.html)和月报(http://www.ndl.go.jp/jp/publication/geppo/index.html)以及国立国会图书馆国际合作交流信息等内容。

此外,该主页在2007年4月2日还进行了一次全面改版。此次改版调整了栏目的设置,新增了焦点新闻和RSS功能,进一步提高了用户使用的便利性。

三、有关电子图书馆的技术研究和开发

国立国会图书馆在电子图书馆方面的研究开发工作主要包括参考咨询联合知识库的建设以及有关电子信息保存的调查研究等。下面分别作一下介绍。

(一)参考咨询联合知识库的建设

根据从2002年度开始的3年计划,国立国会图书馆从当年开始便着手进行参考咨询联合知识库建设的实验和调研工作。以下分年度进行简要介绍。

2002年:调查国外先进案例;调查国内图书馆参考咨询业务开展情况;进行参考咨询联合知识库架构的设计;举行面向有关方面的说明会以及参加馆准备会议。

2003年:建立参考咨询联合知识库,同时通过网页对外正式公开;制定参考咨询联合知识库的规范和标准;募集参加馆;举行参加馆会议。

2004年:开发面向参加馆的网站系统;召开意见听取会;募集新的参加馆;举办参加馆论坛。

2005年,上述的3年实验期结束,该项目转入正式运营。具体运营情况详见上文《参考咨询信息共享》一节的介绍。

(二)有关电子信息保存的调查研究

从2002年开始,国立国会图书馆开始进行电子信息长期保存方面的

调查研究工作。年度实施情况如下。

2002 年,调查国外图书馆在电子信息保存方面的经验、现状和计划,同时还对电子信息保存的方法和技术进行详细的调研,并根据相关技术状况评估所需的费用。当年还面向日本国内的公共和民间机构,就电子信息长期保存问题进行了一次问卷调查。在所发出的 582 份问卷中,回收了 233 份。

2003 年,调查本馆所藏包装类电子出版物(CD、VCD、DVD 等)的情况,同时进行抽样试听以了解其可利用的程度。结果发现,全馆的老音乐 CD 中,大约占样本总数 7 成的 CD 已难以通过 PC 电脑进行再利用。此外,国立国会图书馆还根据 OAIS(Open Archival Information System)标准试验建立本馆的电子信息长期保存系统,并对其中的数据进行元数据处理;同时参照 UNESCO(联合国教科文组织)的相关规则,研究制定本馆的电子信息保存指导原则。

2004 年,根据上一年度本馆对音乐 CD 等资源可利用情况的调查结果,试验采用迁移和模拟两种方法进行处理以实现对此类资源的长期保存。结果发现,媒体迁移是一种比较有效的保存方式,而模拟方式则不合适;但是在对由多个文件组成的电子资料进行处理时,又发现迁移方法也难以应用。

2005 年,发布《国立国会图书馆资料数字化导引》,对国立国会图书馆以及全国其他图书馆的馆藏资料数字化工作做了标准化的规定和指引。

2006 年,根据《保证电子信息长期利用调查研究的实施计划》,开始进行为期 5 年的电子信息长期保存调查和研究,其内容主要是研究如何将旧格式的电子信息通过媒体迁移、模拟转制或者对录音、录像资料的数字化等方式实现对它们的长期保存和利用。

2007 年的主要工作包括:就软盘资料的媒体转移和模拟转制进行深入的调查研究,同时展开对录音和录像资料数字化的相关调查工作。

2008 年对本馆所藏 767 张 5.25 寸软盘资料进行数字化工作,其中大部分资料均已转移到了3.5寸软盘上。同年度,国立国会图书馆继续进行录音及录像资料数字化的调查工作,同时开始开源软件(Free/Open Source Software, FOSS)应用的调研工作。

四、电子图书馆所采用的系统架构

为了防止从互联网上所获资料的散逸丢失,从而实现对各类电子信息资源广泛且永续的保存,需要建立一套能够确保用户获取电子资源的管理系统。国立国会图书馆根据《电子图书馆中期计划2004》以及《NDL数字文档系统开发实施计划》,从2005年开始开发建设旨在对各类电子信息资源进行搜索、保存和提供的"NDL数字文档系统"。

这一系统的内容和层次经过了几次调整,每一年度的内涵均有变化,现分年度予以介绍。

2005年时的划分主要包括:

(一) Web Archive System(网络文档系统)

该系统采用网站收集机器人软件,对庞大的互联网电子信息资源进行收集、保存和提供。

(二) Digital Deposit System(数字存储系统)

对储存于图书馆电子信息系统中的各类电子资源进行元数据管理,以方便用户的使用。

(三) 保存系统

该系统对位于"数字存储系统"上位层次的具体应用系统提供元数据以及数据打包保存服务,在各具体应用系统提出数据需求时予以响应,并向其提供所需数据。

(四) 电子书库

"NDL数字文档系统"所拥有的具有数百TB容量的多硬盘数字资源存储装置。

2006年,国立国会图书馆将网络文档系统和数字存储系统进行一体化处理,统称为收集和提供系统,从而建立起包括收集和提供系统、保存系统和电子书库的三个层次的体系。

2007 年的体系划分又将前一年度合并起来的收集和提供系统再次分开为“收集机能”和“提供机能”两个部分，余下的保存系统和电子书库部分则保持不变。此处的收集机能负责将从互联网所获得的电子资源进行元数据处理，对其进行有序化组织和保存，以备外部的使用；提供机能指的就是对上述做了有序化组织的数据进行提取和使用的机能。作为 NDL 数字文档系统项目的重要一环，国立国会图书馆还在 2006—2007 年度进行了元数据标准的研究和制定工作。

五、 有关电子图书馆的交流合作活动

国立国会图书馆的电子图书馆交流合作活动分为国内交流和国际交流两个部分。

（一）国内合作交流活动

国立国会图书馆从 1998 年开始就号召并联合日本全国各类型的图书馆和情报研究机构，分年度举行电子图书馆全国联络会议。第 6 届会议以“电子图书馆和图书馆的今天、明天”为主题，于 2003 年 3 月 14 日在关西分馆第一研修室举行。这次会议就国立国会图书馆电子图书馆和京都大学电子图书馆的建设进行了研讨，同时还发表了有关全国公共图书馆信息化状况的调查报告和非营利团体“青空文库”的体验报告。

以《电子图书馆中期计划 2004》的出台为契机，同时也是为了更好地与外部机构进行交流沟通，以共同推进该计划的顺利实施，国立国会图书馆在 2004 年 3 月 19 日再次在总馆举行电子图书馆全国联络会议。此次会议的主题涉及电子图书馆的便携功能，来自民间、学术界、公共部门以及图书馆服务和使用者等各方面的代表就这一主题进行了深入的探讨。会议的报告涉及日本政府的 e-Gov 政策、国立情报学研究所（NII）的 GeNii项目（该机构的学术情报资源门户），另外还包括雅虎公司有关美国检索服务进展情况的介绍等。

从 2009 年 2 月开始，国立国会图书馆还同博物馆以及文书馆等机构

共同推出了“数字信息资源圆桌会议”(暂定名)项目,以推动相互间数字信息资源的合作。

（二）国际合作交流活动

国立国会图书馆的电子图书馆国际合作活动十分活跃,主要包括以下几个部分。

1.“世界图书馆(Bibliotheca Universalis)”项目

日本参加了近年的历次国际图联(IFLA)大会,并在大会上对“世界图书馆”项目进行了积极的参与。下面就最近几次大会的情况做一简要介绍。

2002 年国际图联第 68 届大会在英国格拉斯哥举行。在这次会议上发表了以“人与人的交流”为统一主题的数据电子化事业进展情况报告,同时也对世界图书馆的新网页进行了介绍。这次会议提议今后各国应以共同构建和保存“国家网络资产馆藏”为目的展开合作。在第二年于法国举行的国际图联临时会议上,各国就世界图书馆项目签订了协议。

在 2003 年于柏林召开的国际图联第 69 届大会上,成立了国际网络存取(Web Archiving)的共同组织——IIPC(International Internet Preservation Consortium),日本国立国会图书馆因为国内网络资源收集存取方针尚未确定,所以当时没有立即参加这个组织。

2004 年的国际图联第 70 次大会在布宜诺斯艾利斯举行。会议确定将世界图书馆项目的主页放在欧洲国立图书馆长会议的主页 Gbriel 之上。由于 Gbriel 将于 2005 年被整合到欧洲国立图书馆长会议的新主页(欧洲图书馆:The Europe Library)中去,这次会议的主要议题就集中于如何继续开展“世界图书馆”这一没有任何财政依托的项目。

2005 年在奥斯陆召开的国际图联大会最终决定停止“世界图书馆”项目,其网页的维护交由法国国立图书馆负责。当时日本国立国会图书馆和意大利国立图书馆并未当即表示同意。日本国立国会图书馆提出要对这个项目做一个总结,这一提议得到了支持。总结稿的起草就由这个建议的提出者日本负责。至此,从 1995 年开始维持了 10 年的“世界图书馆”项目终于落下了帷幕。

2. 参加有关的国际会议

2002年11月4日至6日，参加了由联合国教科文组织和澳大利亚国立图书馆主办的“数字文化遗产(Digital Heritage)保存亚太地区研讨会”；同年10月14日，参加了在韩国首尔召开的有关建立韩国国立电子图书馆的论坛。

3. 与国际组织和各国的合作

国立国会图书馆同联合国教科文组织(UNESCO)在电子图书馆事业方面有着密切的合作关系。该馆于2000年参加了联合国教科文组织的IFA(Information for All：为了所有人的信息)项目，同时还代表文部省出席了日本UNESCO国内委员会交流小委员会举行的“IFA计划分科会”。该委员会同时还负责“世界的记忆(Memory of the World, MOW)”项目在日本的开展。国立国会图书馆在该委员会的历次会议上均发挥了主要的作用。

除了与联合国教科文组织的合作之外，国立国会图书馆还在2008年12月24日与美国国会图书馆达成协议，参加了由后者发起的“World Digital Library”项目。根据双方达成的协议，国立国会图书馆将向该项目提供有关的数字化资料、画像及解说等。

在与各国的合作方面：2005年8月22日，国立国会图书馆同荷兰皇家图书馆就电子信息保存达成合作协议，双方在今后数年中将在电子图书馆事业方面展开进一步的交流与合作，其中包括日本国立国会图书馆“电子展示会”在荷兰皇家图书馆网站的展示等项目。

2008年10月23—24日，中国国家图书馆和韩国国立中央图书馆代表团相继前往国立国会图书馆访问。各馆在本馆馆藏资源的检索和使用、元数据交换、电子信息保存以及中日韩三国语言机器翻译等方面进行了深入的探讨，同时在此基础上达成了合作协议。

4. 召开有关电子图书馆的演讲、讲座和论坛

国立国会图书馆非常重视邀请国际著名图书馆专家前来本馆做有关

电子图书馆方面的讲演和讲座。其中包括美国纽约公共图书馆兼研究图书馆馆长威廉—沃克(2002 年)、荷兰国立图书馆情报技术和设施管理部部长约翰—斯滕贝格(2003 年)、美国国会图书馆战略计划局数字化创新计划负责人威廉.G.路法吉(2004 年)等人。

国立国会图书馆组织召开的有关电子图书馆的国际论坛主要是以下两个。2006 年 1 月,国立国会图书馆举办了名为“数字化时代图书馆的变革——课题和展望”的论坛,参加者达到 270 名。2008 年 1 月,以 Web Archive(网络存取)为中心,该馆又组织召开了名为“Web Archiving 的现在与展望——面向国际合作”的主题论坛,参加者为 265 名。

六、 小结

日本国立国会图书馆的电子图书馆事业起步较早,发展得也比较迅速。尤其难能可贵的是,该馆的电子图书馆从起步之始就具有比较严密的计划性和实用性。该馆电子图书馆事业的最大特色就在于:绝不盲目跟风,而是立足于本馆实际,抓住馆藏特色文献数字化这一主线,积极跟踪和利用最新的数字图书馆技术,循序渐进地进行发展。为了实现电子图书馆事业发展的计划性和连贯性,该馆还设立了专门的机构直接负责该项事业的发展和运营。随着业务形态的不断变化,该馆也适时对相关的责任机构进行必要的调整,这就从组织上进一步保证了这项事业的健康发展。

参考文献:

1. 国立国会図書館[EB/OL].[2009-08-13]. http://www.ndl.go.jp/
2. 沈丽云.东京・日本国立国会图书馆[M]//王世伟.世界著名城市图书馆述略.上海:上海科学技术文献出版社,2006:261—278.
3. 沈丽云.日本国立国会图书馆的独立法人化追踪[J].图书馆杂志,2007(3):58—59.
4. 塩見昇.図書館概論[M]新訂版.東京:日本図書館協会,2008:200—212.
5. 国立国会図書館.平成 19 年度国立国会図書館年報[EB/OL][2009-08-26]

http://www.ndl.go.jp/jp/publication/annual/h19/nen19.pdf

6. 国立国会図書館. 平成20年度国立国会図書館年報[EB/OL][2009-11-16] http://www.ndl.go.jp/jp/publication/annual/h20/nen20.pdf
7. Online 国立国会図書館. 平成21年度歳出予算額(当初)[EB/OL][2009-10-26] http://www.ndl.go.jp/jp/aboutus/outline_budget.html
8. Online 国立国会図書館. アジア情報室所蔵資料の概要[EB/OL][2009-10-26] http://rnavi.ndl.go.jp/asia/entry/asia-02data.php
9. 毛云红. 日本国会图书馆的状况评析[J]. 农业图书情报学刊,2008:(05).
10. 何培忠. 日本国立国会图书馆的电子图书馆建设[J]. 国外社会科学,2002(2):117.
11. 关长荣. 日本国立国会图书馆电子图书馆的设想及实施概况[J]. 图书馆学研究,2002(5):89—91.
12. 关长荣. 日本国立国会图书馆电子图书馆中期计划"2004"简述[J]. 江西图书馆学刊,2005(02).
13. 勾学海. 日本国立国会图书馆关西分馆建设始末[J]. 四川图书馆学报,2003(6):53—55.

第二章 日本公共图书馆

日本公共图书馆一般是指专供公民学习、研究、消遣的地方图书馆，按行政区划级别可分为都、道、府、县、市、町、村所设的图书馆。①根据日本学术界对图书馆的划分，只要对公众开放，一般意义上的公立、私立图书馆都属公共图书馆的范畴。然而作为法律用语，在日本不存在"公共图书馆"，只有"图书馆"和"公立图书馆"、"私立图书馆"；但作为学术用语，"公共图书馆"、"公立图书馆"都在频繁使用。所以日本的公共图书馆有狭义和广义之分，狭义的公共图书馆仅指公立图书馆，广义的公共图书馆则包括面向公众开放的私立图书馆。

第一节　公共图书馆现状

一、公立图书馆

根据日本图书馆协会图书馆政策特别委员会 1989 年 1 月发布、2004 年 3 月修改的《公立图书馆的任务和目标》，公立图书馆是基于图书馆法由地方公共团体所设立的图书馆，教育委员会是其主管机构。公立图书

---

① 日本目前共有 1 都(东京都)、1 道(北海道)、2 府(大阪府、京都府)和 43 个县；市、町、村相当于中国的县市及社区乡镇。

馆向各年龄段的所有居民开放，是为民众提供自习、获取信息、开展艺术和文学欣赏活动以及创造地区文化的场所。由于这些基本的特征，公立图书馆必须由地方公共团体直接经营；图书馆的运营不得委托他人实施(在 2003 年 6 月 13 日颁布、同年 9 月实施的新的地方自治法规定之下，“指定管理者制度”被引入进来。公立图书馆作为“公共设施”之一，理所当然也被列入“指定管理者制度”的实施对象之中。至此，包括图书馆馆长业务在内的图书馆所有业务及其管理都可以全面委托给私营企业或机构进行。关于这一变化，在本章第六节中有较详细的介绍)。公立图书馆是靠税收维持的公共设施，任何居民都可以免费使用。

（一）公立图书馆规模

1. 公立图书馆数量

从表 2-1 可以看出，自 1998—2008 年，日本公立图书馆的数量逐年递增，从 1998 年的 2 499 家到 2008 年的 3 107 家，增长率达 24%。但并不是每种类型的公立图书馆的数量都有所增长，其中市区立图书馆的增长数量最多，10 年间从 1 527 家增加到2 433 家，增长率达 59%；与此相反，町村立图书馆数量缩减程度最大，从 903 家减少到 610 家，减少率为 32%。这是因为在这段时期内，日本政府大力推进中心城市与周边乡镇的合并再编，不少町村立图书馆被合并到城市的市立图书馆，因此出现了市区立图书馆增加而町村立图书馆减少的情况。都道府县立图书馆和广域市町村圈图书馆(注：广域市町村指在垃圾处理、交通、医疗保障以及文化设施等建设方面为谋求便利及资源的有效利用，而不拘泥于市町村的范围，跨越原有的行政区域所组成的新的区域，一般人口 10 万以上，由邻近几个市町村组成)的数量变化不大，前者从 65 家减少到 62 家，后者从 4 家减少至 2 家。

2. 公立图书馆馆舍面积

根据日本图书馆协会 2008 年初发布关于各类公立图书馆总数量和总面积的统计数据，可以算出截至 2007 年，都道府县立图书馆馆舍的平均面积为 8 743 平方米，市区立图书馆为 1 301 平方米，町村立图书馆为

881 平方米。

另外，根据 2005 年日本国立教育政策研究所社会教育实践研究中心发布的统计数据，截至 2005 年，除了都道府县立图书馆的建筑面积 90%以上超过 3 000 平方米以外，市区立图书馆馆舍面积达到 3 000 平方米以上的只有 360 家，占 16.9%；町村立图书馆达到 3 000 平方米以上的只有 71 家，占 10.2%。相比之下，面积在 2 000 平方米以下的市区立图书馆有 1 495 家，占 70.2%； 2 000 平方米以下的町村立图书馆有 553 家，占 79.3%。由此可见，公立图书馆的小规模化在日本已经成为普遍现象。①

日本公立图书馆数量多，馆舍面积不大，强调布局均匀，是区别于中国公共图书馆的最显著特点之一。

表 2-1　日本公立图书馆数量(个)

类别＼年份		1998年	1999年	2000年	2001年	2002年	2003年	2004年	2005年	2006年	2007年	2008年
公立	都道府县立	65	66	66	65	64	63	63	62	62	62	62
	市区立	1 527	1 554	1 570	1 596	1 606	1 637	1 712	2 040	2 382	2 414	2 433
	町村立	903	936	973	990	1 012	1 032	1 024	827	617	613	610
	广域市町村圈	4	4	4	4	4	4	4	2	2	2	2
合　　计		2 499	2 560	2 613	2 655	2 686	2 736	2 803	2 931	3 063	3 091	3 107

(出处：按日本图书馆协会出版的《图书馆年鉴》各年次制作)

(二) 公立图书馆格局结构

1. 都道府县图书馆与市町村图书馆

如果行政级别为依据来区分职能的话，日本的都道府县级公共图书馆，相当于我国省级公共图书馆，承担协调辖区内图书馆之间的馆际互借、组织资源共享网络、进行大型的图书馆课题项目的研究等职责。市町村立的图书馆则直接面向公民，提供以借阅为主或其他各种贴近市民生

① 国立教育政策研究所社会教育実践研究センター. 図書館に関する基礎資料. 基礎データ，2007:321.

活的信息服务。

根据2001年7月18日文部科学省告示第132号《公立图书馆设置及运营方面的期望标准》之规定，“都道府县应致力于扩充都道府县立图书馆，在为居民提供适当的图书馆服务的同时，改变多数町村之中未设置图书馆的状况，立足于全面推进该都道府县内图书馆服务的理念，筹划市（包括特别区，下同）町村立图书馆的设置和运营并对其提供指导和建议”。“市町村从为居民提供适当的图书馆服务出发，在致力于设置公立图书馆（在能够确保提供适当的图书馆服务的前提下，根据地区的实际情况，还可以由多个市町村共同设置图书馆）的同时，充分考虑居民的生活圈以及图书馆的服务半径，通过设置必要的分馆以及灵活使用移动图书馆，致力于建立起覆盖该市町村全域的服务网络。”

这一点在日本图书馆协会1989年发布的《公立图书馆的任务和目标》中也有充分的体现。该《任务和目标》第3章规定：“都道府县立图书馆除了与市町村立图书馆一样直接面对市民提供服务之外，还应对市町村立图书馆提出的服务请求予以援助。对于大多数居民来说，身边最便于利用的是市町村立图书馆。因此，县立图书馆应将对于市町村立图书馆的援助作为其首要的事务进行处理”（作用和功能）。“县立图书馆根据市町村立图书馆的请求借出资料。此时原则上应将所要求的全部资料予以借出。借出时限以向市町村立图书馆借出后不发生外借困难为准予以确定。借出册数希望不受限制”（对于市町村立图书馆的援助）。“为了对市町村立图书馆提供充分的援助，县立图书馆应与近邻的县立图书馆以及各种图书馆和类似机构保持密切的联系，并维持合作的态势。为此应掌握上述其他机构馆藏资料及其保存情况的实际状态，致力于获得他们的协作”（相互合作）。

都道府县图书馆与市町村图书馆没有行政隶属关系。日本业界有把都道府县图书馆称为“二线图书馆”、市町村图书馆称为“一线图书馆”的说法。都道府县图书馆的资料和服务更多的是通过市町村图书馆即“一线图书馆”向市民提供。

2. 中央图书馆系统

所谓“中央图书馆系统”是由同一设置主体设置的多所图书馆组成，具体数量根据服务范围内的人口数量决定。在《公立图书馆的任务和目标》第2章《图书馆服务体系》中规定为：“在单一自治体设立多个图书馆设施的情况下，这些图书馆必须结成有机的组织体，该组织体必须能够满足居民利用图书和其他资料以及获取信息的要求。这样的组织就是图书馆系统；图书馆系统由地区图书馆(以下简称为“地区馆”)、移动图书馆以及作为它们核心的中央图书馆(以下简称为“中央馆”)组成。”

中央图书馆体系实行统一的服务政策。以中央馆为中心，在统一的图书馆服务计划的基础上，以整个自治体图书馆服务体系效益最大化为目标开展资源通借通还、读者服务以及图书馆宣传推广等活动。中央馆对地区馆有行政管理权和人事调配权。

近年来，日本出现了不同自治体公立图书馆体系之间的合作，类似于上海市中心图书馆的“一卡通”服务体系。A自治体的居民可以登录B自治体的图书馆服务体系，享受通借通还等服务。

（三）公立图书馆设置

1. 公立图书馆的“自由设置制”

日本战后《图书馆法》将公立图书馆的设置从“认可制”改为“自由设置制”。所谓“自由设置制”就是图书馆的设置与否完全由地方政府自行决定。现行《图书馆法》第10条规定：“关于公立图书馆的设置事宜，由设置图书馆的地方政府以条例决定。”也就是说，根据这一法律条文，公立图书馆的设置主体是地方政府，地方政府必须通过制订相关的条例来决定图书馆的设置、服务和管理事项，但法律没有规定地方政府必须设置图书馆。为什么法律不规定地方政府必须设置图书馆？这是因为设置和管理图书馆，需要大量的经费支持，而这些经费主要来自地方税收。在日本现行的地方分权财政制度下，中央政府无权干预地方政府自主决定其税收的用途。

2. 公立图书馆的设置率

如表2-2所示，目前，日本公立图书馆的设置率，城市和乡镇的差距仍然较大。1998 年—2008 年这 10 年之间，都道府县立的图书馆设置率始终为 100%，设置情况令人满意；市区立的设置率也始终维持在 96%—98%之间；但町村立的设置率却普遍偏低，1998 年时仅为 34.5%，直到 2008 年刚刚达到 52.4%，勉强超过 5 成。所以，今后对于市町村立图书馆的振兴，显然是日本图书馆界的一个工作重点。

表 2-2　公立图书馆的自治体设置率(%)

年份	都道府县立	市区立	町村立
2008	100%	98.1%	52.4%
2007	100%	98.0%	51.9%
2006	100%	97.9%	51.6%
2005	100%	98.2%	46.6%
2004	100%	98.1%	41.5%
2003	100%	97.7%	39.9%
2002	100%	97.8%	38.8%
2001	—	—	—
2000	100%	97.3%	37.1%
1999	100%	97.0%	35.8%
1998	100%	96.4%	34.5%

(出处：据日本图书馆协会出版的《图书馆年鉴》各年次制作)(注：2001 年数据缺失)

3. 公立图书馆的设置标准

关于公立图书馆的设置标准，《公立图书馆的任务和目标》中有着这样的描述："公立图书馆是满足居民要求或者需求的机构，因此它的创建以及增改建等事项必须充分反映地区居民的意向。不光在设施方面，而且在年度计划以及图书馆日常活动计划的制订方面，居民的参与也是不可或缺的。"这一条规定，切实体现出了公立图书馆的民主原则。但是不可否认，若要真正从无到有地建立一座图书馆，详细精确的细则标准是必不可少的，这直接关系到图书馆今后各方面的运营和发展。因此，"在设置公立图书馆时，应对服务对象所在地区的人口分布、人口构成、面积、地形以及交通网络等进行勘察，力求确保所建图书馆的位置、占地面积、藏书能力、职员数量等的合理性"(《公立图书馆设置及运营方面的期望标

准》)。在《公立图书馆的任务和目标》之中,对基本标准给出了更为具体详尽的数据:

(1) 图书馆最低限度藏书规模为 50 000 册。

设立地区图书馆的最低标准为,藏书 5 万册和 3 名专门职员。同时,图书馆的建筑面积不得低于 800 平方米。

(2) 建筑面积

服务人口 6 900 人以下:面积不得低于 1 080 平方米;

6 900 人～18 100 人:人均 0.05 平方米;

18 101 人～46 300 人:人均 0.05 平方米;

46 301 人～152 200 人:人均 0.03 平方米;

152 201 人～379 800 人:以人均 0.02 平方米进行计算。

(3) 藏书册数

人口 6 900 人以下:藏书不得低于 67 270 册;

6 900 人～18 100 人:人均 3.6 册;

18 101 人～46 300 人:人均 4.8 册;

46 301 人～152 200 人:人均 3.9 册;

152 201 人～379 800 人:以人均 1.8 册进行计算。

(4) 开架册数

人口 6 900 人以下:开架册数不得低于 48 906 册;

6 900 人～18 100 人:人均 2.69 册;

18 101 人～46 300 人:人均 2.51 册;

46 301 人～152 200 人:人均 1.67 册;

152 201 人～379 800 人:以人均 1.68 册进行计算。

(5) 资料费

人口 6 900 人以下:资料费不得低于 1 000 万日元;

6 900 人～18 100 人:人均 796 日元;

18 101 人～46 300 人:人均 442 日元;

46 301 人～152 200 人:人均 466 日元;

152 201 人～379 800 人：以人均 229 日元进行计算。

(6) 每年增加册数

人口 6 900 人以下：每年增加册数不得低于 5 574 册；

6 900 人～18 100 人：人均 0.32 册；

18 101 人～46 300 人：人均 0.30 册；

46 301 人～152 200 人：人均 0.24 册；

152 201 人～379 800 人：以人均 0.17 册进行计算。

(7) 职员数

人口 6 900 人以下：职员数不得低于 6 人；

6 900 人～18 100 人：人均 0.025 人；

18 101 人～46 300 人：人均 0.043 人；

46 301 人～152 200 人：人均 0.041 人；

152 201 人～379 800 人：以人均 0.027 人进行计算。

例如，在 50 000 人的自治体中，根据公式计算其所设立图书馆的必要建筑面积：

$$1\,080+[(18\,100-6\,900)\times 0.05]+[(46\,300-18\,100)\times 0.05]+[(50\,000-46\,300)\times 0.03]=1\,080+560+1\,410+111=3\,161$$

。[①]

在“最小面积”的基础上，采用“分段累加”的方法加以计算，即服务人口在不同的区段内，按不同的指标进行计算，然后进行累加。根据以上的计算，可得其必要的建筑面积为 3 161 平方米。

二、私立图书馆

日本的私立图书馆主要活跃于“二战”前，大多为专门图书馆，由某一财团法人建立或集资建立，收集某一主题的资料，为特定人群提供服务。

---

① 日本図書館協会図書館政策特別委員会．公立図書館の任務と目標解説．改訂版増補[M]．東京：日本図書館協会，2009：83—84．

由于私立图书馆不从国家或者地方政府获得经费，不承担免费服务的义务，因此它们在“公共性”方面有着不同于一般意义上公共图书馆的特点：虽然面向社会公众开放，但要向用户收取一定的费用。其中大部分提供有偿服务，也有少数私立图书馆提供免费服务。它们和公立图书馆一样，有固定的开放时间、有一定规模的藏书、有特定的读者群等，也为日本国民获取知识、丰富文化生活做出了重要贡献。根据战后的《图书馆法》，国家及地方政府对私立图书馆采取“不控制，不资助”的原则，致使为数不多的私立图书馆数量逐年减少，目前大部分已不复存在，有的被地方公立图书馆兼并，有的转为地方政府经营。1946 年，日本私立图书馆共有 854 所，2008 年减少到 20 所。从表 2-3 可以看出，私立图书馆的馆藏数量、职员数量、经费、读者服务也在逐年缩减。私立图书馆在日本的发展受到了一定程度的阻碍，其生存状态已不容乐观。

日本现行《图书馆法》的第 3 章是关于私立图书馆的规定。国家对私立图书馆的总原则是“不控制，不资助”。这一原则的法律依据，源于《社会教育法》对“社会教育相关团体”的规定。该法第 12 条规定了国家及地方政府与“不论是否是法人，凡不属于政府支配”的“社会教育相关团体”的关系：“国家及地方政府对于社会教育相关团体，不得以任何方式施加不当的控制性管理，或是对其所从事的事业进行干涉。”

但是，在 2008 年 6 月最新修订的《图书馆法》的第 7 条之中，首次规定《公立图书馆设置及运营方面的期望标准》也适用于私立图书馆，打破了一直以来国家对于私立图书馆的不干涉原则。这一变更的背后，是否暗示着日本政府在教育行政权限方面有所加强？关于这一点，在第六章第三节关于私立图书馆的规定中将会予以分析。

第二节　公共图书馆历史

公共图书馆，顾名思义，就是向公众开放的图书馆。在古代，除了作为公共设施的“公开图书馆”之外，多数对民众开放的图书馆都是由一些

表 2-3　日本私立图书馆相关数据

类别 \ 年份		1998 年	1999 年	2000 年	2001 年	2002 年	2003 年	2004 年	2005 年	2006 年	2007 年	2008 年
数量(个)		25	25	26	26	25	24	22	22	20	20	20
馆藏(千册)		2 126	2 236	2 236	2 212	2 233	1 767	1 765	1 775	1 650	1 783	1 762
人员	专　职	106	98	101	119	103	99	92	96	83	84	67
	兼　职	26	27	25	27		25	29	19	19	17	16
经费(万元)	总经费	33 854	26 373	27 465		28 373	23 636	10 962	24 448	22 410	22 436	17 882
	资料费	11 625	10 944	10 659		9 274	5 339	4 625	5 393	5 018	4 749	4 496
服务	个人外借(千册)	251	245	230	243	206	148	139	119	109	120	121
	团体外借				27	26	21	2	2	1	3	7
	预约件数(千件)				2.555	3.343	2.431	2	2	1	2	1

（出处:据日本图书馆协会出版的《图书馆年鉴》各年次制作）

学者或者政治家,怀着类似于现今“慈善家”的热情和抱负,将自己的藏书公开给公众利用。例如,作为日本图书馆鼻祖的文库——石上宅嗣的“芸亭”,就是具有这一性质的图书馆。①而1831年(天保2年)在仙台城下町设立的“青柳文库”,可称为日本最早的公共图书馆。②它没有身份地位的要求,读者可自由阅览和外借。

16世纪至18世纪,随着上述类型图书馆在英、美、法等国的持续发展,其规模、数量不断扩大,开馆时间不断延长,类似于现代图书馆的外借业务也开始施行,大众化公共图书馆的雏形逐渐形成。1731年,由美国的本杰明·富兰克林(1706～1790)等人设立了“费城图书馆公司”,以此为开端,由图书馆公司负责运营的“会员制图书馆”开始流行;而以英、美两国为代表,为满足普通市民读书需求的图书馆也终于诞生。进入19世纪,以辖区市民为服务对象的公立图书馆开始出现。公共图书馆从这时起与博物馆一样,确立了其作为近代国家中不可或缺的社会设施的地位。③

欧美图书馆的发展很快影响到维新以后的日本。以《劝学》等著作闻名于世的福泽谕吉(1835～1901)是明治时期杰出的思想家和教育家。19世纪60年代,福泽谕吉作为当时的幕臣,曾三次巡游欧美并写下所见所闻。其《欧美见闻记》后来以《西洋事情》(1866年)为名发表,书中介绍了西欧的图书馆:“西洋诸国的都府都有文库,称为‘图书馆(Bibliothec)’”。④这是日本国内介绍西欧图书馆的早期文献。日本学者认为,《西洋事情》成为畅销书,对当时的日本是一个很大的震撼。这本书对日本公共图书馆的快速起步起了极大的推动作用。1872年(明治5年),在文部省供职的市川清流(1824～)向文部大辅提出了建立书籍院的建议书,这份建议书促成了后来的汤岛官立书籍馆的设立。与福泽谕吉

---

① 綿抜豊昭.図書館文化史[M].東京:学分社,2006:61.

② 綿抜豊昭.図書館文化史[M].東京:学分社,2006:76.

③ Google Wikipedia 公共図書館·歴史[EB/OL][2009-08-13]http://ja.wikipedia.org

④ 奥泉和久.近代日本公共図書館年表 1867—2005[M].東京:日本図書館協会,2009:3.

同时代的另一名日本著名图书馆运动的先驱是田中不二麿（1845～1909）。1871年(明治4年)，时任文部大丞的田中不二麿以文部担当理事官的身份随岩仓使节团赴欧美，就教育制度等进行了考察，期间走访了美国、英国、法国、俄罗斯、意大利等各国的图书馆。1874年(明治7年)田中不二麿升职为文部大辅，1876年(明治9年)再次赴美考察美国的公共图书馆，1877年(明治10年)发表了敦促设立公立书籍馆的论文。当时居住在日本的开拓使霍拉基·科珀隆(Horace Capron, 1804～1885)和京都府御用教师查尔斯·鲍德温(Charles Boldwin)等外国人，对日本图书馆事业的建设也提出了诸多积极的建议。①

明治初期，日本各地设立了许多被称为"书籍馆"、"书籍纵览所"、"集书院"、"新闻纵览所"等的公共设施；除图书外，报纸一类的信息媒体也开始尝试面向公众公开提供。可以说，这些设施因其具有公共性质，从而为后来建立公共图书馆打下了良好的基础。例如1972年(明治5年)设立的汤岛官立书籍馆，经历了东京府书籍馆等的演变，成为今天的日本国立国会图书馆；1873年(明治6年)设立的青森县八户町私立八户书籍纵览所，经历了八户公立书籍馆、八户青年会附属图书馆、八户町立图书馆等的变迁，成为今天的八户市立图书馆。

明治中期以后，以普通民众为服务对象的图书馆被称为"通俗图书馆"，其设立的主体，多为由地方教师等教育工作者以及热心教育或公益事业的社会贤达组成的"半官半民"性质的"教育会"。如1887年(明治20年)大日本教育会设在神田一桥事务所内的"附属图书馆"开馆，它接受了东京图书馆借予的日汉书籍约1.5万册。这个附属图书馆中的儿童室也对外公开，有人认为它是日本国内儿童图书馆的雏形。1889年(明治22年)大日本教育会迁至东京神田柳原，1891年(明治24年)新建了"大日本教育书籍馆"。1911年(明治44年)，大日本教育书籍馆迁至东京市，作为"东京市立神田简易图书馆"重新起步。

---

① 綿抜豊昭.図書館文化史[M].東京:学分社,2006:81—82.

明治后期，与图书馆相关的法规和制度开始制定。1899 年(明治 32 年)，随着《图书馆令》的颁布，各地公立图书馆及私立图书馆纷纷建立，其具体情况如下：

1899 年(明治 32 年)—秋田县立秋田图书馆、松江图书馆

1900 年(明治 33 年)—群马县上野教育会附属图书馆等

1901 年(明治 34 年)—成田图书馆

1902 年(明治 35 年)—山口县立图书馆、鹿儿岛县教育会附属图书馆、大分县教育会福沢纪念图书馆、鸟取文库、大桥图书馆等

1903 年(明治 36 年)—山形县教育会山形图书馆、盛冈图书馆、足利学校遗迹图书馆、东大寺图书馆、弘前图书馆等

1905 年(明治 37 年)—香川县教育会图书馆等

1906 年(明治 39 年)—东京市立日比谷图书馆等

1907 年(明治 40 年)—青森市立图书馆等

1908 年(明治 41 年)—和歌山县立图书馆、福岛市立图书馆、福井市立图书馆等

1909 年(明治 42 年)—岐阜县教育会图书馆、山形县立图书馆

1910 年(明治 43 年)—冲绳县立图书馆等

1911 年(明治 44 年)—神户市立图书馆

1912 年(明治 45 年)—石川县立图书馆、长崎县立图书馆、熊本县立图书馆等。①

1899 年(明治 32 年)，《图书馆令》付诸实施，这是日本最早的单独图书馆法规，日本的图书馆第一次明确了其法律地位。1933 年(昭和 8 年)《图书馆令》作了全面修订，规定图书馆的目的是收集保存各类图书记录，供公众阅览，以提高公民素质并资助学术研究，这就从法律上明确了图书馆的教育地位。1899 年(明治 32 年)制定的《图书馆令》中的“图书馆阅览费”、1933 年(昭和 8 年)全面修订后的《图书馆令》中的“阅览费”和“附

---

① 綿抜豊昭.図書館文化史[M].東京:学分社,2006:93—95.

属设施利用费”等条目，均认可了公共图书馆可以向读者收取费用。政府对于公众要求免费公开图书、自由获取图书和各类载体的观点，始终抱持否定的态度。即便如此，部分公、私立图书馆仍逐渐开展免费服务的活动。①

给公共图书馆带来深刻影响的是大正时期的御大典纪念事业。正是因为这个宏大盛典，国家设置了许多公共图书馆。单从数字记录来看，根据截至1915年(大正4年)3月的调查，总共702个新设立公共图书馆中，私立的达408个，超过了半数以上。另外县府立21个、市立31个、郡立47个、町立55个、村立140个。②

1923年(大正12年)的关东大地震，使日本的图书馆遭受了巨大的损失。大桥图书馆等公共图书馆以及安田善次郎的松廼舍文库、井上通泰的南天庄文库等重要的私人文库均被毁。

大正后期随着经济的发展，日本各地陆续设立了一些公立图书馆。新设公立图书馆的地区有1924年(大正13年)的千叶县、崎玉县、北海道厅；1925年(大正14年)的函馆市和1928年(昭和3年)的青森县；其后福岛、长野、佐贺、鸟取、山梨、大分、岐阜、香川、爱媛、三重、富山、滋贺、岛根等县也相继设立了县立图书馆。各馆根据1933年(昭和8年)修订后的《图书馆令》，作为县立中央图书馆发挥着自己应有的功能。

新设的市立图书馆有西宫、金沢、岸和田、广岛、三原、宇治山田、八幡、门司、直方以及东京的中野、寺岛、清水、户畑、甲府等市立图书馆。

从大正末期到昭和，私立图书馆有下列这些：酒田光丘文库，东京的青山会馆图书馆，川崎的大师图书馆，铫子的公正图书馆，野田的兴风会图书馆，近畿的宝塚文艺图书馆，奈良的天理图书馆，滋贺县的近江兄弟社图书馆，京都的和风图书馆，九州日出的帆足纪念图书馆，佐贺县白石

---

① 岩猿敏生．日本図書館史概説[M]．東京：日外アソシエーツ株式会社，2007：170—172．

② 綿抜豊昭．図書館文化史[M]．東京：学分社，2006：95．

的弥荣乡土图书馆，四国地区的丸龟市图书馆，坂出的镰田共济会图书馆，琴平的金刀比罗宫图书馆、天理教本岛图书馆，高知县佐川町的青山文库，中国地区的津山基督教图书馆、金光图书馆，冈山县西江原町的兴让馆图书馆，中部北陆地区高冈的眉丈文库、佛子佛教图书馆，富山的浅田图书馆等。上述图书馆中包括了许多神社、寺院等宗教团体设立的图书馆。①

1940 年(昭和 15 年)，在纪元 2600 年(注：公元前 660—公元前 585 年在位的神武天皇是传说中的日本第一代天皇，为了纪念这位天皇，日本将公元前 660 年定为开国之年，也称纪元节)庆典前后，日本又新设了许多图书馆，如大和橿原文库、下关市立图书馆、新居浜图书馆、佐世保市立图书馆、富山县图书馆、私立近江兄弟社图书馆等相继设立开馆。

新设的专业图书馆按馆藏图书种类，可分为以下几种：

有关日本传统文化的，有 1932 年(昭和 7 年)设立的大仓精神文化研究所附属图书馆、1935 年(昭和 10 年)设立的国际文化振兴会图书馆、1939 年(昭和 14 年)设立的福冈的斯道文库及官立的国民精神文化研究所图书室等。

有关科学技术的，有东京科学博物馆图书室、专利局图书馆等，而私立的则有日本劳动科学研究所图书室等。

另外，军需品生产工厂中设置有调查室、资料室等。在大工厂有设立用于职工培训的教养文库，还有由公共图书馆提供的、以国策图书组成的巡回文库等。

1941 年(昭和 16 年)太平洋战争爆发后，图书馆的读书指导原则以推荐国策图书为重点。

太平洋战争使发展一直比较平稳的日本图书馆遭到重创。因受财政困难及自然灾害等的影响，许多图书馆不得不关闭或者缩小规模。战后复兴时期，各地的公立图书馆充分利用汽车这一交通工具，开展了

① 綿抜豊昭. 図書館文化史[M]. 東京：学分社，2006：96.

“移动图书馆”业务，这也成为图书馆拓展服务范围的契机之一。如1949年(昭和24年)，千叶县立图书馆的“光号流动书籍”(移动图书馆)在县内巡回开展服务，其业务重点不仅在馆内而且延伸到馆外。①

此外，针对战前图书馆强行对国民进行所谓的“思想善导”和教育的作法，日本政府方面也进行了反省，因而在1950年(昭和25年)通过制定《图书馆法》，提出了“公共图书馆必须提供与普通市民相适应的服务”这一理念。此外，根据《图书馆法》，“公共图书馆分为公立图书馆和私立图书馆；公立图书馆不得征收入馆费。”

1960年之后，日本经济高速发展，公共图书馆数量也不断增加。各地的公共图书馆在文化馆和小学中同时设立分馆的项目也不断推行，目的是打造更贴近居民生活的图书馆。这一措施让公共图书馆的数量猛增，几乎所有的都道府县、大部分的市町村都设置了公共图书馆。从服务项目来看，战后的图书馆明显扩大了外借服务的内容，起到了让更多国民亲近书籍、喜爱读书的据点作用。

由于市町村立的中小城市公共图书馆数量不断增加，其运营与管理又与居民的生活息息相关，因而如何正确了解居民在日常生活中对图书资料的需求，并保障为其提供服务，成为当时日本中小城市公共图书馆面临的核心问题。基于这样的背景，1963年(昭和38年)，日本图书馆协会出版了《中小城市公共图书馆的运营》报告书(习称“中小报告”)。该报告书提倡中小城市公共图书馆的服务必须由传统的以“馆内服务”为中心转移到以“馆外服务”为中心上来，强调重视提供资料、提供馆外借出服务和举办各种读书活动是中小城市公共图书馆的首要任务。“中小报告”的出台对于日本的公共图书馆而言是一个巨大的转机，目前日本公共图书馆数量多、分布广的现状与当年“中小报告”提倡的理念有直接的关系。1970年，日本图书馆协会又出版了《市民的图书馆》一书，书中印证了“中小报告”所指出的公共图书馆发展方向的正确性，进一步明确了中小公共

---

① 奥泉和久. 近代日本公共図書館年表 1867—2005[M]. 東京：日本図書館協会，2009：137.

图书馆的相关标准和未来发展方向。20 世纪六七十年代，日本成功实施了“市民图书馆”战略，拉近了普通民众与图书馆的距离，普及了现代图书馆观念，推动了日本战后图书馆事业的迅速发展 。

2001 年，文部科学省发布了第 132 号告示《公立图书馆设置及运营方面的期望标准》。这是与公立图书馆相关的第一份国家性质的标准文案，自 2001 年 7 月 18 日起开始施行。标准中就公立图书馆在设置和运营方面的一般规则、市町村立图书馆及都道府县立图书馆运营的定位等进行了规定，并分别制定了实施事项。该期望标准是经过与设置公立图书馆的都道府县及市区町村的财政当局协商后制定的。

2003 年 6 月 13 日，根据内阁决议，日本政府对地方自治法进行了部分修订。同年 9 月 2 日，“指定管理者制度”开始施行。根据这一制度，公立图书馆可以委托给民营企业或非营利组织（NPO）进行日常的运营和管理。从理论上讲，这一制度可以达到缩短图书的归还时间、增加开馆日、延长开馆时间，整体上提高便利性。此外，以 PFI 的形式将图书馆的建设工程委托给民间的新的运营手段也开始在公共图书馆中出现。目前，关于这一制度的利弊是非仍是图书馆界争论不休的一个话题。

第三节　公立图书馆的经费及馆藏

一、 经费

公立图书馆的经费，主要来源于所在地区的政府财政支持。公立图书馆预算中，与市民服务关系最深密切、所占比重最大的当属资料费用。遗憾的是，从全日本公立图书馆的资料费总额来看，1998 年为最高峰，之后逐年递减。平均到每个图书馆的资料费，1998 年为 1 510.8 万日元，而到 2008 年缩减为 1 031.3 万日元。这一情况在不同的自治体之间又有不同的表现。

除了地方财政支持这一主要经费来源之外，1999 年以前，日本公立图书馆另一不可或缺的经费来源便是国库补助金。在国库补助制度实行之初的1951年,拨付公立图书馆的国库补助金达到了1 000万日元;1982年,这一数字更是达到了创纪录的21.84亿日元。之后便开始逐年下降,到20世纪90年代初,只剩1982年时的一半出头,为11.76亿日元。①

并非每一个图书馆都可以轻松获得国库补助金的资助;只有在符合"最低标准"的情况下,方可获得一定数额的国库补助金。从这个角度来说,国库补助金其实质也是一种"奖励金",它是对达到国家规定的最低标准的图书馆的补助。②这一规定在当时的日本图书馆界饱受争议,有学者认为,这一措施的施行,将导致日本图书馆"两极分化"的现象更加严重,当然,这是后话。

如上文所述,国库补助金在20世纪80年代之后便开始不断缩减。当时的日本政府认为,"图书馆的整治在全国范围内已有了相当的进展",而今后的国库补助,"只限于那些图书馆事业水准极低且财力贫乏的地方政府"。③1998年,作为图书馆政策支柱的"公立社会教育设施完善补助金"被废止,之后公立图书馆建设补助金也被废除。1999年《图书馆法》的修订,废除了接受国库补助的法律款目。这些都直接导致了公立图书馆陷入财政上的窘境,也是之后"指定管理者制度"引入的原因之一。

从经费支出总额来看,随着公立图书馆数量的变化,图书馆经费也发生相应的变化。2008年日本图书馆总经费和资料费分别为13 140 690万日元和3 204 280万日元,相比1998年的13 278 241万日元和3 775 487万日元还有些许减少。图书馆资料经费总额应随公立图书馆数量的增加而增长,但1999年起已转为减少趋势。只有市区立图书馆总经费支出明显

①③ 李国新.日本图书馆法律体系研究[M].北京:北京图书馆出版社,2000:138.

② 李国新.日本图书馆法律体系研究[M].北京:北京图书馆出版社,2000:121.

增多，从 1998 年的 8 921 071 万日元增加到 2008 年的 10 699 042 万日元，增长率达 20%。但相比市区立图书馆总数 59%的增长率，平均每个图书馆的经费还是在逐年减少。而都道府县立图书馆、町村立图书馆、广域市町村圈图书馆的总经费都在大幅缩减，其 10 年间的减少率分别为：都道府县立图书馆 28%，町村立图书馆 53%，广域市町村圈图书馆 82%。

二、 馆藏

即使图书馆经费总额并未改变，但图书馆馆藏数量仍然不断增加。20 世纪 90 年代日本政府以抑制经济衰退为目的向公共事业的财政投资，惠及当时的图书馆建设。1998 年，公立图书馆的藏书合计为 260 995千册，2008 年时已增长到372 967 千册，10 年间增加了 43%。除了町村立图书馆馆藏有逐年减少的趋势外，都道府县立图书馆、市区立图书馆、广域市町村圈图书馆馆藏都有不同程度的增长。其中市区立图书馆馆藏数量 2008 年比 1998 年增长了 57%，从 184 732 千册增加到289 974千册。

第四节　公立图书馆服务

一、 服务内容

依据文部科学省告示第 132 号《公立图书馆设置及运营方面的期望标准》总则，公立图书馆的服务内容主要包括以下三个方面：

（一）图书馆服务的计划性实施以及自我评价

1. 公立图书馆应该致力于提升其服务水平，为了达到该图书馆的目的，完成其社会使命，必须针对服务内容制定各种适当的指标，同时设定相关的数值目标并致力于实现这些目标。

2. 公立图书馆应在获得图书馆协议会帮助的条件下，依照上述“数值目标”，就其各年度的服务情况进行自我检查和评价，同时须将检查结

表 2-4　公立图书馆经费(万日元)

种类 \ 年份		1998 年	1999 年	2000 年	2002 年	2003 年	2004 年	2005 年	2006 年	2007 年	2008 年
公立	都道府县立	1 549 734	1 468 993	1 323 854	1 282 467	1 259 861	1 186 084	1 220 050	1 234 243	1 146 875	1 114 498
		444 174	401 339	385 225	364 257	371 356	368 231	361 840	342 839	327 533	325 117
	市区立	8 921 071	9 189 165	8 996 789	8 517 098	8 994 595	9 065 992	10 123 835	9 266 555	10 449 676	10 699 042
		2 542 617	2 520 627	2 531 830	2 522 322	2 545 654	2 482 485	2 615 908	2 805 619	2 620 889	2 556 346
	町村立	2 792 270	2 754 180	2 687 226	2 469 964	2 797 625	2 523 619	2 095 380	1 195 148	1 146 789	1 324 424
		785 497	822 255	793 630	772 766	799 171	776 305	596 101	385 955	367 618	321 578
	广域市町村圈	15 166	15 669	16 465	15 734	15 934	13 129	14 825	10 169	10 261	2 726
		3 199	3 186	2 989	3 080	3 280	3 820	3 676	2 926	2 552	1 241
公立总计		13 278 241	13 428 007	13 026 334	12 285 263	13 068 015	12 788 824	13 454 090	11 706 115	12 753 601	13 140 690
		3 775 487	3 747 407	3 713 674	3 662 425	3 719 461	3 630 841	3 577 525	3 537 339	3 318 592	3 204 280

(出处:据日本图书馆协会出版的《图书馆年鉴》制作。上行为总经费,下行为资料费。总经费为经常和临时经费之和,资料费为经常和临时资料费之和)

表 2-5　公立图书馆馆藏数量(千册)

类别 \ 年份		1998年	1999年	2000年	2001年	2002年	2003年	2004年	2005年	2006年	2007年	2008年
公立	都道府县立	32 009	32 967	33 866	34 771	35 524	35 800	36 791	37 799	38 676	39 524	40 455
	市区立	184 732	193 134	198 529	206 464	213 892	222 102	231 426	252 351	275 909	283 098	289 974
	町村立	44 016	47 990	52 067	55 434	58 248	61 954	63 671	52 644	40 237	41 063	42 427
	广域市町村圈	237	247	252	252	268	268	308	287	237	111	246
公立馆藏合计		260 995	274 337	284 714	296 921	307 932	320 122	332 197	343 081	355 060	363 930	372 967

(出处:据日本图书馆协会出版的《图书馆年鉴》制作)

果向公众公布。

（二）资料及信息的收集与提供等

1. 在资料及信息的收集方面，为了对居民的学习活动提供适当的帮助，应该充分考虑居民日益高涨以及多样化的需求。

2. 在资料以及信息的整理、保存和提供方面，为了向更广泛的居民提供使用便利，应致力于提升信息处理功能，同时建立起能够有效且迅速地提供服务的机制。

3. 积极收集并准确提供为地方公共团体制定政策以及展开行政事务所必需的资料和信息。

4. 都道府县立图书馆和市町村立图书馆应根据各自的作用和地区特点，致力于展开资料以及信息的收集、整理、保存和提供方面的合作。

（三）与其他图书馆以及相关机构之间的合作

公立图书馆在致力于充实其资料和信息的同时，还应根据各自的情况，为适应居民日益多样化的需求，积极开展资料和信息共享方面的合作活动。此类合作并不仅指公立图书馆相互之间的合作（包括多个市町村共同建立图书馆的情况），还包括学校图书馆、大学图书馆等不同类型图书馆之间，公民馆、博物馆等社会教育设施以及政府机构和民间调查研究设施等的合作。

二、服务现状

由于公立图书馆及其馆藏数量的不断增长，读者服务在个人外借、团体外借和预约服务等方面也有相当的发展。个人外借 1998 年为 493 122 千件，2008 年为 656 442 千件；团体外借 2001 年为 11 710 千件，2008 年达 18 395 千件；预约件数 2001 年为 20 175.542 千件，2008 年达到 60 860 千件。馆藏借出件数的不断增长，反映了地区居民对图书馆迫切的需求，同时也支持并促进了图书馆事业的发展。

表 2-6 公立图书馆服务数据统计

服务项目	都道府县立	市区立	町村立	广域市町村圈	公立合计
个人外借（千册）2008—1998 年	18 787	583 734	53 679	241	656 442
	18 353	568 590	53 447	350	640 740
	17 894	544 526	53 512	343	616 276
	17 722	525 695	72 904	517	616 838
	17 122	502 317	89 552	556	609 548
	16 278	466 891	87 265	482	570 916
	15 469	448 519	81 662	431	546 081
	15 364	437 012	79 633	451	532 460
	15 655	430 774	76 447	465	523 341
	15 299	410 573	68 944	469	495 215
	13 485	379 335	59 841	462	453 122
团体外借（千册）2008—2001 年	961	14 831	2 600	3	18 395
	958	13 599	2 307	25	16 889
	1 012	12 811	2 297	21	16 141
	921	11 243	2 822	16	15 002
	921	10 608	3 048	14	14 592
	805	9 126	2 698	21	12 650
	843	8 556	2 242	15	11 656
	1 055	8 626	2 015	15	11 710
预约件数（千册）2008—2001 年	1 071	58 371	1 414	2	60 860
	944	49 382	1 305	8	51 638
	829	43 566	1 249	8	45 652
	672	36 902	1 602	7	39 183
	532	30 916	1 847	9	33 303
	456.322	24 510.746	1 664.375	9.780	26 641.223
	421.343	20 422.419	1 530.242	11.344	22 385.348
	364.086	18 365.970	1 435.765	9.720	20 175.541

（出处：据日本图书馆协会出版的《图书馆年鉴》制作）

三、商务支援服务

（一）日本公立图书馆商务支援服务的概念和产生背景

所谓公立图书馆的“商务支援服务”，就是公立图书馆对社会的商务活动(如经济活动、业务活动等)进行具体的支持。以往人们很难将“商务”和“图书馆”联系起来。然而,随着图书馆日益成为社会的信息中心之一,它在社会经济活动中的重要性日趋明显,人们开始考虑如何使图书馆在社会商务活动中发挥更突出的作用。

20 世纪末期,由于日本经济长期不景气,1996～1999 年间甚至出现了平均创业率为 3.5%、破产率为 5.6%,破产率高于创业率的令人忧虑的情况。同时,一些大型企业也大规模裁减员工,导致失业率居高不下。为了鼓励创业、增加就业,从 1998 年开始,日本政府实行了一系列的激励政策,但是收效甚微。

进入 21 世纪,在知识经济日益发展的时代背景下,日本开始思考公立图书馆在促进民众创业方面可能发挥的作用问题。管谷明子女士(现任商务支援图书馆推进协议会顾问)以美国公共图书馆的中小企业情报信息服务研究为参考,提出了建立图书馆商务支援组织的构思,并于 2000 年 12 月 28 日成立了商务支援图书馆推进协议会。①

日本商务支援图书馆推进协议会的宗旨,在于以图书馆的信息资源、网络资源和数据库等为基础,通过专业馆员的业务活动,对中小企业的商务活动提供相关信息。其服务对象还包括 NPO(非赢利组织)、SOHO(小型/家庭办公)在内的小型商务活动,乃至市民的个体创业活动。

日本商务支援图书馆推进协议会所从事的活动,分为基础调查研究、商务支援工具的开发和教育培训等三个方面。

基础调查研究的具体内容包括:1. 对有关公立图书馆商务支援组织的设立和运营进行调查研究,并为各馆提供帮助;2. 对有关商务支援的资料(包括电子资料)进行收集、研究,并将整理成果提供给图书馆;3. 协助图书馆提高商务支援服务的技术能力;4. 对公立图书馆与专业商务中心的合作方法进行研究,并为具体活动提供信息支撑;5. 帮助公立图书馆举

① ビジネス支援図書館推進協議会[EB/OL].[2009-11-13]. http://www.business-library.jp/.

办各类与商务支援、培养创业精神有关的讲座和研讨会。

商务支援工具开发的具体活动有：1. 直接开发公立图书馆商务支援业务所需要的工具，如资源分析、信息提供等服务软件；2. 与公立图书馆合作开发商务支援工具，或为公立图书馆的各种工具开发提供技术支持等帮助。

教育培训的具体活动有：1. 对公立图书馆馆员进行从事商务支援工作的业务培训；2. 向读者宣传公立图书馆的商务支援服务，让公众了解这一服务项目；3. 在公立图书馆内外发掘适宜从事商务支援服务的人才，为图书馆服务建立人才网络。

（二）日本公立图书馆开展商务支援服务的现状

浦安市立图书馆可能是日本最早开展商务支援服务的公共图书馆。1993 年，该图书馆就提出了"成人图书馆"的概念。他们将与市场商务活动相关的书籍、报纸、统计资料、年鉴以及相关政府文件等作为馆藏特色，同时对参考咨询服务的内容重心进行了相应的调整。浦安市立图书馆的"商务支援服务"是在不自觉的状态下开始运作的，结果为了商务需要来馆的读者显著增加。

根据对浦安市立图书馆读者调查的结果，发现上班族和自由职业者由于工作或业务的原因而来馆的比例分别为 49.0%和 68.7%；认为图书馆的"商务支援服务"对他们的工作或业务有帮助的比例分别为46.7%和68.7%。跟踪调查发现，由于浦安市立图书馆能为社会商务活动提供丰富、有效的资料服务，甚至有一些市民特地把家搬迁到浦安市来。

东京模式的图书馆商务支援服务的特色是社会化的高层次合作。日本产业劳动局、教育厅、东京都立图书馆、东京商工会议所等机构都与商务支援图书馆事业有合作协议，东京都立图书馆在 2002 年修改的运营方针中，将商务支援作为一项重要的服务内容。

2004 年 4 月，大阪府立图书馆在一百周年馆庆纪念活动时，推出了支援中小企业的经贸服务等业务。图书馆在开设这一服务专题之后，多次聘请专家就有关创业的法律知识等问题举办各类讲座，得到了社会各界的认可。

2008年7月,日本商务支援图书馆推进协议会对834家公立图书馆开展问卷调查,其结果为:已开展商务支援服务的公立图书馆有192家(占23%)、准备开展的91家(占11%),有过讨论未能实施的有85家(占10%),可见各公立图书馆对开展商务支援服务多持积极态度。①

(三)使公立图书馆进一步朝着孵化机构发展的思考

世界上不少善于利用公共图书馆博览各种信息资料的有心人士,后来都成为企业的创始人。例如,微软公司创始人比尔·盖茨当年创业时,就充分利用了西雅图的公共图书馆。创业活动最初往往是从信息工作起步,其中包括对信息的收集、消化、分析、整理和判断等。图书馆除了信息服务以外,各种专业咨询、人才交流服务也将成为特色业务。公共图书馆作为社会的信息服务中心,其促进创业的孵化机构的作用正在被越来越多的人所认识和接受。

日本学者特别就校园创业的问题,向公共图书馆提出了孵化机构功能的课题。他们认为,为了使校园创业成功,有许多问题要解决。而解决这些问题的重要方法之一,就是运用公共图书馆孵化机构的功能。

(四)对我国公共图书馆开拓社会服务渠道的启示

虽然我国的经济还处于成长时期,但随着市场经济环境的形成与经济全球化的深化,人们面临的商务问题必然会大量增加。在选择就业、创业及提升业务能力等领域,都存在专业信息搜集、分析的过程。因此,普通市民、自由职业者、即将或已经毕业的学生,都会有寻求图书馆商务支援服务的需求。

虽然我国尚无"图书馆商务支援服务"这种提法或概念,事实上许多图书馆早已开始了这一领域的服务。上海图书馆1995年10月与上海科技情报研究所合并后,商务支援服务的功能得到了大幅度的加强。但是

---

① ビジネス支援図書館推進協議会.平成20年度ビジネス支援図書館推進協議会事業報告[EB].[2009-06-05].http://www.business-library.jp/activity/20houkoku.pdf.

分析其服务对象，至今依然主要是大、中型企事业单位和政府部门。随着我国改革开放的深化和市场经济的发展，个人对商务支援服务的需求会大幅度增加。各大中企事业单位由于拥有专门的信息部门、渠道和专业人才，对图书馆服务的需求会逐渐趋缓。

从我国的实际情况看，中小企业的经营和发展、失业人员的再就业以及各种层次的创业等，都可能产生信息需求，从而成为图书馆开展“商务支援服务”的潜在对象。尤其是学生和失业下岗人员，由于受社会阅历和文化基础等因素制约，在社会人脉关系和获取信息能力方面无疑属于社会的“弱势群体”，因此，公共图书馆针对这一人群的信息服务应该具有巨大的发展潜力。图书馆对社会“弱势群体”进行商务支援服务，对于经济的发展、社会的稳定，都具有重要的作用。①

第五节　公立图书馆职员

日本公立图书馆的职员，目前主要包括专职、兼职、临时员工和委托派遣员工几类。司书和候补司书是日本公立图书馆和私立图书馆的专职人员，关于他们的情况，将在第七章中予以详细介绍。

由于图书馆经费总额不变，为了保证馆藏数量的增长，势必导致人员构成产生较大变化。近年来日本公立图书馆专职职员总数逐年递减，2008 年为 13 036 人，相比 1998 年的 15 429 人减少了 2 393 人；而兼职职员总数却逐年增加，到 2008 年达 1 329 人，比 1998 年的 1 130 人增长了 199 人。其中，都道府县立图书馆、市区立图书馆、町村立图书馆、广域市町村圈图书馆的专职职员数都在逐年减少；兼职职员数除了广域市町村圈图书馆不断减少之外，町村立图书馆兼职职员总数从 1998 年的 766 人增长到 2004 年的 925 人，但随后又逐年减少，到 2008 年时为 572 人，这与町村立图书馆数量在 2004 年之后的大幅缩减有较大关系；其余种类的

① 沈丽云. 日本公共图书馆商务支援服务的启示[J]. 图书馆杂志，2004 年(4)：63—65.

公立图书馆兼职职员总数则呈逐年递增趋势，其中市区立图书馆兼职职员数增长较多，从1998年的340人增加到2008年的737人，增长率达117%。分析这些变化的原因，一方面是由于非正规编制的兼职、临时员工担当起了原来由专职职员承担的职务；同时由于PFI及指定管理者制度的引入，图书馆业务外包也随之被引进，这导致图书馆职工与自治体之间没有了直接雇佣关系，而是由PFI及指定管理者雇用的委托派遣员工承担起图书馆业务工作。另一方面电子计算机与网络信息通信技术的普及和发展，使得图书馆部分业务节省了人力。

第六节　公立图书馆制度建设

一、 公立图书馆建设的相关制度标准

（一）公立图书馆“最低标准”的出台和废止

日本公立图书馆的“最低标准”最初出现于1950年(昭和25年)颁布的《图书馆法施行规则》中，该规则的第二章即为《公立图书馆的最低标准》。《图书馆法》也曾经制定有国库补助的“最低标准”。这一“最低标准”涉及的范围包括：馆长、各级图书馆藏书年增加量、各级图书馆中配置的专业职员—司书和候补司书的数量、各级图书馆的馆舍总面积等。各地方政府唯有在满足了“最低标准”的情况之下，才有权获得国库补助金。当初考虑到设置以及运营公立图书馆所需的经费全靠地方政府负担有一定的难度，因此制定了奖励性质的国库补助金制度，作为国家政策鼓励地方政府大力发展包括图书馆在内的文化教育事业。国库补助金制度曾对提高日本公立图书馆的设置率起到了非常积极的作用，但在20世纪90年代后期，由于受经济衰退的影响，1998年底，在重新审视国家与地方关系时，国库补助金制度被认为不符合地方分权制度的推进要求，“公立社会教育设施完善费补助金(图书馆建设补助金)”这一条款也因为图书馆的设置率已经超出了国家

表 2-7　公立图书馆人员(人)

种类	年份	1998年	1999年	2000年	2001年	2002年	2003年	2004年	2005年	2006年	2007年	2008年
公立	都道府县立	1 998	2 002	1 975	1 965	1 967	1 908	1 885	1 826	1 790	1 730	1 700
		12	14	12	12		13	11	11	16	15	16
	市区立	11 514	11 418	11 246	11 301	11 226	10 751	10 937	10 827	11 066	10 661	10 324
		340	357	377	352		429	372	566	794	748	739
	町村立	1 912	1 931	1 950	1 958	1 984	1 984	1 965	1 546	1 127	1 092	1 010
		766	797	853	858		891	925	741	576	553	572
	广域市町村圈	5	5	4	4	4	4	7	7	4	6	2
		11	11	10	9		9	7	2	3	2	2
公立总计		15 429	15 356	15 175	15 228	15 181	14 833	14 572	14 206	13 987	13 489	13 036
		1 130	1 179	1 252	1 104		1 342	1 315	1 320	1 389	1 318	1 329

(出处:据《日本的图书馆》所载相关资料制作。上行为专职职员数,下行为兼职职员数)

保证实施的最低水平而被废止；1999年7月修订的《图书馆法》也删除了相关条款。

（二）公立图书馆的“期望标准”

按照日本最新修订的《图书馆法》(2008年6月11日法律第59号)第七条第二项规定，“文部科学大臣应为图书馆的健康发展制定图书馆设置及运营的期望标准并加以公布”。与“最低标准”不同，“期望标准”不和国库补助金等实质性问题发生关联，是一个纯粹的指导性标准。

“期望标准”制定于上个世纪60年代中期。1967年3月，日本社会教育审议会图书馆专门委员会第一次向文部省提出了一个“期望标准”草案，但图书馆界对这一草案提出了种种意见，导致这一草案不了了之。1972年9月，新的社会教育审议会设备分科会图书馆专门委员会又提出了一个《公立图书馆的期望标准》(草案)，经过修改，于1973年7月12日以《公立图书馆设置及运营的期望标准》(草案)的名称，正式向社会教育审议会提出，并于8月28日获得通过。但在同年秋季召开的全国图书馆大会上，这一标准又引起了广泛争论，最终没能被正式公布。1991年5月29日，该委员会提出了一个新的《关于公立图书馆设置及运营的标准》(草案)，并由文部省发至全国有关方面征求意见。1992年5月21日，该草案经修改，形成《关于公立图书馆设置及运营的标准》(报告)，6月17日，文部省终生教育局以“通知”的形式发给各都道府县、指定城市教育委员会教育长。“通知”说，“今后在推进公立图书馆的行政时，应该充分参考该报告，努力实现公立图书馆进一步的发展与充实。”①2001年，文部科学省发布第132号告示，以《图书馆法》旧法第18条为基础，自当年7月18日起，开始施行《公立图书馆设置及运营方面的期望标准》。这一标准就公立图书馆在设置和运营方面的一般规则、市町村立图书馆和都道府县立图书馆运营的定位等进行了规定，但并未给出具体的数值目标，因而它只是一个纲领性文件，具体的实施方法则交

① 李国新.日本图书馆法律体系研究[M].北京：北京图书馆出版社，2000：132—133.

由各馆自行制定。

（三）公立图书馆的任务和目标

《公立图书馆的任务和目标》是由日本图书馆协会图书馆政策委员会于1989年（平成元年）发表、2004年（平成16年）修订的一份政策性文件。该文件制定的主要意图在于展示图书馆的应有形态，明确公立图书馆应该开展的活动和必须达到的服务目标，谋求充实和完善"真正的图书馆"。可以说，《公立图书馆的任务和目标》是继1963年《中小城市公共图书馆的运营》、1970年《市民的图书馆》之后，由日本图书馆协会制定的又一份关于图书馆建设的基础性文件。

虽然文部科学省于2001年7月发表了《公立图书馆设置及运营的期望标准》，但如上文所述，"期望标准"中并未给出图书馆建设的具体数值目标。另外由于"期望标准"是一部由国家制定的法案，很大程度上受国家政策变化的影响，对于图书馆设置运营的形态、体制以及活动目标的制定等，都无法发挥关键性作用。而作为日本图书馆界核心机构的日本图书馆协会，在规划图书馆活动方面有丰富的理论和实践经验，对于公立图书馆的基本定位和理想的设置运营状态都能给出一定的指导性意见。在社会发生巨大变革的当今，日本图书馆协会也可以根据图书馆在发展中碰到的各种实际态势，明确当前的课题和需要解决的问题，让公立图书馆的事业回归核心基础，同时为未来的发展制订方针并提供参考。这便是《公立图书馆的任务和目标》制定的背景。

在《公立图书馆的任务和目标》中，除了对公立图书馆的定位做出定性之外，在篇尾对于图书馆的建筑面积、藏书册数、开架册数、资料费、年增加册数、职员数等都依照自治体的人口数的不同，给出了具体的数值标准。

二、 公共图书馆和《图书馆法》

1950年4月30日，日本《图书馆法》颁布。根据《图书馆法》第2条的定义，图书馆是"地方政府、日本红十字会或民法（明治29年法律第89

号)第34条所提法人设置的机构(附属于学校的图书馆或图书室除外)。”而“前项所定义的图书馆中,地方政府设置的图书馆称为公立图书馆,日本红十字会或民法第34条之法人设置的图书馆称为私立图书馆。”因此,《图书馆法》的法律对象,并不包括学校图书馆、大学图书馆和专门图书馆,而仅限于公共图书馆。

日本《图书馆法》作为日本战后现代图书馆法律体系建设的标志之一,在日本图书馆界具有跨时代的意义。它的制定,极大地改善了日本战前相对落后的图书馆事业,使其在战后呈现飞速发展的势头,同时也使日本图书馆的活动方向发生了根本性的变革。它的权威性和指向性,使得它的每次修订对于图书馆界事业的发展均影响巨大。在本书第六章中,将对《图书馆法》的发展历史、法律体系和最新修订内容等做一详细的介绍。

三、 公立图书馆和指定管理者制度

(一)日本指定管理者制度概要及其背景

日本于2003年6月13日颁布、同年9月开始实施经过修改的《地方自治法》。该法律第244条对于“公共设施”的管理作出新的规定,即引进指定管理者制度。指定管理者制度的实施对象包括了公立图书馆。

日本实施指定管理者制度的目的在于振兴长期不景气的国家经济,增强经济国际化和市场化潮流中的企业竞争力,从而对公共投资进行改革,以减消693兆日元的巨额财政赤字,推进“小政府、小自治体”,建立以个体负责、自立自助为基础的社会体系。

近年来,将公共服务领域的业务向私营企业开放的问题,一直是日本政府进行结构改革的一大课题。日本政府参照了欧美的PPP(Public Private Partnership公私合作)概念,于2001年6月在《关于今后经济财政运营和经济社会结构改革的基本方针》中提出了尽量将公共服务委托给私营企业的原则。2002年12月,综合规制改革会议提出“必须修改法律,以便可以将公共设施的管理运营委托给私营企业”的具体方针。2003

年9月，在制定了PFI、独立行政法人等的公共服务私营化政策后，又修改了《地方自治法》，开始实施将现有的公共设施委托给纯粹的私营企业进行管理运营的指定管理者制度。

过去，日本一直实施所谓的“管理委托制度”，即由政府支付委托管理费，将公共设施的管理和运营委托给由地方公共自治团体出资设立的企业进行。

所谓“指定管理者制度”，是通过日本地方公共自治团体的指定，将公共设施的管理权限委托给指定团体（企业）的制度。与过去已有的管理委托制度相比，指定管理者制度在各个方面均有重大突破，大幅度强化了委托力度，扩大了委托范围，进一步下放了管理运营权限。图2-1和表2-8分别归纳了日本指定管理者制度与管理委托制度的关联和区别。

根据日本政府2003年9月开始实施的指定管理者制度计划，对于当时正在进行管理委托的公共设施，要求在3年内确定指定管理者（包括自治体现在的法人机构等）。这意味着日本当时计划在3年内废除已有的管理委托制度，将社会福利设施、公共事业等正在实施委托管理的业务，改为实施指定管理者制度或恢复到政府直接管理。此外，日本总务省还决定，今后新设立的公共设施必须以执行指定管理者制度为前提。

日本的公立图书馆属于公共设施，理所当然地成为指定管理者制度的实施对象。日本文部科学省根据修改后的《地方自治法》，于2003年12月1日在中央教育审议会生涯学习分科会上决定，将图书馆作为公共设施纳入指定管理者制度，将其管理运营向私营企业或组织开放，并决定只要经过必要的研究和手续，向公众告知后，就不必通过教育委员会的任命，可直接将图书馆的运营管理委托给私营企业或机构进行。此外，从1998年开始，日本《图书馆法》第20条所规定的对于公立图书馆建设的国库补助亦宣告终止，各地方政府也不断削减对图书馆的财政支出。在这样的背景下，各自治体公立图书馆不断推进指定管理者制度。根据日本图书馆协会的统计，截至2007年度（2008年3月31日），已有74个自治团体主办的共130个图书馆实施了指定管理者制度。

表 2-8　日本指定管理者制度与管理委托制度的区别

	管理委托制度	指定管理者制度 (2003 年 9 月开始实施)
委托对象	● 限于官方投资的团体	● 除个人以外的私营企业、NPO(非营利民间组织)等
选定方法	● 通常委托给特定的团体	● 原则上采用公开招标方式,由选定委员会决定
业务范围和权限	● 限于委托合同的范围 ● 对于设施,无利用许可权限	● 在很大范围内行使管理权限 ● 对于设施,拥有利用许可权限 ● 可自行决定收费,并获得收益

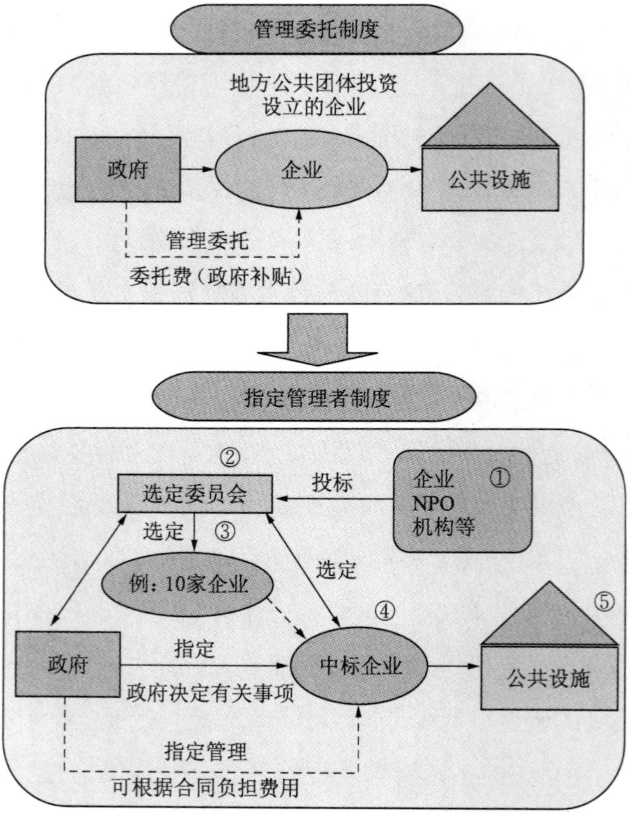

图 2-1　从管理委托制度发展到指定管理者制度

① 企业等向选定委员会提出申请
② 选定委员会由公正权威的成员构成
③ 从投标企业中选定指定管理者
④ 中标企业实施管理职责
⑤ 由指定管理者运营管理公共设施

（二）指定管理者制度与 PFI 的关系

PFI 最早产生于英国。1980 年前后，英国与许多发达国家一样，饱受巨额财政赤字困扰。1979 年撒切尔首相执政后，为了削减、控制政府开支，着手将市场经济引进公共服务领域，PFI 就是其实施的政策之一。所谓 PFI(Private Finance Initiative)，即运用以私营企业为主的社会资金、经营能力和技术能力等对公共机构、公共设施、公共业务等进行建设、维持、管理和运营等的新方法。日本借鉴了英国的做法，于 1999 年 7 月制定了《关于促进运用民间资金等整备公共设施的法律》(简称《PFI 促进法》)，并在 2000 年 3 月，确定了由政府 PFI 推进委员会讨论 PFI 事业的理念及其实现方法等的基本方针，然后提交日本首相审定实施 PFI 事业的基本框架。与政府机关和地方公共机构等直接自主实施项目相比，通过运用 PFI 方法，可以提高公共服务等有关业务的效率，改善业务效果，提高服务质量，并且可以降低公共事业的成本。

指定管理者制度与 PFI 的最大区别体现在投资方面。表 2-9 归纳了日本指定管理者制度与 PFI 的区别。由于指定管理者制度不要求参与管理的企业进行投资，故扩大了业务委托的范围。就公共图书馆的 PFI 和指定管理者制度的综合实施方式而言，指定管理者制度是在 PFI 的基础上再引进的。即理论上希望把 PFI 运营时间的灵活性、新型服务的提供、最新 IT 技术的有效运用等优点和指定管理者制度的专业性、经营管理的健全性、收费制度的设定等优势有机地结合起来。

在《PFI 促进法》的推动下，一度有不少自治团体尝试用 PFI 方式运营并管理公立图书馆。如 2001 年 8 月，三重县桑名市决定对图书馆等公共设施实施 PFI 方式(2004 年 10 月开馆)；2004 年 9 月，东京稻城市立中央图书馆实施 PFI 方式(2005 年 7 月开馆)。具体而言，自治体多采取“服务购入型”的 PFI 模式，以 30 年的长期合同将图书馆的运营和管理委托给 PFI 承包商。由于 PFI 模式很重视经济收益，而公立图书馆是非赢利机构，故在实施过程中可能会出现为降低工资成本而裁员以及企业因业务外包等而导致服务质量降低等现象。此外，如果长期将图书馆的经营、服务等专门业务委托给企业，可能导致无法为市民提供真正的公共服务。所有这些因素使得PFI方式在日本图书馆界很难进一步推广和实施。

表 2-9 日本指定管理者制度与 PFI 的区别

	适用于指定管理者制度的业务	适用于 PFI 法的业务
业务内容	● 原则上为现有设施的运营、维持和管理	● 基本上对设施进行全面的整备、运营、维持和管理
	● 不需要初期投资，经营风险小	● 必须进行初期投资和贷款，经营风险大
业务期间	● 由于没有投资，故合同期限可较短	● 签订能够收回投资的长期合同
	● 可灵活地决定合同期限	● 一般为 10～30 年的长期合同
成本负担	● 由于是以现有设施为前提，故委托方和被委托方的成本负担均低	● 除设施的建设计划以外，还涉及法律、财务等诸多业务条件，故成本负担大
	● 业务规模灵活，可大可小	● 必须具有一定的业务规模
可接受委托的私营企业	● 对于文化设施、体育设施、福利设施、社区设施、旅游设施等具有运营经验的各种企事业单位	● 开发商、商贸实业公司等资金实力很强的骨干企业
	● 具有相关运营经验的各种中小企业均可参与	● 限于大企业或具有实绩的企业

（三）公立图书馆引入指定管理者制度的现状

日本图书馆协会从2006年度至2008年度对公立图书馆实施指定管理者制度后的状况进行了3次调查，调查结果见表2-10、表2-11。截至2008年3月31日，日本公立图书馆的总数为3 019家，其中仅有130家公立图书馆(4.2%)实施了指定管理者制度。可见对于这项制度，各自治团体并不积极，实施率很低。至于指定管理者的种类，在2006年度的调查结果中，公社·财团占62.7%，这是由于许多图书馆在过去即委托公社·财团管理，实行指定管理者制度之后，也多指定原先的公社·财团为管理者；但总体来看，民营企业成为指定管理者的比例呈不断增加的态势。

2007年度，日本图书馆协会对2006年度实施指定管理者制度的51家图书馆进行了问卷调查。调查的内容包括图书馆运营方面的指定的期限、非全权委托业务、开馆时间变更等 9 个项目,以及与引进指定管理者相关的目的、完成状况、成果、难点和今后的课题等 5 个项目。其中“指定的期限”这一项,协会调查的结果为 3 年的占 46%、5 年的占 26%、4 年的占 24%、2 年的占 4%,可见 3 年的比例最高;“非全权委托业务”这一项,文献购入为 17 馆,占 33.0%;文献选择和剔旧为 14 馆,占 27.4%;参考咨询,为 2 馆占 3.9%。实施目的和效果方面,占 37.2%共 19 馆经费削减,占 35.3%共 18 馆服务质量提高,占 21.6%共 11 馆实现了有效运营,可见经费削减的比例最高。今后的课题和存在问题方面,调查结果显示本制度在图书馆的运用并非完全适合,它使得图书馆经营缺乏稳定性,使图书馆职工的素质降低,这些都妨碍了图书馆服务的改善及专业性功能的发挥,因而读者反应特别强烈。①

表 2-10　公立图书馆引进指定管理者制度的状况

引进状况 / 截止日期	县		政令市		特别区		市		町　村		计	
	自治体数	馆	自治体数	馆	自治体数	馆	自治体数	馆	自治体数	馆	自治体数	馆
2006 年 3 月 31 日	0	0	1	3	0	0	3	3	4	4	8	10
2007 年 3 月 31 日	1	1	3	17	0	0	19	24	9	9	32	51
2008 年 3 月 31 日	1	1	3	25	4	21	41	57	25	26	74	130

(出处:日本图书馆协会)

表 2-11　指定管理者的种类(馆数比%)

	截至 2006 年 3 月 31 日	截至 2007 年 3 月 31 日	截至 2008 年 3 月 31 日
民营企业	4/10(40)	13/51(24.5)	58/130(44.6)
NPO	3/10(30)	5/51(9.8)	19/130(14.6)
公社・财团	2/10(20)	32/51(62.7)	47/130(36.2)
其他	1/10(10)	1/51(2.0)	5/130(3.8)

(出处:日本图书馆协会)

(四) 指定管理者制度对于公立图书馆的利与弊

自从指定管理者制度被引入图书馆界以后,日本学者以及图书馆界

① 沈丽云. 日本公立图书馆实施“指定管理者制度”5 年多来的变化[J]. 图书馆杂志, 2009 年(9):60—63.

人士普遍认为，这一制度并不适用于图书馆，其引入的结果必然是“弊大于利”。那么，指定管理者制度究竟有没有可取之处？它在图书馆这一特殊的公共设施中到底能否发挥实际效用？我们可以透过理论和现实两个层面进行探讨。

1. 指定管理者制度的理论之“利”

对于日本公立图书馆的运营管理而言，指定管理者制度不可能一步到位。根据专门法律优先于一般法律的原则，日本的《图书馆法》、《社会教育法》等保持着优先的法律地位。例如，日本《图书馆法》第 17 条规定了图书馆的免费利用原则，这就限制了指定管理者制度对于费用权限的使用。

由于指定管理者制度的实施，公共服务业务向私营企业和机构开放的趋势得到进一步加强；同时，也对日本公立图书馆今后的运营管理产生深远的影响。理论上，通过指定管理者制度、PFI 等多种手段和途径，可以全面调动民间资金、技术、人才等资源，以从根本上改变公立图书馆的服务质量和水平，提高业务效率，降低成本，达到公立图书馆、企业和读者三赢的目的。

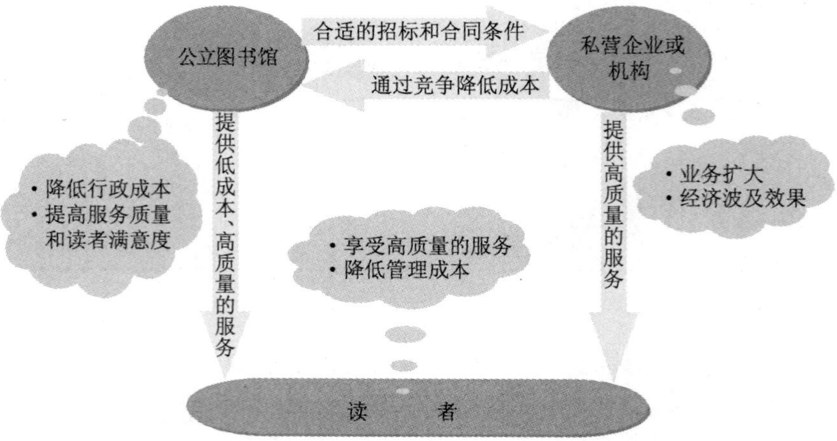

图 2-2　公立图书馆、企业和读者三方关系图

以日本东京都大田区公立图书馆的业务委托为例：实际上，早在指定

管理者制度实施以前,东京都23个区的公立图书馆就已不断地推进业务委托活动。2002年度共有4个区计18个图书馆将业务委托给私营企业,2003年度增长到9个区计36个图书馆,2004年度进一步增加到11个区计69个图书馆。

在业务委托潮流中,东京都大田区公立图书馆是一个典型。早在2002年10月,大田区公立图书馆的业务委托计划就已制订出台。大田区政府在《21世纪大田改革推进计划·2002年度事业计划》中编入了图书馆业务委托的内容,并于2003年4月正式实施。

大田区公立图书馆将业务分为基干业务和委托业务两类。其中参考咨询、读书咨询、讲座活动等被从基干业务中分离出来,成为业务委托的对象。经过重新划分,所有对外窗口业务均被归入委托业务,基干业务只剩下图书馆设施的运营、维护管理和对于委托业务的监管等。

大田区公立图书馆的业务委托未采用公开招标方式,而是以各企业的自我推荐为前提,采用提名方式(东京都其他区的公立图书馆也主要采用这种提名方式)确定委托对象。2003年度,选定5个公司(其中一个为NPO法人),分别委托其管理5个图书馆。2004年度新增1个公司,实施业务委托的图书馆则增加到10个,结果为6个公司管理10个图书馆。与招标方式注重企业报价不同,提名方式所重视的是其业务能力。但实际上,报价还是起着重要作用。由于提名方式的候补企业有限,因此人们普遍认为提名方式不够公平。

实施业务委托后最显著的效果,是开馆时间得到延长,服务质量有所提升,图书馆运营的效率得到提高,图书馆职员的人数也得到削减。读者普遍反映服务态度有所改善,各窗口的服务质量有所提高。

2. 指定管理者制度的现实之"弊"

然而在指定管理者制度被引入图书馆后5年多的时间里,客观地说,非但没有达到预期的成效,反而暴露出诸多问题,日本图书馆界对这一制度颇有微词。

在2008年例行国会进行《社会教育法》等的修改之际，文部科学大臣对公立图书馆引进指定管理者制度作了答辩，并对众参两委员会关于引进指定管理者制度利弊的认识作了附带决议。对于参议院文教科学委员会委员关于指定管理者制度所导致的弊端的质询，当时的渡海大臣在答辩中认为将该制度引入公立图书馆是不适当的，他指出：公立图书馆对于该制度的引进率很低，同时由于指定的期限也比较短，所以"要立足长远进行运营"，"确保职员的研修"，"培养后继者"。①

所有关于指定管理者制度的争论，归根结底就是要重新审视是否应该把图书馆泛化为一般的"公共设施"。公立图书馆从地方自治法的角度来看是一种"公立设施"；但从地方教育行政的相关法律角度来看，则与学校、公民馆和博物馆等一样，是一种"教育机构"。因此，图书馆应遵循的法律是社会教育法，图书馆的设置目的、服务对象、运营方法、专业性和公益性与一般的公共设施完全不同。正是由于这一特殊性，使得原本属于非盈利性质的图书馆，在引入盈利性质的指定管理者制度之后，产生了许多尖锐的矛盾。这其中，最为严重的就是图书馆的公益性和专业性大幅度退化；另外，图书馆的职工问题以及业务的持续性问题也在不断拷问着指定管理者制度的合理性。

关于公益性问题：建设"公共设施"的目的是"增进居民们的福利"，指定管理者制度引入的目的也是"提高服务居民的业务质量"；然而事实却是，被指定的管理者一味以"缩减经费"为优先考虑，而将"有效达成公共设施的设置目的"和"增进居民们的福利"放在一边，类似这样的事例数不胜数。②在PFI的考虑方案中，图书馆服务转变为"商品"，改变了原有的社会公益性质。此外，自治体在市场上购买PFI业务销售的作为"商品"的图书馆服务后再提供给居民，由此改变了图书馆服务的作用。

---

① 鑓水三千男．図書館と法[M]．新訂版．東京：日本図書館協会，2009：83．

② 山口源治郎．公立図書館への指定管理者制度の導入[M]//日本図書館情報学会研究委員会．変革の時代の公共図書館．東京：勉誠出版株式会社，2008：108．

由于图书资料经费大幅缩减，年复一年的图书采购册数减少，导致图书馆藏书的数量和质量不断下降。例如东京都立图书馆，1990 年的资料经费是 4.078 亿日元，到 2005 年为 1.850 3 亿日元，缩减了约 55%。这种资料经费缩减一半以上的情况，目前已成为日本公立图书馆界的普遍现象。

专业性问题：在确保公立图书馆服务水平和公益性的情况下，如何对指定管理者提供的图书馆服务进行监管和评价也是一大问题。地方自治法规定，指定管理者有完成并提交业务报告书的义务，地方自治体也应主动要求审核相关的业务管理和经营情况报告，并结合实地调查情况做出必要指示。但以上这些规定的具体内容和操作方法，全由地方自治体自主决定。因此，自治体在行政方面目前是否具备自我评价能力、能否持续保证这一评价能力，不能不让人打一个问号。①

引入指定管理者制度之后，指定管理者通过以短期低工资雇用非正规编制职工来运营图书馆。而且由于图书馆业务外包，自治体图书馆的行政从服务的实施部门(现场)撤退，使图书馆服务的专业性功能丧失。长此以往，图书馆行政层面上与管理相关的专业性不断退化，直接导致了其行政能力的低下。

关于职工问题：实施指定管理者制度的一个重要目的就是“缩减经费”，而节省经费最容易“下刀”的部分就是人员开支费用。为了缩减人员开支费，非正规职员、短期合同、低工资等成为主流雇佣条件，这和业务委托以及 PFI 模式的外包手法如出一辙。这一做法导致职工的离职率上升。若要保持和提高服务质量，职员的专业性、对业务的熟练程度和工作热情是必不可少的，但在上述这种低水平、不安定的雇佣条件下，要实现这些显然相当困难。

---

① 山口源治郎.公立図書館への指定管理者制度の導入[M]//日本図書館情報学会研究委員会.変革の時代の公共図書館.東京：勉誠出版株式会社，2008：111.

关于业务的持续性问题：地方自治法虽然对于指定期限作出了规定，但并没有规定具体的年数，因此期限的长短实际交由自治体自行决定。根据日本图书馆协会的调查，半数图书馆的指定期限为 3 年，其余的为 4 年至 5 年不等。

指定期限的长短和图书馆业务的稳定性、持续性以及职员的专业性和业务熟练程度的累积都有密切的联系。当地方公共团体判定指定管理者不能进行适当的公共设施管理而必须解除指定时，作为指定管理者的民营企业就有可能撤离这类业务。这很可能导致图书馆业务的持续性遭到破坏，图书馆专业技术的继承亦会变得十分困难。

第七节　公立图书馆的振兴政策

“公立图书馆振兴政策”产生的历史背景，最早可以追溯到战后的 20 世纪 50 年代。受美国影响，二战后的日本出版界决意抛弃一切旧观念，追求思想和言论自由，力求把日本“建设为一个充满文化的国家”。1954 年开始的“读书周”文化活动掀起了市民的读书热潮。1959 年，“推进读书运动协议会”成立，与此同时，日本全国各地的读书运动也积极展开。为了帮助推广读书运动协会的核心精神，由日本图书馆协会组织成立的“都道府县推进读书运动协会”以各县立图书馆为中心，旨在将 42 个都道府县的图书馆活动推向新的高度。①

在这样的社会大环境下，1970 年，东京都发表了《图书馆政策的课题和对策——东京都公共图书馆振兴措施》一报告，这是关于都道府县的图书馆振兴政策的首份代表性文件，是“第一次由政府主导制订的立足于构建覆盖全都的均衡化的图书馆服务体系的发展计划”。②同年，由日本图书馆协会出版的《市民的图书馆》一书，将原本在《中小报告》

---

① 読進協．読書推進運動協議会の二十年[EB/OL]．読進協刊，1980．http://www.dokusyo.or.jp/jigyo/dokusyo/history.htm.

② 张广钦．国外公共图书馆建设标准与规范概观[M]．北京：国家图书馆出版社，2009：163.

(《中小都市中公共图书馆的运营》)中提到的“中小图书馆”明确为“市民的图书馆”，由此引发了之后声势浩大的“市民图书馆运动”，这为都道府县内的市町村立图书馆建设带来了巨大的发展契机。就另一层面而言，《市民的图书馆》可以看作是振兴政策的另一份“纲领性文件”，其意义可谓非凡。

1970年以后，东京都内实施图书馆振兴政策的区、市的数量逐年增加。1980年以后，类似滋贺县那样因实施图书馆振兴政策而取得丰硕成果的府县也开始不断涌现。之后，伴随着终身学习热潮的兴起以及政府对儿童和学生读书运动的重视，振兴身边的“市民的图书馆”成为当时日本社会的热门话题。在各级政府出台各种方针政策以期完善读书环境的同时，图书馆界也在试图制定一个相关标准，以便对这些中小图书馆加以规范。1989年，由日本图书馆协会出台的《公立图书馆的任务和目标》弥补了这一空缺。2001年，文部科学省又出台了《公立图书馆的设置及运营上的期望标准》；同年，国家出台了《推进儿童读书活动相关法律》。为了改变日本国民阅读兴趣淡薄，离文字、铅字越来越远的社会现状，2005年国家又制定了《文字、铅字文化振兴法》；次年11月，与此有关的“语言能力与日本未来”专题研讨会召开。当时，研讨会向社会呼吁，主张在家庭、学校、单位、社区开展读书推进活动，开展文字、铅字文化推进活动，进而提出了“国民读书年”倡议。

2008年6月，经众参两议院决议批准，将2010年定为“国民读书年”。国会在决议中指出：“文字是人类智慧传承的重要媒介，广博的知识遗产通过文字得到传承，并更好地向后世发展；远离文字、铅字是导致语言能力、理解力和精神文明变质的一大重要原因。因此，有必要通过各种努力，以唤醒国民的读书意识，培养其读书习惯。”①

基于《教育基本法》的修改，2008年7月国家又出台了题为《教育振

① 肥田美代子.2010年“国民読書年”に向けて[J].図書館雑誌,2009(7):438—439.

兴基本计划》的中长期教育发展规划。该计划分析了日本教育的现状，重新确定了“教育立国”的战略决策，号召全社会重视教育，致力于教育振兴。就目前来看，这将成为今后 10 年日本图书馆振兴政策的重要指导性文件。

一、 都道府县的图书馆振兴政策

《公立图书馆的任务和目标》第 5 章《都道府县的图书馆振兴策略》第 1 条规定：“各自治体均负有督促全部市町村实施并展开具有计划性的公立图书馆服务的责任；都道府县和都道府县教育委员会(以下简称为‘县’)作为广域自治体，对于全体县民都能够充分享受到完全的图书馆服务负有积极推动振兴的责任。”由此可见，对于都道府县来说，推动振兴县以下的市町村图书馆的发展，是必须承担的一个课题。《社会教育法》第 6 条和《地方教育行政的组织及运营相关法律》(以下简称《地教行法》)第 48 条也明确规定：“对市町村教育委员会所管辖的图书馆进行指导和提出建议，是县教育委员会的职责。”

基于上述原则，都道府县图书馆长期以来一直积极开展对于市町村图书馆的振兴活动。图书馆振兴策略的制定，同样可以看作是《教育基本法》所要求的都道府县教育振兴基本计划的重要一环。

二、 补助金制度废除后的援助政策

本章第三节中已经提到，由于国库补助金的废除，使公立图书馆在经营方面陷入窘境。虽然图书馆在硬件方面得不到国家的补助金，但在软件方面却获得了一些来自政府的援助和支持。1997 年之后，文部科学省(当时的文部省)开始将对图书馆的扶持重心转移到服务能力的提升和人力资源的建设上，先后开展了诸如“充实支持地区图书馆的服务事业”、“社会教育振兴计划”和“提高司书资质，开展图书馆司书专业研修”等活动。表 2-12 是 2005—2008 年文部科学省对公立图书馆的主要援助活动的经费投入情况。

表 2-12　2005—2008 年度公立图书馆获得国家援助经费预算(千日元)

活动事项	活动概要	2005 年度	2006 年度	2007 年度	2008 年度
充实支持地区图书馆的服务事业	在对公立图书馆的现状进行调研的基础上,开展各类实践活动,借以充实提高公立图书馆: 1. 应对问题能力; 2. 与各团体机关的协作能力; 3. 覆盖全部市町村的全域服务能力; 4. 危机管理能力等。	28 757	32 071	25 830	21 158
图书馆司书等专业研修	为了进一步提升图书馆职员的专业知识和技术,开展系统性、计划性的研修活动: 1. 图书馆司书专业研修; 2. 新任图书馆长研修; 3. 不同地区图书馆的研修。	14 671	14 671	14 539	12 951
合　计		43 428	46 742	40 369	34 109

(出处:据日本图书馆协会出版的《图书馆年鉴》制作)

三、 振兴政策面临的问题和解决对策

(一)“人”的问题

日本学者认为在未设置图书馆的自治体中新建图书馆时,面临的最大难题是挑选合适的图书馆长和保证一定数量的专职人员。由于市町村合并的大规模开展,表面上,未设置图书馆的自治体数正在减少,但在必要的图书馆服务这一领域,仍存在许多空白地带。要想建设保质保量的图书馆,关键是采取正确的方针以培养人才。

所以,不仅是县立图书馆职员、包括市町村立图书馆职员在内,都要尽力为培养能承担新型图书馆运营业务的人才做出自己的努力。[①]

(二) 地方分权和补助政策

如前所述,随着地方分权政策的实施,国库补助金被完全废止,虽然有一些援助政策支持图书馆,但之后每年 4 000 万日元左右的援助经费

① 日本図書館協会図書館政策特別委員会. 公立図書館の任務と目標解説. 改訂増補版[M]. 東京:日本図書館協会, 2009:76—79.

与1982年国库补助金顶峰时期的21.84亿日元相比实乃杯水车薪，使得原本就紧张的县财政要在县内实行振兴策略显得更加困难。日本学者认为，深入分析县内市町村立图书馆的现状，为促进其发展而研究制订方案对策，是县和县立图书馆的责任。在振兴策略陷入困境的当前，县和县立图书馆更应该真诚地面对市町村立图书馆，以更真挚的态度投身于振兴事业。

（三）消除图书馆的空白区域

近年来，在日本各地都能看到新建的町立图书馆。“拥有超过3 000平方米的设施面积”、“出借业务日本第一”之类的消息也令人相当关注。但是，目前町村图书馆的设置率仍仅为5成左右。因此，日本学者认为自治体应大力宣传图书馆能丰富人们的日常生活、能振兴地区发展的理念，以提高领导、议员、居民对于图书馆的关注。

目前，在日本还存在不少没有能力开展图书馆业务的町村，如孤岛，或者规模很小、人口稀少的小村庄。对于这些地方的居民们来说，县立图书馆是唯一可以提供资料的机构，为他们提供直接服务，保障他们的“获知权”，是县立图书馆应尽的职责。对于没有图书馆的町村，县立图书馆应做出必要的努力，尽量提供可以满足当地居民资料需求的直接服务（如移动图书馆）。

四、公立图书馆读书活动

公立图书馆读书活动的推广，常与都道府县的图书馆振兴策略相结合。它不仅关系到儿童，也关系到成人读书活动的蓬勃开展。在灵活运用图书馆服务的前提之下，培养同“学习”和“生活”能力相关的读书能力。公立图书馆与学校图书馆或其他图书馆通力协作，营造良好健康的读书环境，提供完善的读书服务，开展丰富的读书活动，以提高人们的读书热情。图书馆员工应积极参与家庭、地区和学校等组织的儿童读书活动，为读者提供咨询，指导学生读书，充分发挥图书馆的作用。1997年之后，文部科学省（当时的文部省）的一个主要援助项目是支持公立图书馆开展儿童读书活动。表2-13是2004—2008年文部科学省为支持公立图书馆开展儿童读书活动所投入的经费情况。关于公立图书馆与学校图书馆合作开展读书活动的情况，将在以后的章节中详细介绍。

表2-13　2004—2008年国家支持公立图书馆开展儿童读书活动投入经费预算(千日元)

活动概要	2004年度	2005年度	2006年度	2007年度	2008年度
1. 加强学校图书馆作用项目(包括：学校图书馆资源共享和学校图书馆支援中心推进事业)	507 351	474 277	450 464	394 918	137 543
2. 儿童读书习惯调研项目				198 297	94 843
3. 儿童读书援助项目	99 981	96 160	97 852	151 675	151 725
4. 培养与生活能力相关的读书推进项目	40 287	21 857	20 826	7 416	3 490
合　计	647 619	592 294	569 142	752 306	387 601

(出处：据日本图书馆协会出版的《图书馆年鉴》制作)

第八节　公立图书馆面临的问题

社会的成熟化、信息化、高龄化、国际化，银行财政改革和地方分权政策的不断推进，传统学习向终身学习体制的转移等一系列的时代变革，同样影响到日本公立图书馆的发展。目前所面临的问题有：

一、服务据点有待完善

虽然法律上并没有规定图书馆的“义务设置制”，但在法律条文中已明确表示，图书馆是必须设置的公共设施。伴随着平成“自治体大合并”政策的推进，图书馆的基础数量也有了一个相当大的变化。但与市区图书馆几乎100%的设置率相比，町村的设置率仅略微超过5成。人口在1.5万左右而没有设置图书馆的町村非常之多，但这一问题目前尚不可能轻易解决。那些设置率长时间停留在四成左右的地区，町村图书馆数之所以能超过50%，也只是因为自治体合并的原因(注：由于大规模的自治体合并,许多自治体都将原本的文化馆图书室等作为图书馆使用,结果导致了图书馆在数量上的猛增),而图书馆的服务半径并没有实质性的改善。如何将所有自治体的公立图书馆建设成为让居民随时随地都能方便利用的贴心周到的服务点,这在硬件建设层面仍是一个很大的课题。

二、县立图书馆的资金投入不足,县区域内图书馆的网络建设有待完善

如何通过公立图书馆的协作体制,使县立图书馆成为支援市町村图书馆的坚强后盾,是目前摆在政府和图书馆界面前的一个重要课题。近年来削减资料费的倾向在县立图书馆中显得尤为严重,2008 年度预算中,年预算在 5 000 万日元以下的有 26 个县,3 000 万日元以下的有 4 个县,超过 1 亿的仅有 1 都 1 府 3 县,可以说资金相当匮乏。从县立图书馆提供给市町村图书馆的协作出借图书册数来看,全年不满 1 万册的县立图书馆多达 19 个县。增加县立图书馆的资金投入,完善县内区域图书馆的网络建设,对于提高日本公立图书馆的总体服务品质具有重要作用。①

三、严峻的职员体制

支撑图书馆服务业务的重要基础——人事体制,在日本图书馆界正变得越来越严峻。如表 2-14 所示,与图书馆数量的增加和业务范围的扩大形成鲜明对比的是,承担这些工作的专职人员的数量反而在逐渐减少,而对于非正规人员的依赖度却在日益提高。②

近 10 年来,日本经济始终处于低迷徘徊的境地,这种经济形势直接影响了全社会的雇佣结构。2009 年 8 月 18 日,日本总务省的最新调查显示,在日本 5 105 万人的雇佣劳动者之中,非正规职员为 1 685 万人,占

① 塩見昇.図書館概論.新訂版[M].東京:日本図書館協会,2008:146—148.
② 塩見昇.図書館概論.新訂版[M].東京:日本図書館協会,2008:149.

表 2-14　公立图书馆职员人数的变化

	1998 年	2000 年	2002 年	2004 年	2006 年	2007 年
图书馆数	2 499	2 613	2 686	2 803	3 062	3 091
专职员工	15 429	15 175	15 181	14 572	13 987	13 489
兼职、临时员工	8 216	9 861	11 742	13 003	13 948	14 260
委托、派遣员工	—	—	—	—	3 140	4 248

（出处：塩見昇. 図書館概論. 新訂版[M]. 東京：日本図書館協会，2008：149.）

总人数的 1/3，与 1996 年之前相比增加了 500 万左右；而日本公立图书馆的非正规职员的比例则已经超过 50%。在本章第六节关于指定管理者制度的现实之“弊”中已经提到，为了缩减人员开支费，非正规职员、短期合同、低工资这三大雇佣条件成为主流，这种不安定的低水平的雇佣现状，很难保障日本公立图书馆事业的稳步发展。

以上日本公立图书馆所面临的人、财，物（硬件设施）等三大问题，不仅仅是图书馆自身的问题，也涉及整个日本社会的经济和体制问题。要想真正解决以上问题，还需日本政府和图书馆界人士进行不懈的研究和努力。

目前，中国各大省市都在积极推动公共图书馆服务体系的建设。党的“十七大”把“建设覆盖全社会的公共文化服务体系”作为实现全面建设小康社会的重要目标之一，作为公共文化设施重要组成部分的公共图书馆事业可以说进入了前所未有的最好发展时期。但由于中国图书馆界长期以来对公共图书馆的服务定位于重视社会精英，强调为领导决策、学术研究和科研生产等服务，对普通大众的借阅服务则重视不够。虽然近年来各地区公共图书馆越建越多，馆舍越建越大，技术越来越先进，但总体而言服务网点少，布局不合理。图书馆建设的大型化，其弊端是给普通读者来馆带来不便，造成公共图书馆离大众越来越远。构建覆盖全社会的公共图书馆服务体系是全民共享图书馆服务的基础。日本在上个世纪六七十年代重视中小城市图书馆建设，成功实施了“市民图书馆”战略，拉近了普通民众与图书馆的距离，普及了现代图书馆理念，推动了日本战后图书馆事业的迅速发展。他们在发展过程中的成功经验，值得我们学习和借鉴。但上个世纪90年代以后，日本公共图书馆在社会经济低迷的情况下所开展的一系列制度改革，可以说是弊大于利；他们的失败教训，也非常值得我们研究和深思。

参考文献：

1. 国立教育政策研究所社会教育実践研究センター.図書館に関する基礎資料・基礎データ:2007:321.
2. 綿抜豊昭.図書館文化史[M].東京:学分社,2006:61—96.
3. 岩猿敏生.日本図書館史概説[M].東京:日外アソシエーツ株式会社,2007:170—172.
4. 奥泉和久.近代日本公共図書館年表1867—2005[M].東京.日本図書館協会,2009:137—138.
5. 鑓水三千男.図書館と法[M].新訂版.東京:日本図書館協会,2009:83—112.
6. 李国新.日本图书馆法律体系研究[M].北京:北京图书馆出版社,2000:121—138.
7. 山口源治郎.公立図書館への指定管理者制度の導入[M]//日本図書館情報学会研究委員会.変革の時代の公共図書館.東京:勉誠出版株式会社,2008:108—111.
8. 塩見昇.図書館概論[M].新訂版.東京:日本図書館協会,2008:146—149.
9. 日本図書館協会図書館ハンドブック編集委員会.図書館ハンドブック第6版[M].東京:日本図書館協会,2005:146.
10. 日本図書館協会図書館政策特別委員会.公立図書館の任務と目標解説.改訂増補版[M].東京:日本図書館協会,2009:76—84.
11. Google Wikipedia 公共図書館.歴史[EB/OL].[2009-08-13]. http://ja.wikipedia.org.
12. ビジネス支援図書館推進協議会[EB/OL].[2009-011-13]. http://www.business-library.jp/.
13. 沈丽云.日本公共图书馆商务支援服务的启示[J].图书馆杂志,2004(4):63—65.
14. 鲍延明.日本公共图书馆管理变革与运营研究[J].图书馆杂志,2007(6): 61.
15. ビジネス支援図書館推進協議会.平成20年度ビジネス支援図書館推進協議会事業報告[EB].[2009-06-05]. http://www.business-library.jp/activity/20houkoku.pdf.

16. 沈丽云. 日本公立图书馆实施“指定管理者制度”5 年多来的变化[J]. 图书馆杂志,2009 年(9):60—63.

17. 沈丽云. 从 PFI 到指定管理者制度:日本公共图书馆管理改革的动向[M]//吴建中. 战略思考. 上海:上海科学技术文献出版社,2005:110—119.

18. 沈丽云. PFI 在日本公共图书馆的实践[M]//王世伟. 图书馆管理与服务论丛. 上海:上海社会科学院出版社,2004:68—73.

19. 安藤友张. 公立図書館経営における指定管理制度導入に関する現状調査[J]. 日本図書館情報学会誌,2008(4):253—264.

20. 大橋直人. 指定管理制度創設 5 年の変化と今後の課題[J]. 図書館雑誌,2009(3):144—147.

21. 中島哲彦. 公立図書館の多面性と指定管理制度[J]. 図書館雑誌,2009(3):148—150.

22. 読進協. 読書推進運動協議会の二十年[EB/OL]. 読進協刊,1980 [2009-09-30]. http://www. dokusyo. or. jp/jigyo/dokusyo/history. htm.

23. 日本の図書館統計[G]. [2009-08-30]. http://www. jla. or. jp/statistics/index. html.

24. 日本図書館協会の見解・意見・要望[EB]. [2009-09-30]. http://www. jla. or. jp/kenkai/index. html.

25. 张广钦. 国外公共图书馆建设标准与规范概观[M]. 北京:国家图书馆出版社,2009:163.

26. 肥田美代子. 2010 年“国民読書年”に向けて[J]. 図書館雑誌,2009(7):438—439.

第三章
日本学校图书馆

在日本的图书馆体系中，学校图书馆是中小学图书馆的专称。它与大学图书馆、公共图书馆不同，相对于后两者所服务的大学及公众，学校图书馆是日本中小学教育中不可缺少的基础性机构。根据1953年颁布的日本《学校图书馆法》，小学、初中、高中以及相对应的盲校、聋哑学校及保育学校必须设置图书馆。这些图书馆通过收集、整理、保存图书及相关视听资料，为儿童、学生、教师提供必要的图书资料，对学校课程的开展有所贡献，负有培养儿童、促进学生健康发展的使命。学校图书馆的设立与完善，也体现了日本政府对于基础教育的重视，以及全面提升儿童及学生素质的国策目标。

日本学校图书馆的设置不像公共图书馆那样实行“自由设置制”，而是执行强制的“义务设置制”。日本《学校图书馆法》第3条规定：“在学校中，必须设置学校图书馆。”据此，学校有义务保证该校必须设有图书馆，如果不设置就是违法。

据日本文部科学省2008年的最新调查，日本现有小学22 476所(包括国公私立学校)，初中10 915所(包括国公私立学校)，高中5 243所(包括国公私立学校)，盲校、聋哑学校及保育学校1 026所(包括国公私立学校)。日本全国学校图书馆协议会(SLA)在20世纪80年代初曾经进行过一次大规模的全国性学校图书馆调查，结果显示学校图书馆设置率为小学 97.1%、初中 99%、高中 99%,可见日本 20 多年前就已几乎达到了学校图书馆 100%的设置率。

第一节　学校图书馆历史发展

在日本,图书馆作为学校的附属设施历史悠久。日本近代图书馆的起源,可要追溯到 1859 年(安政 6 年)。幕府末期的开明政治家、江户幕府海军负责人胜海舟(1823～1899)曾出访美国考察近代图书馆,回国后在其任职的军舰操练所及神户海军操练所设立了图书室。其后,1869 年(明治 2 年)建立的海军兵学寮内设置的文库中制定有阅览规则,备有图书账册、出纳账册,并配置 2 名管理人员,或可将它看作日本近代最早的学校图书馆。①"学校图书馆"的名称最早出现于 1905 年(明治 38 年)。这一年,宫城师范学校附属小学正式设置了学校图书馆。此后数年间,东京、京都、山口等地不少小学纷纷开设图书馆。大正年间(1912—1926),在日本提倡自由教育的大背景下,各地各类小学普遍建立起了儿童文库。

二战前的日本对于教育的重视程度并不亚于西方各国,然其推崇的教育理念却与西方大相径庭。1890 年,日本颁布了《教育敕语》,其中将学校的主要任务定为向学生灌输"忠君爱国"思想,学校因此沦为培养忠于天皇的"臣民"的场所。②教育机构几乎完全忽视了自学教育,此时学校图书馆的处境可想而知。虽然也有一部分重视自学教育活动的私立学校设立了自己的图书馆,但当时这样的学校寥寥无几。

昭和初年,日本国家财政基础薄弱,世界经济危机的寒潮也波及日本,震撼了全列岛。刚刚兴起的学校图书馆热潮遭此寒流侵袭,特别是受日本军国主义教育政策及战争的影响,学校图书馆已名存实亡;第二次世

---

① 綿抜豊昭.図書館文化史[M].東京:学分社,2006:97.

② 李国新.日本图书馆法律体系研究[M].北京:北京图书馆出版社,2000:147.

界大战结束时，这种情况更加严重。

1946年，美国教育使节团访问日本，发表了《第一次美国教育使节团报告书》。报告书中明确表示："学校中有必要设置图书馆"，而日本文部省也接纳了这个意见，并开始着力于"新教育方针"的制定。这便是当时美国对日政策中重要一环的"战后教育改革"。

1947年制定的《学校教育法施行规则》中，首次规定学校有义务设立图书馆。此后文部省编纂出版的《学校图书馆入门指导》一书，为全日本的学校提供了学校图书馆组织、完善和运营的范本。

1949年，文部大臣的咨询机关——学校图书馆协议会起草了一份名《学校图书馆基准》提案提交给文部大臣。该提案中，就有关公立学校图书馆的资料、建筑物、设备、经费、人员构成以及运营等事项给出标准，并要求将其法律制度化。①

1953年，经过全国学校图书馆协议会(SLA)的推动和努力，《学校图书馆法》以"议员立法"的形式获得通过。它的颁布，意味着日本学校图书馆的发展开始走上一条全新的道路。

1959年，文部科学省(当时的文部省)颁布了修订的《学校图书馆基准》，对学校图书馆各方面的标准做了详细的规定。其中有藏书册数、专职人数及设施方面的相关细则和指导建议。

在1991年的全国学校图书馆协议会(SLA)上，《学校图书馆宪章》被批准通过。宪章就学校图书馆的理念、功能、职员、资料、设施等方面进行了总结，容许全国SLA在政府方面制定的标准不够完善的情况下，可就资料和设施等相关事项自行制定标准。

日本学校图书馆发展至今，始终致力于两个层面的功能——日本学者将其概括为"服务机构"和"指导机构"。图书馆在满足教师和学生资料需求、满足学生的求知欲并指导他们学习的同时，也致力于培养学生的读书习惯和生活态度，使学生通过利用图书馆，获得社会化、民主性的生活

---

① 李国新.日本图书馆法律体系研究[M].北京:北京图书馆出版社,2000:148.

经验。因此,日本的学校图书馆不仅是一个资料中心,更是一个学习中心和读书中心,它是“学校教育中不可缺少的基础性的设备”。①

第二节　学校图书馆经费

学校图书馆的经费问题,在《学校图书馆基准》中有明确说明。其中公立学校“必须依靠财政拨款来支出”;但是也有不少学校在仅靠财政拨款无法满足需求的情况下,接受私费的援助。

在地区自治体分配给各学校财政预算的时候,一部分被指定为图书馆用经费,也有一部分由学校内部自己决定。不可否认,这一部分由学校自己决定的经费,其使用情况很大程度上取决于学校图书馆在该学校中的地位。

根据部科学省 2007 年关于学校图书馆现状的调查,2001 年—2006 年,小学学校图书馆的购书经费从 79 亿日元增加到约 94 亿日元,增长了 19%;初中学校图书馆的购书经费从 53 亿日元增加到约 61 亿日元,增长了 15.1%;高中学校图书馆的购书经费从 132 亿日元增加到约 155 亿日元,增长了 17.4%(详见表 3-1)。

表 3-1　学校图书馆购书经费(2001—2006)(单位:亿日元)

学校年份	小　学	初　中	合　计
2006	(约)94	(约)61	(约)155
2005	90	60	150
2004	94	62	156
2003	82.9	56.6	139.5
2002	81	55	136
2001	79	53	132

出处:文部科学省《学校图书馆现状相关调查 2002—2007 年》。

值得关注的是,目前日本学校图书馆资料的购入费用,主要还是依靠

① 李国新.日本图书馆法律体系研究[M].北京:北京图书馆出版社,2000:151.

地方补助金的支持。从 1993 年起，文部省开始实施《学校图书馆图书完善 5 年计划》，第一期 1993—1997 年投入总额为 500 亿日元，第二期 2002—2006 年总额为 650 亿日元，而最新的一期 2007—2012 年已达到 1 000亿日元。这几笔巨额的补助金，为学校图书馆的建设做出了巨大贡献，一定程度上缓解了学校财政的紧张。

第三节　学校图书馆馆藏

在 1959 年 1 月文部省颁布的《学校图书馆基准》中，对学校图书馆的藏书数量、每年的购书册数以及各藏书种类的分配等都有一个基本标准，要求尽量注意"要组成没有偏向性、整体协调的资料配置"。之后，文部科学省于 1993 年制定的《学校图书馆图书标准》中，又对中小学校及盲、聋、保育学校的中小学部，按照其班级规模制定了一个目标性的藏书册数。

表 3-2　小学图书馆藏书数量标准

班级数	藏书册数
1	2 400
2	3 000
3—6	3 000＋520×(班级数－2)
7—12	5 080＋480×(班级数－6)
13—18	7 960＋400×(班级数－12)
19—30	10 360＋200×(班级数－18)
31 以上	12 760＋120×(班级数－30)

出处：文部科学省《学校图书馆图书标准》(1993 年 3 月 29 日)

表 3-3　初中图书馆藏书数量标准

班级数	藏书册数
1—2	4 800
3—6	4 800＋640×(班级数－2)
7—12	7 360＋560×(班级数－6)

（续表）

班级数	藏书册数
13—18	10 720 + 480 ×（班级数 - 12）
19—30	13 600 + 320 ×（班级数 - 18）
31 以上	17 440 + 160 ×（班级数 - 30）

出处：文部科学省《学校图书馆图书标准》(1993 年 3 月 29 日)

表 3-4　中小学图书馆藏书种类的分配情况

项　目		0 综合	1 哲学	2 历史	3 社会科学	4 自然科学	5 工学	6 产业	7 艺术	8 语言	9 文学	合计
校种	小学	5	3	17	7	14	4	4	10	3	33	100%
	初中	5	3	17	10	15	4	3	9	5	29	100%

出处：全国学校图书馆协会《学校图书馆图书标准》

从表 3-2——表 3-4 可以看出，日本对于中小学图书馆的藏书量及藏书种类的配置标准相当规范和严格。

此外，全国学校图书馆协会在 2000 年还制定了《学校图书馆多媒体标准》，对学校图书馆多媒体资料（图书、报纸、杂志、录像、音频资料等）的数量设置了最低标准，规定小学不得低于 1 099 种，初中不得低于1 327 种，高中不得低于 3 082 种。

根据文部科学省 2008 年关于学校图书馆现状的相关调查，2000 年—2007 年，小学学校图书馆的藏书量从 150 562 千册增加到约 166 250 千册，增长了 10.4%；初中学校图书馆的藏书量从 84 823 千册增加到约 95 600千册，增长了 13.1%；2002 年—2007 年高中学校图书馆的藏书量从 83 020 千册增加到 85 720 千册，增长了 3.3%。藏书量的增加，除了学校自身对学校图书馆的重视之外，相当重要的一点是前文提到的《学校图书馆图书完善 5 年计划》的制定和实施。最新一期（2007—2012 年）的《学校图书馆图书完善 5 年计划》更是拨出了总额 1 000 亿日元（其中 400 亿为增加册数部分，600 亿为更新册数部分）的经费用来充实学校的图书馆藏。

表 3-5　日本(公立)学校图书馆藏书册数(2000—2007 年)(单位:千册)

学校年份	小　学	初　中	高　中
2007	(约)166 250	(约)95 600	85 720
2006	(约)162 970	(约)93 800	85 110
2005	162 535	91 446	85 734
2004	159 124	89 106	84 038
2003	156 396	87 656	83 416
2002	154 758	86 436	83 020
2001	153 584	86 965	—
2000	150 562	84 823	—

出处:文部科学省《学校图书馆现状相关调查 2002—2008 年》。

虽然学校图书馆藏书量的增加是不争的事实,但达到《学校图书馆图书标准》者比例仍然偏低,从表 3-6 可以看出,中小学目前的达标比率均在 50%以下。

表 3-6　达到《学校图书馆图书标准》的学校比率(2001—2007 年)(单位:%)

学校年份	小　学	初　中
2007	45.2	39.4
2006	42.0	36.8
2005	40.1	34.9
2004	37.8	32.4
2003	36.0	30.8
2002	34.8	29.0
2001	33.7	26.5

出处:文部科学省《学校图书馆现状相关调查 2002—2008 年》。

第四节　学校图书馆的组织运营

为了充分发挥学校图书馆的功能,在职员工的团队合作与校内全员的整体协作都是必不可少的(如图 3-1 学校图书馆运营示意图)。学校图书馆在校长等管理人员的管理下,以专职员工为中心,在全体教职员工的积极参与和策划下,为学生和老师提供必要的资料,并开展读书指导、教学指导等活动。另外,志愿者活动以及由儿童、学生组成的图书委员会,在运营组织中也扮演着积极的角色。儿童、学生图书委员会是学校图书馆中的学生组织,它参与图书馆管理工作,除协助学校司书进行图书选择、加工整理、宣传报道、调查统计、报刊剪辑、整理书架等工作外,还独立开展小型讲演会及读书会等活动。

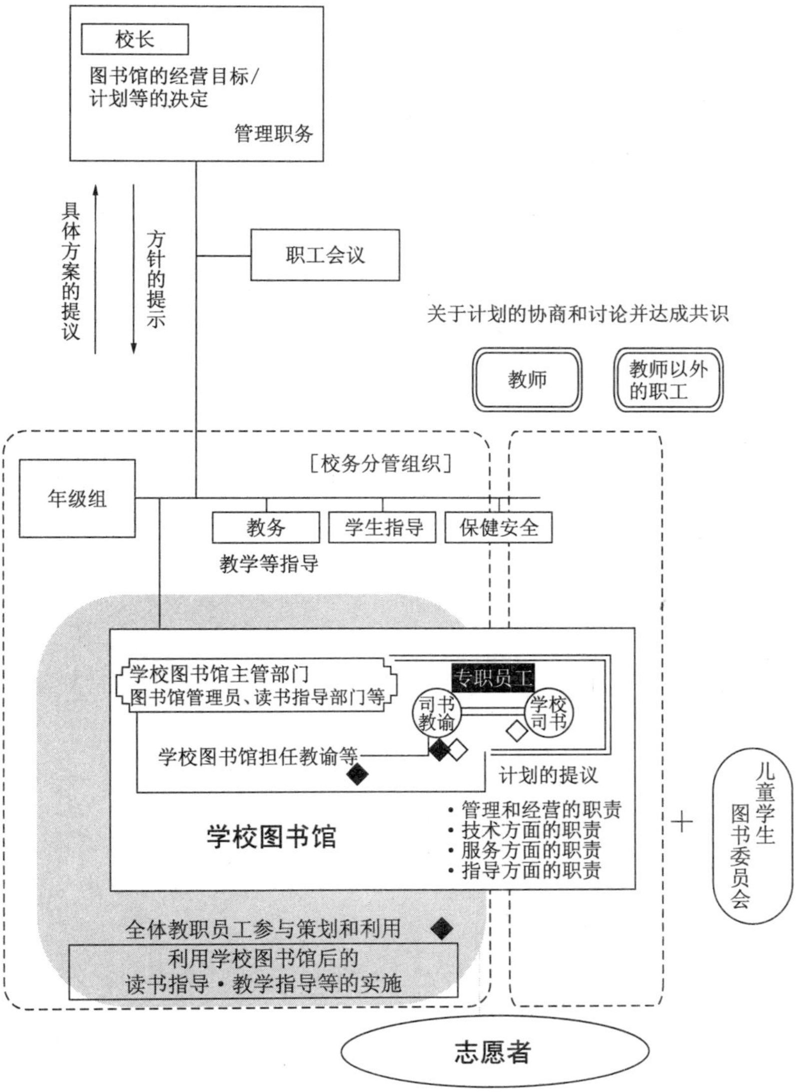

图 3-1　学校图书馆运营示意图

出处:校内における学校図書館運営活用[J].図書館雑誌,2009(6):396.

细分学校图书馆组织运营的任务，主要有以下四点：1. 管理和经营的职责；2. 技术方面的职责；3. 服务方面的职责；4. 指导方面的职责。

担当学校图书馆日常运营的部门，有以下两种形式：

A：以图书馆部的形式独立存在，和教务部、学生指导部等部门处于同一级别。在这种情况下，学校图书馆在学校中有很清晰的定位，能够实现自主运营。其内部成员包含司书教谕、学校司书及其他数名职员，各成员原则上不同时分担兼任其他工作。

B：以被编入教务、学生指导等其他部门的形式存在。这种形式在中小学或规模较小的学校中比较常见。在这种情况下，虽然可以发挥某个部门兼具多职能的特性，但图书馆的活动及业务容易被左右。此外，这类学校图书馆在学校中的地位也比较薄弱，无法发挥作为图书馆的主体能动性。

除了上述两类专门部门外，由各部门代表组成的委员会，也是学校图书馆运营组织中的一部分。委员会对于整体运营起着审议机关的作用。因为委员会的委员来自学校各个部门，所以对于图书馆运营的评价也较能反映全校成员的意见。委员会主要有"图书馆运营委员会"和"资料选定委员会"这两个。

无论是专门负责部门制，还是委员会制，都必须向职员会议提交图书馆运营相关事项的提案，并得到其认可批准。只有这样，图书馆的业务才能在得到全体职员理解的基础上，获得更多的通力合作。①

第五节　学校图书馆服务

一、 学校图书馆的任务

根据《学校图书馆基准》的规定，学校图书馆的功能主要为如下两项：

学校图书馆是服务机构。它为中小学学生和教师提供必要的资料，

---

① 日本図書館協会図書館ハンドブック編集委員会.図書館ハンドブック.第6版[M].東京：日本図書館協会，2005：165—166.

为学校的课程教育提供帮助,同时也应起到提升修养和培养兴趣的作用。

学校图书馆也是指导机构。帮助中小学学生了解如何有效利用图书馆解决问题,通过读书指导培养他们的读书习惯和生活态度,促使学生在利用图书馆的过程中,获得社会化、民主性的生活经验。

这一规定将学校图书馆活动和学校图书馆教育的关系清晰地揭示出来。学校图书馆配有具备专业知识的专职员工,如能得到具有丰富阅历并热切关注学校图书馆教育实践活动的司书教谕的指导,那么,学校教育就能从学校方面的"主动教学"转变成为孩子们自身的"主动学习",这也是终身学习时代对现代学校图书馆的重点要求之一。

由此,我们可以将学校图书馆的任务归纳如下:

1. 能让中小学学生和教师在任何时候都怀揣着期待而来,能成为校园内培育各种发现的学习中心。

2. 能为中小学学生解疑释惑,满足其兴趣和求知欲,提供具有深厚内涵的资料服务。

3. 能为教师提供制订教育计划和课程设计所需的教材资料,能使教师的思路因利用了图书馆的资源而变得更加具体和清晰。

4. 教师与学校图书馆专职人员互相合作完成教学工作和图书馆教育指导工作。

5. 积极开展与公共图书馆等不同种类图书馆以及相关机构的资源共享及合作,谋求为师生提供更多更广的资料和信息。

6. 在帮助学生图书委员会开展活动的同时,积极推动中小学学生自身文化活动的发展。①

二、 学校图书馆和情报教育

所谓的情报教育,就是教育培养学生运用情报信息的能力。随着"信息化社会"的高速发展,情报的载体不断增多。除了传统的馆藏图书资料

---

① 塩見昇.図書館概論[M].新訂版.東京:日本図書館協会,2008:161—162.

外，通过互联网络获取各种信息已变得越来越重要。鉴于此，近年来文部科学省等相关政府管理部门出台了各种政策，积极鼓励各中小学校加强学校图书馆数字化信息系统的建设，以提高学校图书馆情报教育的水平和能力。

表 3-7　日本学校图书馆馆藏数字化情况(2000—2007 年)(单位:%)

学校年份	小　学	初　中	高　中
2007	45.1	45.4	77.9
2006	41.1	40.7	75.7
2005	37.6	38.5	71.6
2004	33.9	34.1	68.2
2003	31	30.5	64.3
2002	23.4	23.9	55.5
2001	17.4	18.2	42.2
2000	7.4	8.6	33.4

出处:文部科学省《学校图书馆现状相关调查 2002—2008 年》。

从表 3-7 中我们可以清晰地看到，2000 年馆藏数字化的学校比率不是很高，仅为小学 7.4%、初中 8.6%、高中 33.4%；而 2001 年之后，数字化进程开始加快，2001 年这一年，小学和初中的学校比率比前一年提高了近一倍之多。此后比率逐年提高，直至 2007 年，学校图书馆馆藏数字化比率达到小学45.1%、初中45.4%、高中77.9%。8 年时间内，小学增长了 509.5%，初中增长了 427.9%，高中增长了 133.2%。

三、 学校图书馆的利用和指导

“学校图书馆的利用和指导”与“学校图书馆的情报教育”有着密不可分的联系。很难想象，一个连图书馆都不会使用的人，如何能从图书馆获得自己需要的情报并有效地利用它们。因此，帮助和教育中小学学生如何使用图书馆，是学校图书馆必不可少的基本服务内容之一。

在 1983 年以前，“学校图书馆的利用和指导”一直被称为“学校图书馆利用指导”。改名主要出于以下几个原因：1. 后者无法体现学生自身的学习动机,仅考虑提供指导的教授一方;2. 后者偏向于强调利用图书馆的技能;3. 鉴于以上两点,学生的求知欲无法得到满足,也无法激起他们积极利用图书馆的欲望;4. 和学校教学内容无法有机相联。而"利用和指导"一语,包含了"利用指导"和"学习指导"的双层含义,比较切合学校的实际情况。

2003年起,在日本的高中和中专职校内,新增了与"学校图书馆的利用和指导"有关的"情报科"选修课程。该课程的内容与"学校图书馆的利用和指导"密切相关。许多日本情报科学工作者认为,"情报教育"绝不仅限于电脑应用教育,更应该包括人文、社会科学等领域。①目前,教师若想获得"情报科"授课资格许可,必须研修庆应义塾大学的图书馆情报学专业。由此可见近年日本的高中和中专职校对学校图书馆情报教育的高度重视。

四、 学校图书馆和儿童读书活动

随着科技的不断发展,日本的电视、广播、网络等各种各样的信息传播工具也长足发展,孩子们"远离书本"的倾向越来越严重,这一现状直接导致了日本中小学学生语言能力的总体低下。读书活动在培养儿童的思维能力及想象力等方面都起着非常重要的作用。为了扭转大部分中小学学生读书时间减少而花费大量时间看电视、上网等现象,1994年1月,文部省组织召开了"儿童学生读书相关调查研究合作者会议",并于1995年8月完成一份名为《为了儿童和读书活动都能健康成长》的报告,强调为了促进儿童读书活动的发展,建设"崭新的富有魅力的学校图书馆"是刻不容缓的课题;同时就学校图书馆的经费问题采取了一系列积极有效的措施,如《学校图书馆图书完善5年计划》等。

1999年8月,经众参两议院决议批准,把2000年定为"儿童读书年",这在日本是史无前例的。作为推进中小学生读书活动的一项重要内

---

① 柿沼隆志.学校図書館の運営[M].東京:日本図書館協会,2005:58—60.

容，2000 年 1 月，国立国会图书馆的支部图书馆国际儿童图书馆成立，同年 5 月开馆。2001 年 11 月，《推进儿童读书活动相关法律》以“议员立法”形式提交给了国会，同年 12 月颁布施行。本法律第 19 条将每年的 4 月 23 日定为“儿童读书日”。2002 年 8 月，《推进儿童读书活动相关基本计划》（以下简称《计划》）制定出台，其中就完善儿童自由读书环境的方向和措施做出了具体的规定。《计划》指出，国家为了推进儿童主动读书活动，在努力为儿童提供各种亲近读书机会的同时，也力求完善各种设施以保证儿童的读书活动得以顺利开展；为了推进儿童自主读书活动，家庭、地域和学校要相互协作，密切配合，增加儿童亲近图书的机会，并且通过家庭、社区和学校与地方公共团体、民间机构等密切合作，在全社会形成一种爱读书的风气，共同推进儿童读书活动的开展；广泛开展各种宣传活动，努力使人们了解读书活动的意义和重要性，并号召日本民众关心、支持儿童的读书活动。学校图书馆是中小学生接触图书的重要平台之一，自然也肩负着重大的任务。2008 年 3 月 11 日，内阁议会决定，重新制定《推进儿童读书活动相关基本计划》，也称为《第二次推进儿童读书活动相关基本计划》。新计划旨在总结前次计划具体实施以来所取得的经验和成果，谋求儿童读书活动未来更好的发展空间。

日本全国学校图书馆协议会（SLA）举办的“第 54 届读书调查”显示，2008 年 5 月份，日本月人均读书册数分别为小学生 11.4 册、初中生3.9 册、高中生 1.5 册（2007 年的调查结果，小学生为 9.4 册，初中生为3.4 册，高中生为 1.6 册）。与 2007 年相比，高中生几乎没有变化，而小学生和初中生则有很大提升，达到了迄今为止的“最高纪录”。

从表 3-8 可以看到，2000 年公立学校集体开展读书活动的学校比率不是很高，小学为 55.6%，初中为 39.0%，高中为 17.5%；而到了 2008 年，小学则为 97.9%，初中为 88.3%，高中为 39.7%。8 年时间内，小学增长了76.1%，初中增长了 126.4%，高中增长了 126.9%。

从以上可以看出日本政府近年来对儿童读书活动的高度重视，这首先是提供立法保障，制定了《推进儿童读书活动相关法律》，然后广泛宣传其重要意义;其次提倡建立家庭、地域和学校一体化的读书环境,调动家庭、社区、图书馆和学校等的力量共同进行;同时加强硬件建设,完善各种设施。

表 3-8　(公立)学校集体开展读书活动的情况(2000—2008 年)(单位:%)

	小　学	初　中	高中(中专)
2008	97.9	88.3	39.7
2007	94.4	84.1	36.9
2006	93.7	81.2	37.8
2005	91.3	78	34.7
2004	88.5	73.9	32.1
2003	88.2	74.4	33
2002	84	70	30.2
2001	77.8	60.5	24.6
2000	55.6	39.0	17.5

出处:文部科学省《学校图书馆现状相关调查 2002—2008 年》。

第六节　学校图书馆和公共图书馆协作事业

学校图书馆和公共图书馆的关系一直被日本图书馆界称为“老生常谈的‘新问题’”。二战前刚刚起步的学校图书馆,从公共图书馆那里获得许多技术和资源上的帮助。战后初期,越来越多的孩子带着研究课题到公共图书馆查找资料,这让日本教育界人士切实感觉到在中小学学校设立图书馆的必要性。当时的公共图书馆界人士也认为,必须把学校图书馆发展成为儿童和学生们的图书馆,公共图书馆则应尽快回到面向成人这一主流人群的服务上。因此,当时日本全国各地的公共图书馆,都积极开展支持地区学校图书馆建设的活动。

在法律层面,1953 年 8 月制定的《学校图书馆法》,也特别在第 4 条第 5 款中强调了学校图书馆之间以及学校图书馆与公共图书馆的互相合作。

1974年后,“终身学习论”开始在日本教育界兴起;20世纪90年代以后,学校教育又被重新定义为“为终身学习奠定基础”。也就是说,中小学校基础教育的任务不再是仅仅传授知识,更重要的是让学生积极主动地参与学习,掌握学习的方法,学会学习并具有终身学习的愿望和能力。在这样的背景下,学校图书馆的重要性大大提升。

2000年,以“孩子读书年”为契机,为创造推动孩子读书活动的环境,学校图书馆和公共图书馆的合作不断加强。表3-9为2000—2008年学校图书馆与公共图书馆的协作情况,从中可以看出近70%的小学图书馆与公共图书馆开展协作,初中、高中图书馆与公共图书馆开展协作的比例也都超过了30%。

表3-9 学校图书馆与公共图书馆协作的学校比率(2000—2008年)(单位:%)

学校年份	小　学	初　中	高　中
2008	69.6	37.0	33.8
2007	64.9	40.6	36.0
2006	62.6	37.6	34.6
2005	60.5	34.8	30.6
2004	57.3	32.6	29.1
2003	56.9	35.5	30.5
2002	53.6	34.1	28.3
2001	46.4	29.2	25.4
2000	39.0	23.4	24.4

出处:文部科学省《学校图书馆现状相关调查2002—2008年》。

截至2009年3月,文部科学省开展的与公共图书馆合作、支援学校图书馆事业的活动主要有以下几项:①

1. 学校图书馆信息化推进试点地区项目

实施年度与指定地区数:

① 中村由布.学校図書館と公共図書館の連携[J].図書館界,2009(5):30—31.

1995—1997 年度,指定 5 个地区

1996—1998 年度,指定 3 个地区

1998—2000 年度,指定 72 个地区

概要:完善学校图书馆各种信息软件及信息手段,通过开发利用公共图书馆网络,帮助实现学校图书馆的信息化。

2. 学校图书馆资源共享试点地区项目

实施年度和指定地区数:

2001—2003 年度,指定 43 个地区

概要:通过学校图书馆馆藏资源的数字化和网络化建设,构建藏书资料的检索、外借、流通系统平台,借此普及利用学校图书馆与馆藏资源开展各类教育实践活动,并不断完善资源共享系统平台的建设。

3. 学校图书馆网络资源共享推进项目

实施年度和指定地区数:

2004—2006 年度,指定 33 个地区

概要:在上述第 2 项学校图书馆资源共享试点地区项目的基础上,自 2004 年起实施数据库和网络资源的共建共享。收集和普及优秀教育实践活动的资料,并对积极开展与公共图书馆合作进行教育实践活动的学校图书馆进行调研。

4. 学校图书馆支援中心推进事业

实施年度和指定地区数:

2006 年—2008 年度,指定 59 个地区

概要:在上述第 3 项调研的基础上,在指定地方自治体内,设立学校图书馆支援中心。支援中心的地点根据地区情况不同,有的设在地方自治体教育中心,也有的设在公共图书馆或其他地方。支援中心的人员由指导主管、学校图书馆支援员工和协调员构成,其职责是帮助协调解决学校图书馆在运营中碰到的各种问题,使学校图书馆发挥其读书中心和学习情报中心的作用。

目前,学校图书馆与公共图书馆的合作仍在不断的探索和实践中,伴

随着教育改革的不断深入，两者之间正在深入探索共赢互利的协作新模式。

第七节　学校图书馆职员

日本学校图书馆的职员，目前主要包括司书教谕和学校司书。

一、 司书教谕

司书教谕是日本学校图书馆工作人员中的专业职务。日本中小学正规教师的专业职务称为教谕，因为学校图书馆工作兼有学校教师和图书馆工作者的双重特点，因此，1953 年颁布的日本《学校图书馆法》将学校图书馆工作人员的专业职务定名为“司书教谕”，规定“在学校，为了掌管学校图书馆的专门事务，应该设置‘司书教谕’，同时规定取得司书教谕资格的条件、方式、途径”。从名称就可以看出，司书教谕有别于一般的司书。首先，司书教谕必须具备“教谕”、也即学校教师的资格。其次，他身为“司书”，自然也要担负图书馆的工作任务。由于当初颁布法律时考虑到司书教谕是新生事物，培养尚需时日，因此在“附则”中又补充规定：“学校在目前阶段也可以不设置司书教谕”。这种当时被认为是过渡性的规定，却导致了 40 多年学校图书馆人事制度的混乱。直到 1997 年 6 月修订《学校图书馆法》，才明确规定“12 个班级以上的学校，自 2003 年 4 月以后，必须配置司书教谕”。

根据文部科学省 2008 年 4 月 21 日公布的“2007 年度学校图书馆相关调查”结果，截至 2007 年 5 月，日本学校总数为 35 718 所，司书教谕的发令校数(注：“发令”一词在日语中原意为上级单位向下级发布命令，这里特指教育行政部门对所掌管的学校下达指令，硬性要求其必须配置司书教谕这一情况。发令校数也就是学校图书馆接受司书教谕任命的校数)为 21 707 所，配置率为 60.7%。其中，小学的配置率为59.5%，初中为 56.5%，高中为 79.3%(见表 3-10)。拥有 12 个班级以上的学校总数为 18 782 所，司书教谕的发令校数为 18 557 所，配置率达 98.8%。其中，小学的配置率为 99.3%，初中为 98.9%，高中为97.0%（见表 3-11）。可见，拥有 12 个班级以上的学校基本都配置了司书教谕。

表 3-10　截至 2007 年 5 月全日本学校司书教谕的发令校数和配置率

	学校总数(所)	司书教谕的发令校数(所)	配置率
小学	21 858	13 003	59.5%
初中	10 020	5 657	56.5%
高中	3 840	3 047	79.3%
合计	35 718	21 707	60.7%

出处：文部科学省“2007 年度学校图书馆相关调查”

表 3-11　截至 2007 年 5 月 12 个班级以上学校司书教谕的发令校数和配置率

	学校总数(所)	司书教谕的发令校数(所)	配置率
小学	11 243	11 159	99.3%
初中	4 537	4 485	98.9%
高中	3 002	2 913	97.0%
合计	18 782	18 557	98.8%

出处：文部科学省“2007 年度学校图书馆相关调查”

表 3-12 是 1997—2007 年日本学校图书馆司书教谕发令数量的变化情况，从中可以看出，以 2003 年为分界线，因《学校图书馆法》的修正，司书教谕的配置有了飞跃性的提升。虽然司书教谕配置数量基本达到了要求，但另一方面，也让司书教谕陷入了尴尬的境地。首先，因为要同时担任教师与图书馆员的工作，时间上的分配就成了一个难题。多数司书教谕并没有专任，而且一些学校也没有适当减少司书教谕的课时量，这就导致司书教谕的工作无法充分展开。另外，一个合格的司书教谕，需要相当长时间的专业知识的培养和工作经验的积累；但是由于司书教谕的“兼职”属性，当其转职到其他学校而没有被任命为司书教谕时，就可能荒废好不容易培养起来的专业知识。

表 3-12　司书教谕发令数的变化情况(1997—2007 年)(单位:所)

学校年份	小　学	初　中	高　中	其　他
1997	106	125	350	12
1998	202	169	369	8
1999	356	241	401	18
2000	571	354	468	39
2001	950	550	548	44
2002	1 816	971	723	117
2003	11 336	4 994	2 801	688
2004	12 092	5 334	3 198	835
2005	12 458	5 545	3 261	907
2006	12 974	5 760	3 404	996
2007	13 163	5 911	3 536	1 061

出处:《学校图书馆部会报》第 32 期(2009 年 6 月 4 日发行)。

二、 学校司书

学校司书是对在学校中主要从事图书馆工作的职员的统称。这是一个在日本没有法律明文规定、但已获得政策认可和社会承认的图书馆员专业职务类型。由于长期以来受到《学校图书馆法・附则》的影响,在不设置司书教谕的情况下,一些规模比较大的高等学校(相当于我国高中、中专层次)图书馆便自主雇用了学校图书馆工作职员。在政府推行教育费用的“财政化”之后,学校司书的薪酬也由原来向学生征收的“图书馆费”转为由财政支付。此后,日本全国学校图书馆协议会(SLA)提出给予学校雇用的以从事学校图书馆工作为主的职员以“学校司书”的专业称谓,从此“学校司书”这一称谓开始在社会上广泛使用。但由于学校司书因学校而异没有制定统一的规定,因此,日本文部科学省很少采用这一称谓,一般称其为“学校图书馆事务职员”。

根据文部科学省 2008 年 4 月 21 日公布的“2007 年度学校图书馆相关调查”结果,截至 2007 年 5 月,日本学校总数为 35 718 所,配有学校司书的学校为 14 151 所,配置率为 39.6%。其中,小学为 35.6%,初中为

35.4%，高中为 73.4%(见表 3-13)。

表 3-13　截至 2007 年 5 月日本学校配有学校司书的学校数和配置率

	学校总数(所)	配有学校司书的学校(所)	配置率
小学	21 858	7 786	35.6%
初中	10 020	3 545	35.4%
高中	3 840	2 820	73.4%
合计	35 718	14 151	39.6%

出处：文部科学省“2007 年度学校图书馆相关调查”

表 3-14 是 1997—2007 年学校司书人数的变化情况。以 2003 年为分界线，因《学校图书馆法》的修正，学校司书的数量呈逐年减少的趋势。

表 3-14　学校司书人数的变化情况(1997—2007 年)(单位：名)

学校年份	小　学	初　中	高　中	总　计
1997	1 826	1 145	2 326	5 279
1998	1 912	1 170	2 308	5 390
1999	1 932	1 168	2 310	5 410
2000	2 038	1 201	2 301	5 540
2001	2 053	1 202	2 264	5 519
2002	2 092	1 233	2 232	5 557
2003	2 031	1 188	2 183	5 402
2004	2 025	1 198	2 114	5 337
2005	2 061	1 152	2 045	5 258
2006	2 039	1 152	2 028	5 219
2007	2 062	1 144	1 979	5 185

出处：《学校图书馆部会报》第 32 期(2009 年 6 月 4 日发行)。

随着《学校图书馆法》的修订，有些地方政府终止了学校司书的录用。学校司书因为没有法律上的保证，关于这一职务的定位也暧昧不清。表 3-15 是 2005—2008 年学校图书馆专职人员和非专职人员的人数变化情况。近年小学、初中和高中图书馆的专职人员变化不大，除高中图书馆非专职人员呈减少趋势外，小学、初中图书馆非专职人员每年都在增加，2008 年小学、初中图书馆非专职人员比率分别超过了 80%和 70%。日本的中小学校大量使用非专职人员从事图书馆的日常工作，且多数非专职人员并无司书资格，有的甚至是非正规雇用的志愿者。因此，日本图书馆界普遍认为，在这样的情况下，对于司书职务的认定成为当前急需解决的问题。目前，这种对于司书身份的不安定感和雇用关系的不稳定性，导致难以确保学校图书馆的良好运营和发展。

表 3-15　专职人员和非专职人员的人数变化情况(2005—2008 年)

	小学		初中		高中	
	专职人员	非专职人员	专职人员	非专职人员	专职人员	非专职人员
2005	1 642	5 561	1 166	2 660	3 505	826
2006	1 613	6 036	1 191	2 921	3 504	733
2007	1 615	6 637	1 197	3 212	3 374	718
2008	1 580	7 081	1 190	3 325	3 371	599

出处:《学校图书馆部会报》第 32 期(2009 年 6 月 4 日发行)。

第八节　学校图书馆面临的问题

一、 教育改革的进程

1996 年 7 月日本第 15 次中央教育审议会就《关于展望 21 世纪日本教育的定位》这一报告进行了第一次答复，这也是在国家级综合性的审议会答复文件中首次涉及学校图书馆的内容。答复中强调了学校图书馆的重要性和实施相关政策的必要性："学校的设施，特别是学校图书馆，在学校教育中发挥着不可或缺的作用。""除了充实图书资料之外，必须逐步配备各种软件和情报设备，在高度信息化社会中努力健全和发挥信息中心的作用"，此外，"还要努力推进司书教谕的设置"。①

上述意见提出的背景，就是在 1980 年中后期开始提倡以"素质教育"和"自主学习，自主思考"为学习模式的教育改革浪潮。2006 年，《学校基本法》修改，2007 年，《学校教育法》修改，这些都使学校图书馆的作用和

① 塩見昇. 図書館概論[M]. 新訂版. 東京：日本図書館協会，2008：163—166.

功能被重新认识和考量。日本学者认为,如何在不断变化的学习环境和高度信息化的进程中,使学校图书馆成为学习者的摇篮,不断提升学习者获取信息的能力,已经成为一个必须认真研究的课题。

二、 素质教育的重新审视

OECD经济合作与发展组织在2003年12月公布的学习能力程度调查(PISA)结果显示,与上一次调查结果相比,日本儿童的学习能力(尤其是阅读理解力)有明显的下降。整个日本社会对提高儿童学习能力的呼声越来越强烈。经过2006—2007年的教育基本法修订—教育改造会议的改革讨论之后,政府决定重新安排教育课程。

然而,新安排的教育课程增加了主要科目的授课时间,缩减了综合性学习时间,正如大众传媒报道所指出的"开始'逃避素质教育'"那样(《每日新闻》社论,2007.9.1),只能说是一种草率的缺乏确切验证的政策。在那些已不采用"填鸭式教学"而以培养"自主学习"为核心的学校,其学校图书馆在师生中已极具亲和力。如何在变革中保持原有的特色,通过图书馆创新学校教育模式,将是学校图书馆面临的新课题。

三、 司书教谕的职责

伴随1997年《学校图书馆法》的修订,一直悬而未决的"担任专业性职务"的司书教谕的配备问题虽然在原则上得以实现,但是"以教师兼职"的岗位属性,究竟能在多大程度上承担学校图书馆的管理和运营,尚有不少疑问。虽然已经有法律条文的规定,但是长期以来由于该法《附则》的"抵消作用","司书教谕"几乎成了一种无实质内涵的职务。如何界定其丰富的内涵?怎样才能充分发挥"教谕"的作用?如何保证其专职化?怎样协调其与学校司书间的相互关系?这些问题的答案都指向一处——明确司书教谕的实际作用和具体职务。只有这样,方能发挥其协调者的作用,使充分利用图书馆功能的教育活动在学校中得以逐渐推广和稳定。

四、 专职职员的配置需求

自20世纪90年代后，日本各地的地方自治体逐步向义务教育学校的图书馆配备工作人员（学校司书）。但是由于缺乏法律依据，自治体只能凭自主性的判断来实施招募，所以关于图书馆职员的身份、名称、雇佣条件、职务内容等也各有差异。但不可否认，招募工作是基于学校图书馆必须配备专职职员这一认识所做的决定，也符合当地居民的普遍愿望。这里所说的"学校图书馆专职职员"是负责"资料的订购、登记、分类、修补、装订、会计、出借、归还等事务"工作的职员，不包括教员和志愿者。

由于财政状况的严峻形势，导致很多学校司书的待遇仅与志愿者相仿，因此不能指望他们能胜任专业性很强的学校图书馆工作。虽然学校司书在《文字・活字文化振兴法》中首次被明确记录在案，是学校图书馆司书化制度进程中不可忽略的一笔，但是，当前学校司书的现状仍然不容乐观。

图书馆不仅需要书，更需要人。学校图书馆"需要专职、专业、正规的职员"，但是1997年修订的《学校图书馆法》并未涉及如何改善这一现状。不仅如此，该法甚至错误地认为作为"兼职岗位"的司书教谕的配备已经解决了学校图书馆的"人员"问题。由于这种错误认识的传播，好不容易由自治体实施的配备司书的措施，在部分地区甚至出现了倒退。不考虑司书教谕和学校司书的专业性，将学校图书馆的运营交由志愿者来管理，这种观念不只存在于教育行政方面，也存在于一些学校内部。

日本学者认为，学校图书馆必须设置"专职岗位"，应保证让那些有志于为学校教育活动做贡献、又具备岗位资质的人员来负责管理运营图书馆。只有这样，学校图书馆的作用才能得到发挥和巩固。新任命的司书教谕如何担任"专职职务"，学校的所有教师如何与图书馆的教育实践活动相联系，全校如何共同努力创建优秀图书馆等，也将成为未来需要深入研究的课题。

日本社会对图书馆的认知度和国民充分利用图书馆的意识，与日本国家注重中小学图书馆建设、国民从小就接受现代图书馆理念是分不开的。特别是日本《学校图书馆法》的诞生，有力地推动了日本中小学图书馆的建设和发展。

参考文献：

1. 綿抜豊昭．図書館文化史［M］．東京：学分社，2006：97.
2. 李国新．日本图书馆法律体系研究［M］．北京：北京图书馆出版社，2000：147—159.
3. 日本図書館協会図書館ハンドブック編集委員会．図書館ハンドブック第6版［M］．東京：日本図書館協会，2005：165—166.
4. 中村由布．学校図書館と公共図書館の連携［J］．図書館界，2009(5)：30—31.
5. 塩見昇．図書館概論［M］．新訂版．東京：日本図書館協会，2008：163—166.
6. 安藤友張．専門司書教論の制度化をめぐる諸問題［J］．図書館雑誌，2008(5)：293—295.
7. 二宮博行．学校図書館法改正後の職員問題［J］．図書館界，2009(1)：314—320.
8. 校内における学校図書館運営活用［J］．図書館雑誌，2009(6)：396.
9. 文部科学省、平成20年度「学校図書館の現状に関する調査」の結果を公表［EB/OL］．［2009-08-08］．http：//current. ndl. go. jp/node/12813.
10. 平成20年度「学校図書館の現状に関する調査」結果について［EB/OL］．［2009-08-08］．http：//www. mext. go. jp/b_menu/houdou/21/04/1263139. htm.

第四章
日本大学图书馆

在1982年日本大学标准协会最新修订的《大学图书馆基准》中，将大学图书馆定义为大学的“中央图书馆、分馆以及设在院系、研究所等的图书馆、图书室的总称。”

日本的大学主要包括国立大学、公立大学、私立大学、短期大学（注：短期大学是伴随着二战后日本的学制改革成长起来的，最早出现于1950年，是一种学制为2到3年的高等教育机构。相当于我国的大专）、高等专科学校等类型，其主要目的是为了完成重要的教育和科研任务。作为与日本大学教育和科研活动密切关联的“日本学术情报组织”的一部分，大学图书馆也担负着发展国家学术文化的重要使命。

第一节　大学图书馆历史

日本的大学图书馆是随着大学的创建同时诞生的。1877年(明治10年)，拥有法、理、文、医四科的综合性大学东京大学成立。当时，在法、理、文学部设置了图书馆，在医学部设置了书籍室。此后，法、理、文学部于1884年(明治17年)转移到本乡，在那里也设立了图书馆。1886年(明治19年)3月，东京大学改称帝国大学，并制定了帝国大学图书馆规则。至此，其作为中央图书馆的地位已明朗化。1893年(明治26年)，新建的图书馆开馆。1897 年(明治 30 年)6 月,京都帝国大学成立,因此原帝国大学改称东京帝国大学,图书馆改称“附属图书馆”。该馆 1923 年(大正 12 年)在关东大地震中全部被毁,1928 年(昭和 3 年)12 月重建,引进了专题图书阅览室、小型研究室和参考图书室等新的服务制度。①

日本的大学、特别是私立大学历史悠久,如龙谷大学的前身是 1639 年(宽永 16 年)创建的龙谷经院学堂,它也有文库,但是严格来讲,该学堂并不是根据国家法令而设立的大学。②所以,就当前看,日本最早的大学是于 1877 年(明治 10 年)创建的东京大学,也就是说,日本的大学图书馆是与东京大学同时诞生的。

东大创建之初,并没有筹建图书馆;但图书馆业务已在办理,作为独立科室的图书馆课始于 1881 年,从该年开始制定了东京大学图书馆规则。其后,1886 年公布了帝国大学令,1897 年设置了附属图书馆。这个图书馆的历史,代表了日本大学图书馆、尤其是代表了国立大学图书馆的历史。

国立大学图书馆的发展,随着法令的修订,已按统一规划逐步规范;与之相反,私立大学图书馆的发展则很不统一。二战前,多数私立大学根据 1918 年的“大学令”开始成为正式大学,其后的发展比国立大学更加自由和迅速。因此,私立大学图书馆的数量始终在大学图书馆中占据优势。

二战期间,日本在各个方面都受到不同程度的打击,大学图书馆也不例外,战后面临重建的艰巨任务。1946 年 3 月,美国教育使节团赴日,给日本图书馆的重建提供了很大的帮助。该团就日本战后教育制度问题向盟军最高统帅部司令官提出了若干提案,其中,关于成人教育问题,提出“最重要的成人教育机关是图书馆”,关于高等教育问题,提出要在高等教育机关中“扩充图书馆、研究设施和研究所”。这两个提案被日本图书馆界认为是在战后的一片混乱中给日本图书馆界带来的

① 綿抜豊昭.図書館文化史[M].東京:学分社,2006:98.

② 日本図書館協会図書館ハンドブック編集委員会.図書館ハンドブック第 6 版[M].東京:日本図書館協会,2005:152.

最大的支援。值得注意的是，这里把“扩充图书馆”列在“扩充研究设施和研究所”之前，这无疑对日本大学图书馆的恢复和重建起到了积极的促进作用。①1948 年 9 月，美国人文科学顾问团又赴日访问，并提出一份报告书。报告书中用较大篇幅指出了日本各大学图书馆带有共性的根本缺陷，同时提出了今后的改进措施，要求尽量避免把大学图书馆藏书分散到各系、所、室；要以经过训练的司书作为大学图书馆的专职人员，要鼓励馆际之间的协作活动等等。这是美国有关专家针对日本大学图书馆当时存在的问题而提出的具体意见。1951 年 4 月，在美国的援助下，日本在庆应义塾大学文学系筹建了日本最早的一所图书馆学校，讲授大学程度的图书馆学课程。②由于上述原因，战后日本的图书馆从理论到实践，很大程度上都接受了美国的影响。

因为大学图书馆设置主体的类别不同，在图书馆设置方面的法规依据也不一样，所以，日本大学图书馆的发展也是多样化的。国立大学图书馆的设置，在 2004 年 4 月日本国立大学法人化改革正式实施前，是根据《国立学校设置法》第 6 条关于在国立大学设“附属图书馆”的规定进行的，并依据此法称国立大学的图书馆为附属图书馆。该法《施行规则》的第 12 条及第 13 条，规定了馆长、分馆以及分馆长等事项，第 29 条规定了事务组织。因此，国立大学附属图书馆的设置在法令上是明确的，但与其不同的是，有关私立大学图书馆设置的法律法规只有《学校教育法施行规则》第 1 条以及《大学设置基准》中的一些相关规定。《学校教育法施行规则》第 1 条规定学校必须设立图书馆或图书室；《大学设置基准》第 36 条指出图书馆是大学必须具备的设施之一，第 38 条第 5 款规定图书馆必须备有充足的座位数，同条第 1 款还指出大学必须根据自身的类型与规模，收集图书以及学术杂志等必要的教学研究资料。这个《学校教育法施行规则》以及《大学设置基准》，不仅适用于

① 何静. 日本大学图书馆发展概况——从创立到七十年代[J]. 图书馆杂志，2006(6)：56.

② 奥泉和久. 近代日本公共図書館年表 1867—2005[M]. 東京. 日本図書館協会，2009：144.

私立大学，同时也适用于其他大学。

日本的公立大学是根据地方政府条例创办的，而公立大学图书馆的设置，多数也在大学设置条例中有明文规定。公立大学馆和国立大学馆一样也称为附属图书馆，同样需要遵照条例规定进行设置。

如上所述，国立、公立和私立的大学图书馆，虽然它们各自根据不同的规定进行设置，但不论何种规定，对于大学图书馆的职能及必备条件等都未明示。因而战后重新建设的大学图书馆，都期望有个开展业务活动的行业标准。1952 年，大学基准协会经过长期讨论，发表了《大学图书馆基准》，但正如该基准所承认的那样，它不过是“最低的标准”，对大学图书馆不具有实质性的指导意义。

对此标准深感失望的大学图书馆界，随后分别制定了国立、公立和私立图书馆的“改善要项”作为指导性标准。自 1953 年发表《国立大学图书馆改善要项》起，日本大学图书馆界陆续在 1956 年发表了《私立大学图书馆改善要项》（1996 年改订，更名为《新私立大学图书馆改善要项》），1961 年发表了《公立大学图书馆改善要项》，同年还发表了《私立短期大学图书馆改善要项》，1978 年又发表了《公立短期大学图书馆改善要项》①等等。

第二节　大学图书馆的现状

20 世纪 90 年代以来，日本在经历了泡沫经济破灭之后，国家、地方自治体的财政状况逐渐恶化。在经费削减、出生率降低和人口老龄化加剧、升学率上升和学生素质多样化等多种因素的影响下，大学的面貌已今非昔比。而对终身学习的大力宣传也使校园中迎来了众多接受循环教育的成人学生，其中以亚洲为主的外国留学生的人数飞速增长。根据 2008 年文部科学省对日本大学的调查，日本大学研究生院中，“社会人士”修读硕士课程的有 2 万人，占硕士学生总人数的 12.1%；修读博士课程的有

---

① 李国新. 日本图书馆法律体系研究[M]. 北京：北京图书馆出版社，2000：167.

2.5 万人，占博士学生总人数的 33.1%；修读专职学位课程的有 9 千人，占其学生总数的 39.3%。各大学以“大学教育的高水平化”为指导方针，实行研究生扩招。这一做法在培养传统研究人才的同时，也使大学成为成人教育的场所。另外，通过与地区自治体开展协作，大学也开始面向社会开放，以“市民大学”等名义，面向普通公众的讲座也在急剧增加。在这样的形势下，拥有大量学术文化情报资源的大学图书馆面临巨大压力，不仅要为大学内部成员服务，同时也必须满足社会公众的各种需求。①

一、 大学图书馆数量变化

从表 4-1 的统计数据可以看出，1998—2008 年年间，日本大学图书馆的总数增减幅度不大，1998 年为 1 638 家，2008 年为1 660家。但不同类别大学的图书馆数量有不同程度的变化。其中，国立大学图书馆数量 10 年间从 301 家减少到 292 家；公立大学和私立大学图书馆数量增长最明显，分别增加 35 家和 173 家；高等专门学校图书馆数量基本维持不变。

表 4-1 日本大学图书馆数量统计(1998—2008)(个)

年份＼类别	国立大学	公立大学	私立大学	大学总计	短期大学	高等专门学校	合计
2008	292	124	941	1 357	241	62	1 660
2007	293	123	919	1 335	245	61	1 641
2006	297	121	919	1 337	261	60	1 658
2005	294	119	911	1 324	279	61	1 664
2004	291	113	880	1 284	298	61	1 643
2003	294	108	856	1 258	324	61	1 643
2002	298	107	840	1 245	345	61	1 651
2001	297	105	818	1 220	364	61	1 645
2000	302	101	792	1 195	384	61	1 640
1999	302	95	770	1 167	410	61	1 638
1998	301	89	768	1 158	419	61	1 638

（出处：据日本图书馆协会出版的《日本的图书馆》制作）

① 塩見昇. 図書館概論[M]. 日本図書館協会，2008：178.

数量变化幅度最大的是短期大学图书馆。由于日本青少年人口减少,在生源争夺战中,很多私立的本科学校不断降低门槛,扩大招生,使原本未考上大学准备就业的高中生大量流入能学到一技之长的技术培训学校。短期大学处于夹缝之中,生源短缺,一些短期大学的经营难以为继,因而造成短期大学图书馆的数量在 1998 年—2008 年间,从 419 家减少到 241 家。

二、 国立大学图书馆性质的变化

2004 年 4 月,日本国立大学法人化改革正式实施,合并重组后的国立大学具备了法人资格,其运营体制、组织结构、人事制度等都随之发生了根本性的改变。所谓"独立法人化"就是要在政府所管辖的国立和公立机构中引进市场经济的机制,采用企业经营管理的模式,从而达到裁员、节省开支、提高效率和改善服务质量的目的。早在 1999 年,日本政府内阁会议就将国立大学的独立法人化问题提上了议事日程。2003 年 7 月,日本政府通过了《国立大学法人法》等 6 个相关法律,并于同年 10 月正式实施。2004 年 4 月,日本政府对于国立大学开始正式实施独立法人化。

国立大学法人化给各国立大学以法人的资格和广泛的自主权,使其从国家组织中独立出来,构建自主运营的制度框架,大学在人事、经费、校内行政体制、教育科研、会计制度等方面享有了自我决策权。

法人化后,国立大学不再是从前意义上的国立大学,《国立大学设置法》第 2 章第 6 条"在国立大学中设立附属图书馆"的法律保障也不复存在,图书馆的存在与否及其地位由作为法人的各大学自主决定。以下统计数字可以反映这种政策上的转变所带来的后果:

法人化前,95 所国立大学(不含国立短期大学)中,图书馆作为独立的组织(与各院系、行政事务局平级)而存在的有 76 所,隶属于教务部等部门的科级图书馆有 19 所。法人化后,由于大学的合并,国立大学减少到 86 所(以 2008 年的数据为准),其中附属图书馆作为独立组织存在的有 40 所,由法人化前的 80%降低到 47%。也就是说,有二分之一以上的图书馆隶属于教务部、学生工作部或研究协作部、学术情报部等部门，图书馆的地位有所削弱。①

图书馆为有效地发挥其支持学生学习和学校教学科研的作用，必须确保有稳定的财源和一定的资料选择权。因此，在学校内部，图书馆馆长的位置特别重要。如果图书馆馆长是大学董事会和经营协议会的成员，图书馆的使命就容易实现。法人化前，由教授兼任图书馆馆长的情况比较多；但法人化后，由分管图书馆的副校长兼任图书馆馆长的大学有所增加。虽然表面上副校长兼任馆长的图书馆的地位有所增强，但由于兼职的副校长事务繁多，图书馆的具体工作还需要有专人负责，所以，这类图书馆一般设立副馆长或专职人员（相当于馆长助理）具体负责各项工作。另外，由于有一半以上的图书馆隶属于学校的其他部门，法人化前的图书馆馆长（部长）、科长就成为新的组织机构中的部长或下属科的科长，图书馆领导层的人员结构发生了很大的变化。从大学内部中层领导的岗位流动来看，要保证和维持有图书馆专业背景的图书馆馆长（部长）、科长是很困难的，国立大学图书馆的整体水平不可避免地会有所下降。

第三节　大学图书馆体系结构

一、组织体制：一大学一组织

二战以后，日本的大学图书馆开始实行“一大学一组织”的原则，即一所大学内的所有图书馆，“作为一个整体，实行有机的、一体的管理运营”。在大学图书馆系统中，中央图书馆处于中心地位，“对大学图书馆活动起总体管理和联络协调的作用”。分馆或局部图书馆等，则是“在中央图书馆的总体管理之下开展工作”。②

---

① 侯玮青. 日本国立大学法人化与国立大学图书馆的变革[J]. 图书馆杂志，2007(3)：53.

② 李国新. 日本图书馆法律体系研究[M]. 北京：图书馆出版社，2000：167.

二、 大学图书馆的馆长

大学中央图书馆的馆长是整个大学图书馆组织系统中的最高责任者。馆长要能充分认识图书馆在大学的研究和教学过程中应该发挥的作用,并努力整顿、充实和改善图书馆,使其不断满足利用者的需求。《国立学校设置法施行规则》(1964 年 4 月颁布)第 12 条对大学图书馆馆长的规定是:“由本大学具有教授资格的人充任”,“必要的情况下,也可以由事务职员充任”。1982 年颁布的《大学图书馆基准》对大学图书馆馆长的规定更为明确具体:“馆长由深刻认识与理解大学图书馆应该完成的使命和作为馆长的职责、并且具有作为馆长的管理能力的教师充任。也可以由充分理解大学的研究和教育、并且具有卓越见识和优秀管理能力的专业职员充任。鉴于馆长职务的重要性,其地位在大学内部相当于或高于系主任。”但目前,日本大学图书馆的馆长,由教授和分管图书馆的副校长兼任的情况比较多。

三、 大学图书馆委员会

《大学图书馆基准》规定,“大学图书馆应设置图书馆委员会或相关委员会,负责审议与图书馆运营有关的重要事项,回答校长或馆长的咨询”。

图书馆委员会的组成,一般包括馆长、分馆长、系科研究所的教师代表,基本上是“以教师为中心”。有学者认为这种以教师为中心的格局不尽合理,应该考虑在教师参与的基础上,补充图书馆职员和学生的代表,因为“图书馆的职员、特别是部门负责职员,理应了解委员会决议的重要精神”;而学生代表的参与,“对图书馆的运营具有特别重要的意义”。

大学图书馆委员会的主要任务,是以定期或不定期召开全体委员会的形式,审议图书馆运营的方针、政策;审议图书馆的预算、决算;审议图书馆的阅览规则、运营规则等规章制度;审议图书馆的资料收集方针等。

一般来说,大学图书馆中还要设置一个“图书馆采购委员会”。该委员会有的与图书馆委员会合一,有的在图书馆委员会下单设,也有的与图书馆委员会分离单设。

图书馆委员会究竟是一个咨询机构还是决策机构，目前的情况不尽一致。在私立大学中，作为馆长咨询机构的情形占绝大多数。1956年公布的《私立大学图书馆改善要项》中曾规定，“图书馆运营委员会是馆长的咨询机构”。在国立大学中，图书馆委员会作为决策机构的角色更为明显。1953 年公布的《国立大学图书馆改善要项》中规定，“在校长下设置由图书馆馆长出任委员长的图书馆运营委员会，讨论决定有关图书馆的重要事项”。在这种情况下，图书馆馆长同时也是图书馆委员会的委员长。①

第四节　大学图书馆经费

从表 4-2 可以看出，1998—2008 年，10 年间日本大学图书馆经费的变化不明显，2008 年的经费(9 939 170 万日元)比 1998 年(10 362 907 万日元)还减少了 423 737(万日元)。由于短期大学图书馆数量的减少，其经费支出也相应递减。国立大学法人化前，大学运营经费全部来自国家拨款，各大学收取的学费等也都上缴国库；法人化后，学费等学校自己的收入虽不必上缴，但国家拨给大学的运营费减少，相应地学校分配给图书馆的运营费也减少了。所以，国立大学图书馆经费 2008 年比 1998 年减少了 13%。高等专门学校图书馆经费也有较大减少，从 1998 年的 81 360 万日元到 2008 年的45 442万日元，经费减少了 44%。公立大学和私立大学由于数量增长较多，其图书馆经费也有一定程度的增加。

根据日本文部科学省 2008 年(平成 20 年)学术情报基础实态调查结果报告，日本大学图书馆资料费和运营费占日本大学总经费的比例呈逐年下降的趋势。其中，国立大学图书馆的资料费占大学总经费的比例从 1997 年度的 1.2%降低到 2007 年度的 0.9%；公立大学图书馆从 1997 年度的 2.0%降低到 2007 年度的 1.2%；私立大学图书馆从 1997 年度的

① 李国新. 日本图书馆法律体系研究[M]. 北京：图书馆出版社，2000：169—170.

1.7%降低到 2007 年度的 1.3%。国立大学图书馆运营费占大学总经费的比例从 1997 年度的 1.3%降低到 2007 年度的 0.9%;公立大学图书馆从 1997 年度的 2.4%降低到 2007 年度的 1.5%;私立大学图书馆从 1997 年度的 2.6%降低到 2007 年度的 1.6%。①

虽然日本大学图书馆的资料费每年都在减少,但对电子期刊的投入却逐年增加。根据文部科学省 2008 年(平成 20 年)学术情报基础实态调查的结果报告,2007 年度大学图书馆购买电子期刊的经费为 1 552 607 万日元,比 2004 年度的 619 789 万日元增加了 1.5 倍。其中国立大学图书馆从 2004 年度的 307 345 万日元增加到了 2007 年度的 743 130 万日元(1.4 倍);公立大学图书馆从 2004 年度的 24 175 万日元增加到了 2007 年度的 69 802 万日元(1.9 倍);私立大学图书馆从 2004 年度的 288 269 万日元增加到了 2007 年度的 739 675 万日元(1.6 倍)。②

日本大学图书馆的经费,国立、公立大学是由国家、地方政府在财政拨款的时候,指定一部分为图书馆用资料费和运营费;而私立大学则依靠自身学费等收入来维持运营。因为私立大学得不到国家和地方政府的拨款,运营图书馆有一定的困难,因此,私立大学图书馆的经费来源除其设置主体大学自筹之外,还有一部分来自由日本私立大学振兴・互助事业团所设立的"私立大学等的日常经费补助金"。该补助金设立的目的是为了维持并改善私立大学等的教育条件和研究条件,同时减轻学生的经济负担并改善学校的经营。政府向私立大学等提供日常经费补助,并将其交付给设置有大学等教育机构的学校法人。自 1970 年度到 2008 年度,该项补助金共支付了 9 兆 1 716 亿日元(其中,文部科学省提供了 3 370 亿日元)。该补助金除了用于学校教师和员工的工资、教育和研究经费的一般补助以外,还用于特定领域及课程等的教育和研究的特别补助。

---

①② 平成 20 年度「学術情報基盤実態調査」の結果報告について[EB/OL].[2008-10-23].http://www.mext.go.jp/component/b_menu/other/_icsFiles/afieldfile/2009/10/29/1286251_1.pdf

2008 年度,私立大学的补助金总预算约为 4 488 亿日元,其中一般补助为 2 135.97亿日元,特别补助为 1 005.29 亿日元。①对于各私立大学而言,能否获得补助金的支持,关键取决于其对于大学图书馆的定位、经营、管理以及预算的分配等。补助金是以奖励形式投向大学图书馆事业,这让私立大学图书馆有机会通过严格的经营管理和优质的服务来获得这笔支持,从而改善办馆条件。

表 4-2　日本大学图书馆经费支出(1998—2008 年)(单位:万日元)

类别 年份	国立大学	公立大学	私立大学	大学总计	短期大学	高等专门学校	合　计
2008	2 497 430	521 074	6 719 954	9 738 458	155 270	45 442	9 939 170
2007	2 449 958	471 487	6 306 618	9 228 063	161 113	40 296	9 429 472
2006	2 413 822	416 944	6 273 719	9 104 485	165 023	41 443	9 310 951
2005	2 503 767	452 048	6 332 990	9 288 805	218 280	49 432	9 886 517
2004	2 723 861	504 700	6 170 998	9 899 559	224 783	56 719	9 681 061
2003	2 773 262	496 695	6 041 017	9 310 974	245 329	55 129	9 611 432
2002	2 834 894	541 302	6 112 732	9 488 928	303 780	64 365	9 857 073
2001	2 919 743	557 289	6 091 974	9 569 007	341 516	65 792	9 917 115
2000	3 018 740	577 617	6 320 268	9 916 624	392 495	71 565	10 380 684
1999	2 979 554	482 040	6 334 798	9 796 392	463 166	76 777	10 336 335
1998	2 877 508	530 989	6 308 065	9 716 562	564 985	81 360	10 362 907

(出处:据日本图书馆协会出版的《日本的图书馆》制作)

第五节　大学图书馆馆藏

在经费减少的趋势下,日本大学图书馆的馆藏总数同公共图书馆一样都在逐年递增。除了短期大学因数量和经费递减而导致馆藏逐年减少之外,国立大学图书馆、公立大学图书馆、私立大学图书馆和高等专门学校图书馆的馆藏数量都在逐年增加。这也说明无论图书馆经费如何发生

① 私立大学等経常費補助金[EB/OL].[2009-11-1]http://www.shigaku.go.jp/s_hojo.htm

变化，馆藏建设始终是图书馆发展过程中最重要的方面。

法人化后各大学图书馆获得了预算范围内资金的独立使用权。它们在资金使用方面采取了集中、重点使用的方法，大都加大了电子期刊及数据库的购买力度。近年来，为了确保价格飞涨的电子期刊的目录内容成为学术研究的资源，国立及公立、私立大学都在致力于设立商讨价格的联合财团，而且还在探讨设立全日本国、公、私立大学联合财团的构想。2002 年 10 月，国、公、私立大学图书馆合作委员会在中京大学召开的第 53 届委员会上，决定打破国立、公立、私立大学图书馆的界限，成立国公私立大学图书馆联盟（Japan Coalition of Library Consortia，简称 JCOLC）。联盟采取完全开放的组织形式，日本所有的大学图书馆都可以随时加入或退出，另外 JCOLC 还积极参加 ICOLC（International Coalition of Library Consortia，图书馆联盟国际联合体）一年两次的正式会议，借以了解掌握国外电子期刊的价格谈判、许可制度等政策动向。通过全体日本大学图书馆的联合行动，JCOLC 在一定程度上抑制了电子期刊价格的上涨，各馆都享受到了比单独订购时更优惠的价格，并且各馆近几年可供借阅的期刊数也得到了增长。根据日本文部科学省 2008 年（平成 20 年）学术情报基础实态调查的结果报告，2007 年度，752 所国、公、私立大学电子期刊总数达到了 2 140 238 种，比 2003 年度的 850 103 种增长了 2.5 倍；平均每个大学可供借阅的电子期刊数达到了 2 846 种，比 2003 年度的 1 201 种增长了 2.4 倍。以上数字还有继续增长的趋势。①

表 4-3　日本大学图书馆馆藏数量 1998—2008（单位：千册）

类别 年份	国立大学	公立大学	私立大学	大学总计	短期大学	高等专门学校	合计
2008	95 091	18 426	177 740	291 257	12 877	4 822	308 956
2007	95 494	17 916	171 281	284 691	13 459	4 535	302 685
2006	92 307	17 242	167 185	276 734	13 429	4 559	294 722
2005	91 051	17 126	165 849	274 026	14 204	4 442	292 672

① 平成 20 年度「学術情報基盤実態調査」の結果報告について[EB/OL].[2008-10-23]. http://www.mext.go.jp/component/b_menu/other/_icsFiles/afieldfile/2009/10/29/1286251_1.pdf

（续表）

类别 年份	国立大学	公立大学	私立大学	大学总计	短期大学	高等专门学校	合计
2004	90 525	17 719	162 155	270 399	15 335	4 421	290 155
2003	91 189	17 130	158 281	266 600	16 256	4 381	287 237
2002	89 506	16 677	152 769	258 952	17 361	4 412	280 725
2001	87 669	16 243	145 910	249 823	18 841	4 358	273 022
2000	85 283	15 635	141 967	242 813	19 682	4 444	266 939
1999	86 167	14 848	136 390	237 405	20 489	4 429	262 323
1998	84 987	13 986	131 279	230 252	20 728	4 332	255 312

（出处：据日本图书馆协会出版的《日本的图书馆》制作）

表 4-4　日本大学图书馆电子期刊数量(种)

类别 年份	国立大学	公立大学	私立大学	总计
2007	624 986	101 098	1 414 154	2 140 238
2006	623 420	79 591	1 234 319	1 937 330
2005	555 702	65 561	922 076	1 543 339
2004	504 356	38 986	683 810	1 227 152
2003	424 843	35 613	389 647	850 103
1997	2 133	60	4 276	6 469

（出处：日本文部科学省 2008 年(平成 20 年)学术情报基础实态调查结果报告）

第六节　大学图书馆服务

一、 辅助大学教育

（一）为实施大学教学计划提供服务

目前，日本的大学课程教育大纲作为大学教育自我评估体系中的重要一环，正在紧张的制定或修订之中。因此，对于大学图书馆而言，积极收集课程大纲中与授课相关的参考文献和能够满足学生广泛兴趣爱好的书刊资料，就显得尤为重要。同时，由于图书馆职员对于文献资料及图书馆业务较为熟悉，相对于任课教师而言，他们对学生的指导更具特色，因而在利用图书馆资料时，应尽量让图书馆职员提供诸如参考咨询服务等必要的帮助。

（二）支持和协助教师的教育活动

就图书馆来说，也应当有条件为那些悉心钻研教学创新的教师们提供参考咨询服务，为其充分利用图书馆提供便利。在促进这一工作展开的过程中，图书馆需要积极主动地与教师协调合作，力求取得最好的效果。

（三）图书馆本身也具有教育职能

目前，很多大学都在尝试以研究小组为单位进行文献利用及情报检索等的实践，将"情报检索法"设为学校正式科目的越来越多，大学图书馆员与教师协作授课的例子也在不断增加。上述现象，都体现了图书馆的辅助教育功能越来越受到学校方面的重视。①

二、资源共建共享，支持学术研究

自 1980 年召开"关于今后学术情报系统的定位"的学术审议报告会以后，日本制定了将学术研究情报作为公共资源必要补充的政策，并将这个政策在国家层面予以实施和推广。1986 年 4 月，文部省成立了学术情报中心，它的任务是促进大学间一次文献的相互利用和二次文献系统与机读数据库的建立，利用计算机和情报通信网建立全国性综合信息共享系统。大学是学术研究情报的主要生产基地，而大学图书馆则是支持大学开展学术研究的基础性设施，在学术情报的收集和文献传递服务方面，各大学图书馆发挥着重要作用。在构建此系统时，各大学图书馆都将馆藏资料的信息进行输入，参与编制综合目录（National Center for Science Information Systems-Catalog，简称 NACSIS-CAT），同时运行该目录馆

① 塩見昇．図書館概論［M］．日本図書館協会，2008：175—177．

际互借系统(National Center for Science Information Systems-Interlibrary Loan, 简称 NACSIS-ILL)以实现资源的共建共享,从而满足读者获取学术情报的需求。

NACSIS-CAT 是把全日本大学图书馆等机构所藏图书、杂志的机读书目数据及馆藏信息整合在一起的一个庞大的书目数据库。随着 NACSIS-CAT 的快速发展,它已不再局限于大学图书馆系统,其他公共图书馆、海外机构等也陆续加入。截至 2009 年 3 月,该系统参加馆总数达到了 1 224 家,其中日本的国立大学图书馆有 86 家,公立 75 家,私立 547 家,海外机构有 107 家。①中国高等教育文献保障系统(CALIS)联合目录数据库也于 2000 年 8 月与日本国立情报学研究所(NII)达成协议,将 NACSIS-CAT 作为 CALIS 成员馆日文文献编目的数据源,建立了CALIS 日文联合目录数据库。据统计,目前中国有 63 家大学图书馆加入了 NACSIS-CAT。②经过 20 多年的发展,该系统已积累了大量书目数据,2009 年 4 月,书目数据突破 1 亿条。

截至 2009 年 3 月,NACSIS-ILL 参加馆总数达到了 1 083 家,其中国立大学图书馆为 86 家,公立 81 家,私立 539 家。2008 年度的馆际互借与文献复制量达到 105.2 万件,其中馆际文献互借 10.6 万件,馆际文献复印 94.6 万件。③从印刷媒体过期刊物的数字化到按论文为单位的计费处理,可将学会刊物上刊登的研究论文全文的数字数据在网上公开,即 NACSIS-ELS 系统,从而使用户实际感受到"虚拟图书馆"的便利。④

1996 年的学术审议会建议案提出《关于充实和加强大学图书馆的电子图书馆功能》的计划,并积极倡导建立"收集、整理并长期保存该机构及

---

① 国立情报学研究所. NACSIS-CAT 統計情報[EB/OL]. [2009-11-14]. http://www.nii.ac.jp/CAT-ILL/archive/stats/cat/org.html

② 陈枝清,李艳丽. 日本大学图书馆资源共建共享方式介绍[J]. 图书馆建设,2009(3):22.

③ 国立情报学研究所. ILL 流動統計(館種別)(平成 20 年度)[EB/OL]. [2009-11-14]. http://www.nii.ac.jp/CAT-ILL/archive/stats/ill/flowdata.html

④ 塩見昇. 図書館概論[M]. 日本図書館協会,2008:179.

其成员所产生的学术成果，并将这些资源进行规范、分类、标引后，按照开放标准与相应的互操作协议，允许机构内外的成员通过互联网来免费获取使用"的学术机构数据库，以促进日本国内及国际间的资源共建共享。学术机构数据库的建立对机构而言，它为系统、完整地保存机构生产的知识产品提供了场所，实现了对机构成果的完整展示，有助于机构树立品牌，提高其显示度和声誉。对知识资产生产者而言，学术机构数据库提供了对各种资源的数字化发表、传播和长期保存的功能，为科研人员提供了一个新的学术交流和知识共享的平台，提高了资源的显示度和影响力，也提高了科研人员的学术地位。对用户而言，学术机构数据库为当前的现实用户提供了利用网络存取机构所有学术资源的途径；同时，也为未来的潜在用户提供了详尽的历史资料。据统计，截至 2009 年 11 月，日本共有 115 家大学和研究机构（其中 105 家大学，10 家研究所）构建了学术机构数据库。这些学术机构数据库的资源除了可通过各自的网站进行检索外，还可通过 NII 的机构知识库门户网站 JAIRO（Japanese Institutional Repositories Online，日本机构知识库在线）进行统一检索。截至 2009 年 11 月，JAIRO 系统共收录了 53.2 万多件数据，包括学术杂志论文、学位论文、纪要论文、会议论文、研究报告书、图书、教材、其他灰色文献等，其中纪要论文占 53.4%，杂志论文占 14.1%，学位论文占7.0%。①

三、 满足民众文化需求

大学图书馆是为大学的教育和研究工作服务的，此乃其最主要的职能。但同时，大学图书馆在图书资料的保存和传播方面，也担负着为全社会服务的文化功能。包括短期大学和高等专门学校在内，日本 1 600 多所大学图书馆的藏书超过 3 亿册，这些宝贵的社会公共资源必须得到充

---

① JAIRO. IRDBコンテンツ分析システム[EB/OL].[2009-11-30]. http://irdb.nii.ac.jp/analysis/index.php

分的利用。公共图书馆由于其服务对象的特点，藏书范围广泛且大众化；与此相对，大学图书馆的馆藏则专业性强，各大学均有各自特殊领域的特色书库。因此，开展大学图书馆和公共图书馆的互相协作，使大学之外的大众也能方便地利用其馆藏资料，可认为是大学对地区的贡献，是其将学术研究成果回报社会的一个途径。不少大学都拥有宝贵的特殊资料库，应当努力维护这些资料库，积极通过数字化等多种途径将这些数据库向社会开放。

四、 大学图书馆服务的变化

（一）入馆人数和个人外借

从表 4-5 可以看出，在读者服务方面，2001 年—2008 年大学图书馆入馆者总数逐年增加，2001 年为 112 965 千人，2008 年为 134 356 千人，这与图书馆的馆藏增加和图书馆服务的不断完善有一定关系。同时，个人外借总量从 1998 年的 28 082 千人增长到 2006 年的 30 303 千人，但 2007 年和 2008 年又分别减少到 29 885 千人和 29 533 千人。导致外借数量减少的原因是多方面的，如数字图书馆的应用可以直接下载电子版本，使学生对纸本文献阅读兴趣减弱等。

表 4-5 日本大学图书馆入馆人数与个人外借数据统计

服务项目	国立大学	公立大学	私立大学	大学总计	短期大学	高等专门学校	合计
入馆者数(千人)2008—2001	34 609	7 225	86 362	128 196	3 444	2 716	134 356
	36 268	7 245	85 883	129 397	3 893	2 675	135 965
	35 117	6 954	85 758	127 829	4 015	2 818	134 662
	37 312	6 938	87 805	132 055	3 916	2 704	138 675
	35 747	7 312	87 988	131 047	4 090	2 761	137 898
	34 319	7 125	84 088	125 532	4 596	2 738	132 866
	34 567	8 471	61 784	104 823	6 458	2 178	113 460
	33 629	7 394	62 628	103 652	7 090	2 223	112 965

（续表）

服务项目	国立大学	公立大学	私立大学	大学总计	短期大学	高等专门学校	合计
个人外借（千人）2008—1998	6 882	1 916	19 114	27 912	1 117	493	29 522
	6 920	2 040	19 185	28 145	1 245	495	29 885
	6 854	1 758	19 929	28 541	1 236	526	30 303
	6 843	1 779	19 645	28 267	1 305	519	30 091
	6 960	1 865	19 405	28 230	1 339	529	30 098
	6 703	1 750	18 665	27 118	1 527	482	29 127
	6 809	1 695	17 750	26 254	1 607	513	28 374
	6 945	1 683	17 642	26 270	1 824	505	28 599
	7 044	1 569	17 493	26 106	2 015	508	28 629
	7 016	1 456	16 926	25 398	2 176	508	28 082
	7 099	1 275	16 315	24 689	2 320	486	27 495

（出处：据日本图书馆协会出版的《日本的图书馆》制作）

（二）馆际互借

从表 4-6 关于日本大学图书馆 1998—2008 年间馆际互借的统计数据来看，1998 年总量是 941 675 件，以后逐年增长，到 2005 年达到最高值，为 1 200 391 件，增长率达 27%。2005 年以后，馆际互借数量一直呈下降趋势，到 2008 年为 1 051 229 件，但仍比 10 年前增长了 12%。馆际互借由复印和图书借贷两部分组成，其中馆际互借图书的数量一直呈增长趋势，从 1998 年的 59 889 件到 2008 年的 105 873 件，增长了 76.8%。复印文献传递的数量也从 1998 年的 881 786 件逐年增多，到 2005 达到最高值，为109 725件；之后又逐年递减，到 2008 年为 945 356 件。此外，复印件数和借贷件数在馆际互借总量中所占比率也有一定变化，1998 年这一比率分别为 93.6%和 6.4%，2008 年这一比率分别为 90%和 10%。

以参与馆际互借的各类大学数量变化来看，国立大学一直是借入和借出数量最多的机构，1998 年其借出文献数量在馆际互借总量中占到 77.4%，但到 2008 年，该比率下降到了 45.1%。另一个显著变化是从国外机构获取的文献数量，2003 年为 35 246 件，是 1998 年的 1.5 倍。但之后这一数量又逐年减少，特别是 2007 年和 2008 年分别减少到 5 248 和 4 598件，仅为 2003 年的 15%和 13%。

表 4-6　日本大学图书馆馆际互借数据统计(表上段为复印数,中段为借贷数,下段为总和)

		国立大学	公立大学	私立大学	短期大学	高等专门学校	大学共同利用机关	省厅研究机关	公立设施	其他	外部机关	合计
2008	借入	357 705 54 690 412 395	95 753 6 539 102 292	394 878 37 282 432 160	6 435 589 7 024	8 021 951 8 972	5 710 2 055 7 765	2 824 385 3 209	1 193 212 1 405	70 279 2 928 73 207	2 558 242 2 800	
	借出	423 022 50 548 473 570	86 210 4 990 91 200	385 989 45 431 431 120	4 671 523 5 194	556 118 674	12 488 1 735 14 223	1 065 37 1 102	790 19 809	26 426 2 313 28 739	4 139 459 4 598	945 356 105 873 1 051 229
2007	借入	381 421 52 979 434 400	103 060 6 497 109 557	411 874 36 189 448 063	5 553 624 6 177	9 873 947 10 820	3 679 1 739 5 418	4 140 319 4 459	1 553 123 1 676	67 308 2 918 70 226	2 070 174 2 244	
	借出	453 642 49 284 502 926	87 611 4 271 91 882	398 708 43 921 442 629	4 386 486 4 872	672 97 769	9 859 1 663 11 522	3 249 30 3 279	895 8 903	26 697 2 313 29 010	4 812 436 5 248	990 531 102 509 1 093 040
2006	借入	417 888 53 679 471 567	109 330 6 513 115 843	433 655 33 940 467 595	6 789 511 7 300	10 035 818 10 853	5 106 2 006 7 112	4 230 338 4 568	1 444 116 1 560	65 932 2 942 68 874	276 121 397	
	借出	497 610 49 050 546 660	90 046 4 335 94 381	398 343 41 540 439 883	4 965 392 5 357	894 118 1 012	11 405 1 687 13 092	3 203 69 3 237	1 056 133 1 189	25 871 1 803 27 674	21 292 1 857 23 149	1 054 685 100 984 1 155 669

（续表）

		国立大学	公立大学	私立大学	短期大学	高等专门学校	大学共同利用机关	省厅研究机关	公立设施	其他	外部机关	合计
2005	借入	452 365 51 700 504 065	118 744 6 561 125 305	428 342 35 525 463 667	9 381 554 9 935	9 517 1 023 10 540	4 600 2 538 7 138	3 775 408 4 183	1 833 119 1 952	70 947 2 404 73 351	221 34 255	
	借出	548 364 48 555 596 919	91 020 4 596 95 616	388 628 41 679 430 307	6 121 421 6 542	1 161 128 1 289	11 104 1 613 12 717	3 722 43 3 765	1 136 60 1 196	24 637 1 559 26 196	23 832 2 012 25 844	1 099 725 100 666 1 200 391
2004	借入	465 173 48 596 513 769	123 890 6 366 130 256	402 393 32 105 434 498	9 104 690 9 794	8 876 1 077 9 953	3 968 1 942 5 910	2 275 260 2 535	1 585 47 1 632	66 036 2 831 68 867	159 41 200	
	借出	555 543 45 790 601 333	87 498 4 438 91 936	371 151 37 644 408 795	6 831 636 7 467	695 129 824	7 981 1 103 9 084	444 18 462	855 0 855	26 550 1 848 28 398	25 911 2 349 28 260	1 083 459 93 955 1 177 414
2003	借入	502 175 49 807 551 982	127 129 6 593 133 722	346 546 28 851 375 397	8 031 645 8 676	10 969 855 11 824	7 601 2 557 10 158	2 697 341 3 038	2 054 56 2 110	53 232 1 623 54 855	—	
	借出	634 216 49 701 683 917	62 660 4 587 67 247	296 682 31 450 328 132	6 821 620 7 441	470 96 566	12 313 1 543 13 856	969 54 1 023	959 1 960	12 425 949 13 374	32 919 2 327 35 246	1 060 434 91 328 1 151 762

（续表）

		国立大学	公立大学	私立大学	短期大学	高等专门学校	大学共同利用机关	省厅研究机关	公立设施	其他	外部机关	合计
2002	借入	551 172	112 202	301 967	8 325	13 015	7 141	2 819	1 980	44 810		
		50 409	5 468	25 677	649	956	2 311	314	38	1 311	—	
		601 581	117 670	327 644	8 974	13 971	9 452	3 133	2 018	46 121		
	借出	668 533	54 599	258 493	6 162	707	14 583	938	893	10 869	27 654	1 043 431
		49 954	4 107	28 161	595	121	1 637	44	4	641	1 869	87 133
		718 487	58 706	286 654	6 757	828	16 220	982	897	11 510	29 523	1 130 564
2001	借入	610 150	105 586	249 204	7 095	12 922	8 983	991	2 091	40 952		
		48 038	5 332	22 481	723	883	2 628	483	56	1 092		
		658 188	110 918	271 685	7 818	13 805	11 611	1 474	2 147	42 045	—	
	借出	707 365	45 591	227 274	5 183	493	13 553	84	790	8 602	29 039	1 037 974
		48 642	3 866	24 347	542	96	1 618	6	7	620	1 973	81 717
		756 007	49 457	251 621	5 725	589	15 171	90	797	9 222	31 012	1 119 691
2000	借入	617 586	95 229	205 914	6 140	12 822	8 486	9 667	2 709	30 104		
		48 868	4 694	20 048	646	795	1 840	637	70	729		
		666 454	99 923	225 962	6 786	13 417	10 326	10 304	2 779	30 833	—	
	借出	706 124	37 827	197 730	3 727	408	10 631	688	753	5 548	25 021	988 457
		47 983	3 430	22 314	464	39	1 429	6	383	290	1 989	78 327
		754 107	41 257	220 044	4 191	447	12 060	694	1 136	5 838	27 010	1 066 784

（续表）

		国立大学	公立大学	私立大学	短期大学	高等专门学校	大学共同利用机关	省厅研究机关	公立设施	其他	外部机关	合计
1999	借入	637 517	73 373	174 298	6 901	11 295	7 844	10 106	2 198	25 204		
		44 990	3 817	16 818	658	563	1 704	426	106	555		
		682 507	77 190	191 116	7 559	11 858	9 548	10 532	2 304	25 759	—	
	借出	712 281	28 712	168 719	3 088	185	7 357	547	541	5 667	21 639	948 736
		42 913	3 330	19 511	332	22	1 327	5	435	173	1 589	69 637
		755 194	32 042	188 230	3 420	207	8 684	552	976	5 840	23 228	1 018 373
1998	借入	625 064	61 796	142 779	5 502	8 089	6 716	9 051	1 687	21 102	—	
		39 301	3 004	13 929	536	528	1 501	457	205	428		
		664 365	64 800	156 708	6 038	8 617	8 217	9 508	1 892	21 530		
	借出	690 675	19 091	136 819	2 148	46	6 215	511	432	4 484	21 365	881 786
		37 769	2 628	15 798	241	21	1 166	15	299	110	1 842	59 889
		728 444	21 719	152 617	2 389	67	7 381	526	731	4 594	23 207	941 675

（出处：国立情报学研究所. ILL 流動統計［EB/OL］.［2009-11-14］. http://www.nii.ac.jp/CAT-ILL/archive/stats/ill/flowdata.html）

馆际互借总量从2005年后呈下降趋势,主要有两方面的原因:一是电子期刊的出现和大学集团加大了购买电子资源的力度。由于电子期刊的可获取范围和集团用户权限的不断扩大,特别是在联盟协议下,大学图书馆电子期刊的种类不断增多。当用户可以在他所在机构购买的电子期刊中较容易地获得自己所需要的资料时,也就减少了对馆际互借文献的需求。二是开放存取期刊和学术机构数据库的兴起使得通过在线获取免费学术资源越来越普遍。前面已经提到,截至2009年11月,日本有115个学术机构数据库可以使用;根据对学术机构数据库内容分析的调查,约有一半的文章最初是以纸质形式发表在部门研究公告上并在各学术机构间交换。根据日本文部科学省2008年(平成20年)学术情报基础实态调查结果报告,2007年度,752所国、公、私立大学对学术机构数据库的利用状况为:上网检索2 223万次,下载文献1 056万次;平均每个大学上网检索27万次,下载文献13万次。①学术机构数据库的出现无疑加速了对内部交流论文的数字化,也在一定程度上减少了对文献传递的需求。例如有研究表明,读者对发表在《Chiba护理学研究杂志》的文章的馆际互借请求从2006的343个减少到2007年的82个,因为大多数文章可以通过在线注册Chiba大学学术机构数据库即可免费获得。②

但是电子期刊的广泛应用并不必然会导致文献传递数量的减少。从统计可以看出,馆际互借的请求总量虽有波动,但是仍然保持相对稳定的状态。一方面,即使集团购买了电子资源,也不代表着一个机构可以拥有所有电子资源的使用权限。当用户需要本机构没有的电子期刊文章时,就需要向其他机构请求提供。另一方面,是由于馆际互借服务的改进,例

① 平成20年度「学術情報基盤実態調査」の結果報告について[EB/OL].[2008-10-23]. http://www.mext.go.jp/component/b_menu/other/_icsFiles/afieldfile/2009/10/29/1286251_1.pdf.

② Kenji Koyama. *Transformation of the ILL Services Among the Japanese University Libraries in Digital Era: The Results of the Comprehensive Analysis of NACSIS-ILL Transaction Records from* 1994 *to* 2007. 11th Interlending and Document Supply Conference Hannover, Germany, 20th—22nd, October 2009.

如通过利用网页形式和电子文献传递系统(Ariel),用户可以更加方便地呈交他们的文献传递请求并以快捷的方式获得所需文献。据统计,50%的复印文献都可在4天之内传递到发出请求的图书馆。①此外,根据日本学者的研究,虽然全世界大多数出版商已将学术期刊电子化,但日本国内的期刊数字化才刚刚起步,因此对日文文献的馆际互借请求在某些时候甚至超过了对外文文献的需求数量。另外,从事科研的研究者的数量比以往增多,一定程度上也还依赖文献传递获得各自所需的资源。

(三)参考咨询服务

对于大学图书馆而言,如何更快更好地帮助读者获得和利用情报资料,是支持和配合他们完成学习课程或研究项目的关键所在;而要做好这些工作,图书馆必须充实参考咨询服务。传统意义上的参考咨询服务是参考咨询馆员为读者指出寻找文献的路径,而文献传递服务则为读者提供最终的信息,两者在形式上几乎是脱离的。而现在,特别是在信息技术飞速发展的今天,大学图书馆如何提高服务效率?答案是参考咨询与文献传递这一对上下游服务必将被整合在一起。文献传递作为信息服务的最后一站,承担着连接资源与读者的重任,成为参考咨询服务中不可或缺的一部分。

第七节　大学图书馆职员

《大学图书馆基准》第3条对大学图书馆的职员作了如下规定:

1. 大学图书馆须配备必要的、人数足够的职员,并安排其适合的职位,以完成其使命并发挥应有的职能。

2. 为了能承担起高度专业性的业务,大学图书馆必须配备专业职员,

---

① Kenji Koyama. *Transformation of the ILL Services Among the Japanese University Libraries in Digital Era: The Results of the Comprehensive Analysis of NACSIS-ILL Transaction Records from 1994 to 2007*. 11th Interlending and Document Supply Conference Hannover, Germany, 20th—22nd, October 2009.

原则上专业职员必须由毕业于研究生院的图书情报学专业的人员担任。

3.（大学图书馆）必须向专业职员及其他从事图书馆专业性业务的职员提供广泛的进修或再教育机会，同时给予他们与其资格、能力、经验等相应的待遇。

21世纪的大学图书馆已进入以网络化为代表的数字化信息时代，这就要求大学图书馆员同时具备传统型馆员所必备的能力和以信息技术为代表的新的能力。具体说来，在新的形势下，专业的图书馆职员应具备以下能力：1.关于图书杂志主题方面的知识、检索及咨询能力；2.计算机及电子情报的检索及应用能力；3.管理学术情报的能力；4.对外交流能力（与人的交流能力、外语水平）；5.计划立案、统计分析、评价的能力；6.教学能力和指导学生学习的能力等等。当然，每个专业的图书馆职员不可能同时具备上述各项能力，但综合能力要达到一定的水平，并在某一方面独具特长。为了全面提高图书馆职员的业务能力，录用方式发生了重大转变。

法人化前，图书馆工作人员必须参加人事院组织的“国家公务员录用考试（Ⅱ）—图书馆学”，合格者方可被录用。①法人化后，国立大学协会在7个地区下设“国立大学法人职员统一录用考试实施委员会”，在全国同一时间组织录用考试。图书馆的职员除参加上述考试之外，还需另外参加“国立大学法人图书资料系列录用专业考试”，这一考试也是由设在每个地区的“专业考试委员会”组织实施，方式因地区而异，如近畿地区的考试设在京都大学，方式是撰写小论文。由于各学校的差别很大，图书馆职员的录用方式也就各不相同。对于已有的职员，图书馆承担起培训的职责，除了鼓励工作人员自学以提高专业水平外，图书馆还通过举办各种研讨会和研修会加强对工作人员的培训，同时组织人员参与各具特色的研究课题，参加各国立大学图书馆间的交流会、研讨会，有的大学还派员到国内外的大学图书馆进行考察和学习。由于

① 小野亘.国立大学法人化と図書館職員の採用[J].図書館雑誌，2004(8).515.

法人化后图书馆工作人员不再是国家公务员，而成为法人职员，职员的录用与晋升由各法人自由裁定，这种竞争机制也强化了图书馆工作人员不断提高业务能力的自觉性。

从表 4-7 的统计数据可以看出，近 10 年来，日本大学图书馆专职馆员的总人数在逐年减少，兼职馆员总数则逐年增加。1998 年，专职馆员总数为 8 867 人，到 2008 年缩减为 5 881 人，减少了 34%；而兼职馆员从 1998 年的 1 470 人增加到 2008 年的 1 523 人，增加了 3.6%。导致这种变化的主要原因是因为国立大学在独立行政法人化之后，专职制度大幅淡化，促使专职馆员减少。另一方面，由于图书馆自动化设备如图书自动借还机、联机编目系统的应用等减少了相应的人工劳动，从而导致从事这方面工作的图书馆专职人员减少。同时，图书馆的分类、编目、采购等工作也采用了外包或者聘用临时工的方法，使得图书馆兼任人员数量增多；大学图书馆提供勤工俭学岗位给大学生，也增加了图书馆兼任职员的数量。此外，由于图书馆经费缩减或者没有明显增加，为了保障馆藏数量的增加，图书馆的专业职位不得不进行相应的精简以节省开支。

表 4-7　图书馆职员数量(上行为专职馆员人数，下行为兼职馆员人数)

类别 年份	国立大学	公立大学	私立大学	大学总计	短期大学	高等专门学校	合计
2008	1 750	322	3 437	5 509	283	89	5 881
	240	109	871	1 220	224	79	1 523
2007	1 824	338	3 640	5 802	311	96	6 209
	238	105	870	1 213	228	67	1 508
2006	1 876	348	3 786	6 010	316	109	6 435
	225	85	867	1 177	229	64	1 470
2005	1 925	393	4 056	6 374	352	115	6 841
	208	109	856	1 173	246	62	1 481
2004	1 975	404	4 220	6 599	410	123	7 132
	207	104	785	1 096	257	65	1 418
2003	2 044	445	4 406	6 895	445	128	7 468
	207	84	748	1 039	288	62	1 389

（续表）

类别 年份	国立大学	公立大学	私立大学	大学总计	短期大学	高等专门学校	合计
2002	2 094	478	4 599	7 171	499	139	7 809
	202	103	806	1 111	305	67	1 483
2001	2 109	494	4 713	7 316	596	148	8 060
	223	101	776	1 100	346	64	1 510
2000	2 152	499	4 924	7 575	669	159	8 403
	200	104	739	1 043	375	71	1 489
1999	2 267	491	4 991	7 749	762	164	8 675
	211	101	703	1 015	386	80	1 481
1998	2 300	483	5 069	7 852	847	168	8 867
	209	92	695	996	405	69	1 470

（出处：据日本图书馆协会出版的《日本的图书馆》制作）

第八节　大学图书馆评估

一、 评估背景

日本大学图书馆评估缘于 1991 年 5 月大学审议会对《关于大学设置基准及学位规范制度的修改》的批复。该批复指出：大学应个性化、多样化发展，由此引发了新一轮的大学设置基准、大学教育法等相关法规的修改。此后，日本大学废除了单独的素质教育，由各大学自主组织将素质教育融入到专业教育课程当中，并强调了实施自我检查评估的义务化。①

大学图书馆伴随着大学改革，也从未停止过检查与评估。大学图书馆实施评估的目的之一，是根据图书馆对所属大学、利用者以及社会所发挥的作用，来确定图书馆所需的经费和职员，以保证图书馆服务的提高。2007 年 5 月，日本财务省向财政制度审议会(财务省咨询机构)建议，国

① 徐云，许蕾. 日本大学图书馆评估刍议[J]. 图书馆建设，2009(2). 95.

家拨给日本国立大学的经费(经营费补助金)要引入竞争机制。实行新的经费分配方法,无疑对日本国立大学图书馆会产生巨大影响。

二、 评估方式

由于2004年日本国立大学全部从国家行政体系中脱离出来,变成具有独立法人资格的国立大学法人组织,因此其评估方式以法人化为界,可以分为前后两个阶段。

(一) 法人化之前的评估

是指1991年至2003年日本大学图书馆的评估,主要分为内部评估(自我评估)和外部评估两种。

1. 内部评估

是由本馆人员组成评估小组,制定评估指标,对本馆的服务和设施等软、硬件进行逐项的评估。内部评估采取的主要方式有问卷调查、交流咨询、部门之间评估、馆员自我评估等。

2. 外部评估

由于内部评估由图书馆各部门自己组织的委员会进行,难免有“既当运动员又当裁判”的嫌疑。为了避免该弊端,1995年,千叶大学首开国立大学图书馆外部评估之先河。外部评估,就是由被评估的大学图书馆邀请该图书馆以外的专家或专业人士组成评估委员会,对该大学图书馆进行评估。通常情况下,外部评估委员会是由国立大学的图书馆馆长、事务长、邻近的公共图书馆馆长以及图书情报大学的学者共同组成的,也有部分大学图书馆选择教学部门的教授和其他行政机构的相关人员参与到委员会,根据由图书馆的建筑空间、馆舍面积、经费、馆藏、咨询、检索、复印、网络服务等硬件资源,以及服务时间、馆员素质、采访编目质量、图书馆管理运营等一系列软件资源构制成的指标体系,以资料分析、专访调查、座谈交流、现场考察等方式,对被评估的图书馆进行全面的评估。而后,评估委员会组织各成员撰写出评估报告,经评估委员会委员长全面总结后,公布最终的评估结论。

（二）法人化之后的评估

2004 年，日本有 89 所国立大学成为具有独立法人资格的法人组织，这意味着这些大学的图书馆其经费预算的多少以及能否取得，除了自己提出申请外，还需经过第三方评估，并且评估结果要向公众发布。不同性质的大学其评估是不一样的，国立大学要进行国立大学法人评估，其他公立、私立大学则要进行第三方认证评估。

1．国立大学法人评估

《国立大学法人法》规定，为了对与国立大学法人等有关业务进行评估，特在文部科学省设置国立大学法人评估委员会，并要求文部科学大臣为各国立大学法人的业务经营制定 6 年期的中期目标；相应地，各国立大学法人也要制定与此中期目标相配套的中期计划，这个计划是申请图书馆运营经费等的依据基础。各国立大学 6 年内必须接受至少一次第三方的认证评估，并编写业绩报告，提交国立大学法人评估委员会，对其中期目标和中期计划的执行情况进行检查和评估。

2．认证评估

认证评估指的是接受经文部科学省大臣认可的由第三方机构实施的评估。目前，日本国家认可的 4 年制大学的认证评估机构有 3 个：大学评估与学位授予机构、大学基准协会和日本高等教育评估机构。接受认证评估机构的评估，事先要向评估机构提出自我评估报告，经评估机构进行书面调查和访问调查后，告知初步评估结果并提出意见，在实施年度的 3 月份，公布最终的评估结果。其中访问调查采用 120 分钟的教育现场视察和学习环境状况调查。在学习环境（图书馆、附属教育研究设施、与自学信息教育相关的设施和设备、学生公寓等）方面，主要调查其便利性、功能性以及用户的满意度。对于未达到评估标准的大学，在初次评估的第二年，可以接受再评估。

三、评估指标

日本对于大学图书馆的评估，其标准主要是定性的要求，定量的要求并不多。在评估时，更多关注的是图书馆在设施设备及资料方面的投入，而对于图书馆举办活动以及新兴且发展迅速的电子图书馆服务、图书馆职员、图书馆对教育的贡献等则关注不够。鉴于此，2002 年国立大学图书馆协议会发布的《大学图书馆相关评估指标报告书 $Version_0$》就尽可能地将现行的日本图书馆评估指标与国外最新的有关图书馆评估的研究成果结合在一起，并把图书馆评估指标分为 3 大类：定量的指标、电子图书馆服务的相关指标、定性的指标。尽管这套指标还不是很完善，但由于它很实用，因此有部分国立大学图书馆，如京都大学图书馆、名古屋大学图书馆等在实际评估中还是运用这套指标。

四、 评估效果和影响

经过评估改革，日本大学图书馆实现了资源的优化配置。从 1998 年到 2008 年，国立大学图书馆的藏书量增加了 11.9%，公立大学图书馆的藏书量增加了31.7%，私立大学图书馆的藏书量增加了 35.4%。根据国立情报研究所的馆际互借统计，在 1993 年，国立大学接受的馆际复印及馆际图书借贷分别占馆际互借总量的 92.7%与 89.9%，公立大学是 0.3%与 0.25%，私立大学是 6%与 8.8%，体现了当时国立大学资源的绝对优势；到了 1998 年，上述数据则变为：国立大学为 74.6%与 64.3%，公立大学是 4.6%与 4.7%，私立大学是 15.8%与 24.8%；到 2003 年，国立大学下降到 59.8%与54.4%，公立大学上升为 5.9%与 5.02%，私立大学大幅增长到 27.9%和 34.43%。到 2008 年，国立大学已经下降到 41.3%与 49.7%，公立大学是 9.6%和 5.4%，私立大学上升到 41.3%和 39.1%。①可见，国立大学在文献资源方面的绝对优势已经不再，整个日本大学图书馆的资源配置更趋于合理化。

然而，评估本身在日本大学图书馆界也存在不少争议。如，有人认为

---

① 国立情报学研究所. ILL 流動統計[EB/OL].[2009-11-14]. http://www.nii.ac.jp/CAT-ILL/archive/stats/ill/flowdata.html

评估成本过高、评估过于频繁，怀疑评估结果是否真实有用，甚至评估本身的公正性也受到质疑。因此，关于评估体系以及与各种评估体系相关的事宜，仍需要认真研究与探讨。①

第九节　大学图书馆面临的问题

一、财政基础不稳定

由于2004年度开始实施法人化政策，日本国立大学图书馆从国家财政得到的运营资金逐年减少。在通过竞争机制和企业化管理来取得资金的经营方式日趋普遍的情况下，如何才能获得更多的图书馆运营资金，以及争取本校全体师生的高度理解就变得更为重要。而法人化之后图书馆馆长地位的被削弱以及图书馆事务组织与其他部门合并等情况，使大学图书馆的整体经营现状越发严峻。维持大学图书馆生存的资料费还在继续削减，尤其是学生用书的经费不足已成为大学图书馆的通病。学生们抱怨需要的书籍图书馆里没有，而图书馆方面又不进新书。在这样的抱怨声中，大学图书馆存在着一个悬而未决的问题，即现有的资料处于未能被有效且充分地加以利用的状态。几乎所有以研究的名义、用教师的研究经费购入的资料，都长期散置在各研究室内；尽管名义上是图书馆的藏书，然而事实上并未被有效利用。有些高年级学生偶尔有机会进出教师的研究室，注意到这种矛盾的现象，发出抱怨也属理所当然。归根到底，这体现了“资源共享”在大学图书馆还开展得不充分。

二、职员缺乏和专职化程度减弱

国立大学图书馆经过数次削减定员，专职馆员一直在减少，代之以大量聘用临时职员，于是成为非正式职员人数众多的图书馆。私立大学由于生源的减少以及受经营效益驱动，也大量裁减专职司书，越来越依赖临

---

① 徐云，许蕾．日本大学图书馆评估刍议[J]．图书馆建设，2009(2)．96—97.

时职员或派遣职员。

表 4-8　4 年制大学图书馆职员人数的变化情况

	1990 年	1995 年	2000 年	2003 年	2006 年	2007 年
专职馆员	7 926	8 078	7 575	6 895	6 013	5 802
临时职员	3 211	4 098	4 497	4 433	4 580	4 469
派遣职员等	—	—	—	—	2 159	2 395

（根据《日本的图书馆》整理而得）

从表 4-8 可以看出：日本 4 年制大学图书馆自 1994 年起，专职馆员持续减少。国立大学在独立法人化之后，各部门职员的录用还坚持对图书馆情报学专业知识进行测试，但私立大学图书馆越来越不重视馆员的专业性及其经验和经历，将司书安排到其他部门任职的现象也非常普遍。

日本大学图书馆虽然同公共图书馆等其他类型的图书馆一样面临经费紧张、馆员专职化程度减弱等问题，但自 20 世纪 80 年代以来，随着自动化、信息化进程的不断加快，在现代网络环境下，日本大学图书馆高度重视文献资源的共建共享，通过开展电子期刊联盟、网络联机编目、馆际互借、构建学术机构数据库等业务，为日本高校科教事业的发展做出了巨大贡献。资源共建共享已成为世界各国广泛关注的重要课题，日本大学图书馆在资源共建共享方面取得的成绩和经验，值得我国图书馆界学习和借鉴。

参考文献：

1. 綿抜豊昭. 図書館文化史[M]. 東京：学分社，2006：98.
2. 奥泉和久. 近代日本公共図書館年表 1867—2005[M]. 東京：日本図書館協会，2009：144.
3. 何静. 日本大学图书馆发展概况——从创立到七十年代. [J]. 图书馆杂志，2006(6)：56—58.
4. 李国新. 日本图书馆法律体系研究[M]. 北京：北京图书馆出版社，2000：167—179.

5. 侯玮青. 日本国立大学法人化与国立大学图书馆的变革[J]. 图书馆杂志,2007(3):53—56.
6. 国立情报学研究所. ILL 流動統計(館種別)(平成 20 年度)[EB/OL]. [2009-11-14]. http://www.nii.ac.jp/CAT-ILL/archive/stats/ill/flowdata.html
7. 平成 20 年度「学術情報基盤実態調査」の結果報告について[EB/OL]. [2008-10-23]. http://www.mext.go.jp/component/b_menu/other/_icsFiles/afieldfile/2009/10/29/1286251_1.pdf
8. 私立大学等経常費補助金[EB/OL]. [2009-11-1]http://www.shigaku.go.jp/s_hojo.htm
9. 小野亘. 国立大学法人化と図書館職員の採用[J]. 図書館雑誌,2004(8).515.
10. 富田健市. 国立大学図書館における一般開放への取り組みについて[J]. 図書館雑誌,2008(2).88—90
11. 佐藤義則. NACSIS-CATと大学図書館のコレクション[J]. 図書館雑誌,2008(2).100—102.
12. 徐云,许蕾. 日本大学图书馆评估刍议. 图书馆建设,2009(2):94—97.
13. 塩見昇. 図書館概論[M]日本図書館協会,2008:174—181.
14. 尤冬青. 日本高校图书馆评估体系述评[J]. 高校图书馆工作,2004(5).
15. 陈枝清,李艳丽. 日本大学图书馆资源共建共享方式介绍[J]. 图书馆建设,2009(6).
16. 王慧秋,于岩洪. 日本的学术政策、高等教育政策和大学图书馆政策[J]. 图书馆杂志,2001(10).
17. 日本の図書館統計[G][2009-08-30]http://www.jla.or.jp/statistics/index.html
18. 日本図書館協会図書館ハンドブック編集委員会. 図書館ハンドブック第 6 版[M]. 東京:日本図書館協会,2005:150—160.

第五章
日本专业图书馆和特种图书馆

第一节　专业图书馆

根据日本图书馆协会《图书馆术语集》修订第3版，对专业图书馆的定义是："收集、整理、贮存特定的专业主题领域的资料，供该专业领域的使用者利用的图书馆"。①

专业图书馆主要有以下特性：首先应该有一个设置专业图书馆的主体组织，所谓主体组织是指出于自身需求而设立专业图书馆的营利性企业、协会、政府机关或其他具有特殊利益的集团。该组织为顺利实现其专业领域的目标，需要相关的资料和情报，于是设立一个作为业务部门的图书馆(室)。该图书馆所处理的资料和情报属于"特定的专业主题领域"的内容，这也是专业图书馆区别于其他图书馆的主要特点。

一、专业图书馆类别

日本专业图书馆中既有政府根据法律和制度而设置的图书馆，如国家的立法、司法、行政部门的图书馆和地方议会图书馆；也有民间企业或组织根据需要而设置的图书馆。这类图书馆千差万别，其确切数量难以

---

① 塩見昇. 図書館概論[M]新訂版. 東京：日本図書館協会，2008：184.

统计。按照惯例，日本专业图书馆协议会每3年对各专业图书馆进行一次实际情况调查，并据调查结果编制发行《专门情报机关总览》。2009年版的调查结果如下：

表5-1 2009年日本专业图书馆类别数量情况

专业图书馆类别名称	数 量
国家、政府机关、公共企业体	166
地方议会、地方企业体	247
公共图书馆	145
大学及附属研究所	504
学会、协会、团体	178
民间企业体	201
国际机关、外国政府机关	21
美术馆、博物馆	174
其他	103
合计	1 739

（出处：専門情報機関総覧.2009年版[M].東京：日本専門図書館協議会，2009.）

国家、政府机关所属的图书馆中，既有据法律法规设立的图书馆，如根据《国会法》第130条及《国立国会图书馆法》设立的国立国会图书馆，根据《裁判所法》第14条第4款设立的最高裁判所图书馆，根据《国立国会图书馆法》第20条设立的定位为支部图书馆的行政、司法部门的图书馆等；也有属于相关政府机关、独立行政法人、公共企业体的图书馆，如日本政策投资银行情报中心、科学技术振兴机构情报资料馆、日本原子能研究开发机构图书馆、日本贸易振兴机构JETRO的商务图书馆等等，名称也是千差万别。

根据《地方自治法》第100条第14款的规定，必须设置地方议会图书室。与国会有国立国会图书馆一样，地方议会也有义务设立供议员们调查研究使用的图书室。这些图书室不仅供议员使用，还面向普通居民开放(同条第15款)。

加入专业图书馆协议会的公共图书馆为数不多，一般须符合下列条件:地区行政资料馆藏丰富者;积极收集与商务有关的资料和情报,能够满足企业和商家的参考需求等。如富山县立图书馆、神奈川县立川崎图书馆等,多为大型的县级图书馆。

大学的系级图书馆、附属研究所图书馆与综合图书馆(校图书馆)相比,其馆藏以特定领域的专业资料为重心,具有很强的专业特色,如医学图书馆(大学医学系、医科大学图书馆、医院图书馆等)即是典型范例。

日本专业图书馆中,由学会、协会以及各种公益法人等设置的团体性图书馆也很多。它们收集、保存各自所需的资料和情报,以供会员等使用。由于这类图书馆多具公益性质,因此一般对公众开放。

《专门情报机关总览》中包含了大量民间企业的图书馆,它们的名称各种各样,如图书室、资料室、调查部、情报管理部、情报中心等。这些图书馆除收集保存与企业相关的情报外,还负责编辑企业的内部刊物和企业发展史。一般情况下,这类民间企业要办一个独立的图书馆,则该企业必须具有一定的规模。

涉外机构的图书馆,例如美国中心参考资料室(原美国文化中心)、德意志文化中心图书馆和各国大使馆宣传部(资料室)等,则专门收集和保存涉及各国政治、经济、社会、科学技术、艺术等各方面的情报和资料。

美术馆、博物馆本身就属于社会教育设施,其内部所设立的图书室、资料室也是本领域的专业图书馆。如东京都就与公立图书馆一起,配备共同司书来管理这类专业图书馆。

二、 专业图书馆的特色

专业图书馆是“组织的图书馆”,从其性质来说,是为设置主体服务的图书馆。因此根据其企业团体的业务目标(研究、调查、开发、市场营销等),积极提供完善的信息服务是专业图书馆基本的任务。

专业图书馆在对信息情报进行整理分类方面,采用的方法与其他种类的图书馆基本相同,同样开展资料收集(选书、订货、购买等)、资料整理(入藏、分类、标目、装备、排架、保存)、保存剔除、提供(阅览、出借、复制、参考)等业务。但是专业图书馆的馆藏资料集中在特定领域,服务的对象也是特定领域的专业人士或组织,作为一个特定类别的图书馆有一些显著的特点。

（一）专业性

由于专业图书馆有着十分明确的设立目的以及服务对象,其馆藏资料基本上被限定在某些专业领域,具有很强的专业性。专业图书馆在资料收集方面强调“内容重于形式”,例如不太重视“本国和外国”、“一般和专业”以及“学术和商业”等的区分。

（二）形式多样性

与其他图书馆馆藏以平面媒体的书刊资料为主不同,专业图书馆的馆藏资料在形式上更为丰富多样。除传统的书刊之外,还有宣传册、企业内部资料、电子资料和数据库等,可谓“跨媒体、多平台”。其可供查阅的资料信息不仅涵盖市场上公开出售的图书杂志,还包括所谓的“灰色文献”(gray literature 包括政府机关的政策文件、民营研究机构的调查报告、民间团体编制的报告书和意见书、讲演会等散发的资料、企业内部出版物、技术报告、学会等的会议记录、学位论文等。这些文献通常不经过常规的出版物流通渠道、发行份数很少,且属仅分发给特定对象的非赢利性资料,因此获得途径有限,但内容却相当重要),甚至也包括人员、组织、机关等无形资产。只要是相关专业领域的资料,不论其形式、载体、种类如何,都会被收入专业图书馆。

（三）非公开性

专业图书馆的使用者基本上都是主体机关的成员。特别是那些企业内部图书馆,基本不对外开放。其中对外公开的专业图书馆比例还不到总数的13.7%,OPAC(Online Public Access Catalogue 公共电子书目)开放的比例仅有3%左右。[①]一般公共图书馆不会保留读者的使用记录以保

① 豊田恭子.専門図書館の管理[M].東京:日本図書館協会,2000:215.

护服务对象的隐私，而专业图书馆却力求做到对“时间、人物、事件”的完整记录。它不仅要满足使用者对文献的需求，甚至对其行为习惯以及心理状态也要有充分的了解。除此之外，专业图书馆还须与机构内其他部门保持密切联系，广泛征求各方意见。从这一点来看，专业图书馆之所以“非公开”，主要是出于“为特定人群提供更好的服务”。

此外，其他种类的图书馆都有相应的法律条文以规定其法定义务和权利，而专业图书馆则没有相对应的图书馆法。

三、专业图书馆的规模及人员配备

由于设置主体不同，日本各专业图书馆的规模也不尽相同，大多数规模都较小。据 2003 年 1 月的统计，日本企业内部图书馆中，约 70%的管理人员在 5 人以下，只有一名管理人员的图书馆也并不罕见。列入前面提到的《专门情报机关总览》中的图书馆，25.3%仅有 1—2 名职员，15.8%资料室面积不足 100 平方米，17.6%藏书不足 1 万册，27.8%座位不足 10 个，近 50%每年购买资料的费用不足 1 000 万日元；平均藏书量为 147 211.6 册，平均面积为 1 609.1 平方米。①

专业图书馆的规模小，其职员的录用和配备一般都由设置主体的人事部门负责。如何将有限的职员培养成情报专业的能手、充分发挥每位馆员的潜能是专业图书馆的一个大课题。根据前述《总览》的调查结果，在接受调查的图书馆中，拥有司书资格职员的专业图书馆占 63%，拥有学艺员（博物馆和美术馆的专职管理员）资格职员的占 15%。②

日本专业图书馆协议会正在积极为专业图书馆馆员开展各类进修活动，内容包括情报管理的知识和技巧、参考咨询服务、主题知识、新技术的适应能力、著作权等，以提高馆员的专业素养和综合能力。

① 専門情報機関総覧 2009 年版[M]. 東京：日本専門図書館協議会，2009：760—788.

② 塩見昇. 図書館概論[M]. 新訂版. 東京：日本図書館協会，2008：191.

四、各具特色的专业图书馆

(一)明治大学米泽嘉博纪念图书馆

该馆位于东京都千代田区原明治大学校园内,是在米泽嘉博(毕业于明治大学的已故日本知名漫画评论家)的遗孀捐赠其夫生前10余万册藏书的基础上建成的。明治大学国际日本部副教授森川一郎称“其中包括连国会图书馆都没有的珍贵书籍”,其馆藏价值可见一斑。同时,该图书馆也是馆藏漫画文献价值最高、规模最大的专业图书馆,收藏有昭和中期的《少年》及《铁人28号》等珍贵书刊。

(二)防灾专业图书馆

1956年(昭和31年),社团法人全国灾害共济会收集整理与“重大灾害的防范、应急和灾后重建等”相关的文献资料,建成防灾专业图书馆。因为所藏资料的特殊性,防灾图书馆在文献分类上也较为独特,大致可分为一般灾害(包括气象和地方灾害史)、火灾、洪水・暴风雪灾害、地震・火山爆发・海啸・涨潮等重大灾害、交通灾害(包括群体骚乱灾害)、农业灾害、煤矿工业灾害、公共灾害(包括放射能源引起的污染)、战争灾害和其他普通灾害等。在体现专业的前提下,其馆藏文献的涉及面相当广泛,包括地方公共团体的概况、火灾和消防统计、交通事故统计、地区防灾计划书、环境报告书、地方史等等,具备很高的研究和参考价值。馆内的图书为闭架式陈列,但杂志则采取开架式陈列。该图书馆除提供防灾文献服务外,还负有向中央及地方政府提供相关防灾参考、灾后重建和提高国民的防灾意识等职能。防灾专业图书馆是日本当前最具规模的灾害防治机构之一,充当着为政府出谋划策的“智囊”角色。①

(三)航空图书馆

日本航空图书馆由财团法人日本航空协会于1955(昭和30)年4月1日创立,是日本目前唯一的航空专业图书馆。它设在日本航空会馆6楼,

---

① 全国市有物件災害共済会[EB/OL][2009-12-21]http://www.city-net.or.jp/jigyou_sub5_2.html

为读者提供各类航空专业书籍和研究资料，旨在提高人们对航空领域的关注，普及和振兴日本航空事业。航空图书馆实行的是免费阅览制，读者入馆阅览只需登记姓名和联络地址即可；若要外借，则需登记付费。此外，该图书馆也开展资料复印业务；其开馆时间为周一至周五的上午 10 点至下午 5 点。馆内的专业资料内容丰富，从航空新闻、航空贸易、航空通信等实用性书籍到航空史、航空统计年鉴、航空技术等研究性文献无所不包。目前，日本航空图书馆馆藏基本情况为：单行本 10 000 册（外文书籍 4 000 册，日文书籍 6 000 册），期刊杂志 200 余种（外文杂志 45 种，日文杂志 55 种，相关资料 100 余种），杂志合订本 2 000 册，录像带 220 多盘；此外，馆内还存有不少航空剪报。总的来说，该馆无论在资料种类抑或在资料数量上都相当可观。①

（四）日本放送协会放送博物馆图书室（NHK 放送博物馆图书室）

日本放送协会放送博物馆图书室（以下简称 NHK 放送博物馆图书室）位于东京都港区的爱宕。放送博物馆是为纪念 NHK 开播 30 周年而于 1956（昭和 31）年创立的，它也是世界上首个广播博物馆。博物馆设有图书室，主要提供广播方面的相关资料，任何人都可进入免费阅览。

放送博物馆图书室的藏书专业性强，总计有 6 500 余册图书和 20 余种杂志，内容涉及广播传媒文化、电力工学和无线工学等相关领域。NHK 放送技术研究所和放送文化调查所的期刊杂志，以及日本放送出版协会的出版物在该馆收藏最为齐全。该馆馆藏中，不乏极具纪念价值的珍贵资料，如大正末创刊的全套《电台的日本》及《无线和实验》等期刊。最引人注意的，是该馆藏有 6 000 多份广播脚本，此外还有一些经典广播和电视节目，以及电视连续小说和大河剧的台词脚本等，皆具极高的文献价值。②

---

① 財団法人日本航空協会[EB/OL][2009-12-21]http://www.aero.or.jp/koku_tosyokan/koku_toshokan.html

② NHK 放送博物館図書室[EB/OL][2009-12-21] http://www1.parkcity.ne.jp/bibkid/lgui3.html

五、 专业图书馆面临的问题和挑战

随着信息通信技术的飞速发展，专业图书馆可以充分利用互联网来发挥自己的优势，开展各类具有特色的情报服务，向社会展现其存在的意义和价值；但另一方面，也有可能由于没有很好地顺应需求，成为其设置主体的无关紧要的部门而遭遇淘汰。因为专业图书馆的资金通常来源于其设置主体的财政拨款，如果主体的经营不景气，图书馆便首当其冲地遭受预算削减。因此，专业图书馆应该“通过使用者的满意度或者图书馆的优质服务对使用者产生的有用价值”来争取生存空间；同时必须充分把握主体机关的方针和经营状况，并依其制定相应的经营规划。这里的经营规划不只包括年度计划，对于短期、中长期、长期计划也必须加以重视，时刻准备调整自己的经营策略。

为此，积累和充实主体机关内部的信息和资料，同时充分利用外部数据库，对形式多样的情报资源进行有组织的收集和提供，对专业图书馆来说是至关重要的。着眼于“活用”，致力于最新、最有用的资料和信息，是专业图书馆、特别是企业和科技系统的图书馆必须应对的问题和挑战。

另外，随着信息技术的日新月异，使用者获取信息越来越方便。通过网络，世界各地的使用者可以直接接触到海量的信息资源，对于图书馆的依赖度越来越低。当然，这不仅是专业图书馆面临的问题，所有的图书馆都面临这样的问题。

专业图书馆的规模普遍较小，在人员方面也没有独立的人事管理机制。专业图书馆如何将本来就为数不多的职员培养成为既有高效处理信息情报的专业知识、又能胜任多种岗位需求的专职馆员，已成为一个重要课题。

第二节 特种图书馆

“特种图书馆”是指除国立、公共、学校、大学以及专业等图书馆之外的、专为特殊人群而设的图书馆，它们的服务对象、服务方式皆不同于上述其他图书馆。本节将对日本各类特种图书馆的制度、特点、现状等作一

简要介绍。当然，那些特殊人群并不被排斥在公共图书馆的服务对象之外。

一、 盲文图书馆

盲文图书馆指的是收集和保存专为视觉障碍者制作的盲文及录音资料、专为视觉障碍者提供服务的图书馆。这类图书馆是根据日本《身体障碍者福利法》的相关规定而设立的。

日本的盲文图书馆属厚生劳动省管辖，根据2003年3月颁布的《身体障碍者社会参与支援设施之设备及运营相关标准》及《身体障碍者再生援护设施之设备及运营相关指针》的规定，盲文图书馆"以盲文出版物及视觉障碍者用录音制品的外借和阅览业务为主，同时开展盲文翻译和朗读服务等方面的指导教育以及图书奖励和读者交流业务等"。它应备有7 000册以上的图书，通过盲文图书馆相互之间的合作进行馆际图书互借；并与公共图书馆合作，"以扩充视觉障碍者读书范围为目标，同时基于有关图书馆资料使用的读者交流，相应地展开读书的指导和奖励活动"。

从日本《著作权法》中我们也可以对盲文图书馆的特色有所了解。该法第37条第3款规定：盲文图书馆应该"能够将公开发表的作品专门提供给视觉障碍者，或者为应用于自动公众传播（包括传播推广）进行录音，或者为专门向视觉障碍者提供有关作品而利用其录音产品进行自动公众传播"。据此，则即使在没有获得著作权所有者许可的情况下，盲文图书馆也可以制作录音资料并提供自动公众传播，这是公共图书馆所没有的权利。另外，对于盲文资料，《著作权法》第37条第1款规定："可以对公开发表的著作进行盲文版的复制"。这一规定并无图书馆类别方面的限制。

另外，在《邮递事业株式会社国内邮递条款》第34条中规定，获得指定的盲文图书馆在邮递提供给视觉障碍者的已开封盲文图书或录音图书时，来回的邮费均可免除。这是针对不能直接来馆使用盲文资料的用户而制定的专门制度。①

自从1935年岩桥武夫开设LightHouse(现在为日本Light House盲人信息文化中心)、1940年本间一夫开设日本盲文图书馆以后,根据日本图书馆协会出版的《日本图书馆统计》2008年版的数据,迄今为止,日本有101家盲文图书馆。每个县均有一家盲文图书馆,像山口县盲文图书馆那样设立在县立图书馆内、同时委托社会福利协会等民间组织管理运营的盲文图书馆是很多的。这些图书馆馆藏资料的制作完全依赖志愿者的帮助,是由许多人的爱心共同支撑起来的。

为了节省人力和时间,避免对同一盲文图书或录音图书进行重复制作,尽可能地对已有资料进行充分有效的利用,全国视觉障碍者情报提供设施协会(全视情协)通过其所运营的"NAIIVnet"网站提供盲文图书和录音图书藏书目录(包括初始信息)盲文数据的下载,同时还建立了同公共图书馆和大学图书馆进行交换的网络系统。截至2009年4月,"NAIIVnet"网站已收有盲文图书资料10万余种,录音图书藏书目录45万余种,是日本目前拥有盲文资料最多的网站。②

二、 医院患者图书馆

以医师和护士等医院职员为主要服务对象而提供专门资料信息的医院图书馆属于专业图书馆的一种;除此之外,日本有条件的医院还设有以入院患者为主要服务对象、为患者提供安慰性阅读服务以及满足患者了解自身疾病和健康状况之需求的患者用图书馆。尽管是患者用图书馆,但并非与医院图书馆截然分开,患者与医院职员可以使用同一图书馆设施。

日本最早研究患者图书馆的菊池佑(日本医院患者图书馆协会代表)在其所著《医院患者图书馆》(出版新闻社,2001年)一书中,对日本医院患者图书馆的情况作了详细介绍,其中提到了很多欧美国家的实践经验。

---

① 塩見昇. 図書館概論[M]. 新訂版. 東京:日本図書館協会,2008:193—194.

② 日本全国視覚障害者情報提供施設協会[EB/OL][2009-12-7]http://www.naiiv.gr.jp/.

欧美国家提倡令患者通过阅读重新获得生活的勇气,因此在医院里设立了患者图书馆,同时公立图书馆也为住院患者提供书籍配送服务。但在日本,医院患者图书馆起步不久,且发展缓慢。日本《医疗法》第 22 条规定地方医疗支援医院有义务设立图书室,但这只是关于医院职员图书馆的规定,目前尚无针对患者设立图书馆的规定。根据日本医院图书馆协会 1994 年对协会成员的调查,在发出的 1 200 份问卷中共回收 608 份,其中为患者提供服务的图书馆有 217 家,占回收问卷总数的 36%,与该协会大约每隔 10 年所作的前 2 次调查结果相比,为患者提供服务的图书馆正在逐渐增加。1995 年召开的日本全国图书馆大会全体会议采纳了“寻求推进和扩充面向患者的图书馆服务的建议”,从而使这一课题普及到了整个图书馆界。

2002 年,静冈县立癌症中心配有专职司书的患者图书馆“翌桧图书馆”诞生,这引起了人们的普遍关注。此后,2005 年,岛根大学医学部附属医院设立了患者图书室“Flat”,2006 年,千叶县癌症中心也设置了配有司书的患者图书馆。这些事件通过媒体的宣传引起社会广泛关注,一时成为热点话题。有关岛根大学“Flat”的情况,请参看《大家的图书馆》2007 年 1 月号的有关介绍:

“从正门经过自动门进入综合大厅,其面积约为 25 平方米。使用者为入院患者、外来患者以及他们的陪同人员,在这方面并无特别的限制;只是在书籍的外借方面,只允许入院患者及其陪同者将书带出病房。其藏书约为 2 000 册,同时备有 2 台可以上网的电脑。图书馆由医疗服务课所属的 1 名司书负责运营,另有志愿者 1 名于该司书不在时提供辅助。该馆已向出云市立图书馆以集体外借的形式借出了 500 册左右的图书,其中的一半以每月一次的频率进行更换。所借出的为小说、纪实(nonfiction)以及画册等一般书籍。2005 年的图书馆使用情况:每天平均到馆 38 人,借出 21 册图书,互联网使用 6 次。”①

① 塩見昇.図書館概論[M].新訂版.東京:日本図書館協会,2008:194—195.

近年来,日本社会对医院患者图书馆和针对患者的图书馆服务的关注度不断提高,这也反映了人们对于医疗现场“知情同意”(Informed Consent)的重要性的认识在提高。患者对于自身病症和治疗方法的了解,对于配合医院治疗、取得理想的治疗效果来说,是不可或缺的。另外,为了充分满足患者在接受治疗期间的阅读需求和求知欲望,公共图书馆应该在合作借阅以及访问服务等方面对医院进行援助。首先应该树立将入院患者作为服务对象的意识,同时,医院与图书馆还应就如何保护患者的资料信息等进行协商,积极稳妥地开展对患者的服务。

三、 监狱图书馆(服刑图书馆)

监狱图书馆是设置于监狱、拘留所、少年院和少年鉴别所等处的矫正设施,是供服刑者使用的图书馆。

日本 2007 年制定的《有关刑事收容设施及被收容者等处分待遇的法律》第 8 节第 72 条,对建立监狱图书馆作了明确规定:

1. 刑事设施的官长应该致力于通过提供日刊报纸以及播放报道节目等方法,尽可能地给被收容者提供接触主要时事报道的机会;
2. 根据第 39 条第 2 款“休息时间活动的援助”中所规定的援助措施,刑事设施的官长应在刑事设施内备有书籍等物品。此时,对于备有书籍的阅览方法则由刑事设施的官长决定。

无论是提供接触时事报道的机会,还是对于犯人休闲时间的阅读提供援助,所有这些都需要由刑事设施的官长来决定,因此日本学者认为,这是一种“作为恩惠的阅读”。①

目前,日本在以矫正教育为工作重心的少年院等机构设置矫正图书馆的情况比较多。所谓矫正图书馆是指在收容所里对顽劣少年及犯罪者进行的使其能够重返社会、适应社会生活的善意指导,帮助其弃恶从善,不致再犯。这类图书馆的馆藏以预防犯罪方面的文献为主,属于刑事政

① 塩見昇.図書館概論[M].新訂版.東京:日本図書館協会,2008:194—195.

策中纠正教育的设施之一。

参考文献：

1. 専門情報機関総覧 2009 年版[M]. 東京：日本専門図書館協議会，2009.
2. 塩見昇. 図書館概論[M]. 新訂版. 東京：日本図書館協会，2008：184—195.
3. 河島正光. 専門図書館[M]//図書館情報学ハンドブック. 丸善，1999.
4. 豊田恭子. 専門図書館の管理[M]. 東京：日本図書館協会，2000：215.
5. 日本図書館協会図書館ハンドブック編集委員会. 図書館ハンドブック第 6 版[M]. 東京：日本図書館協会，2005：140.
6. 田辺則明. 専門図書館からみたインターネットの功罪[J]. 情報管理，2002(2)：93.
7. 日本全国視覚障害者情報提供施設協会[EB/OL][2009-12-7]http：//www.naiiv.gr.jp/.

第六章 日本图书馆法律体系

第一节 演进发展

日本图书馆法的演进历史，与日本图书馆事业的发展一样，很大程度上是以二战后的教育制度改革运动为分水岭。战前，为图书馆法制建设的启蒙阶段和草创阶段；战后，随着现代意义的图书馆专门法的颁布，日本图书馆法律体系建设才真正进入了规范的发展阶段。

公元607年，圣德太子(574～622)建立的私人藏书楼“梦殿”是日本最早的图书馆；701年(大宝元年)，日本仿照中国隋唐制度制定了《大宝律令》，在中务省设图书寮以收藏并管理图书。[①]不过，此后日本对于图书馆的相关规定，具体内容都包含在当时的教育法中，并没有制定独立的专门规章。随着明治维新开始，西方文化对日本的影响不断扩大，日本传统的“书籍馆”开始逐渐向近代图书馆转化。当时，图书馆的定位仍然是官僚机构的一个组成部分，主要通过天皇“敕令”的形式进行规范。1879年(明治12年)日本颁布《教育令》，规定全国的“书籍馆”统归“文部卿”监督管理，这被认为是日本历史上最早的政府部门专门针对图书馆管理的行政规定。[②]

---

① 綿抜豊昭. 図書館文化史[M]. 東京：学分社，2006：56—57.

② 奥泉和久. 近代日本公共図書館年表 1867—2005[M]. 東京：日本図書館協会，2009：10.

1890 年(明治 23 年),日本颁布《小学校令》,第一次在政府文书中以“图书馆”一词取代了“书籍馆”。1897 年(明治 30 年)4 月,根据贵族议员外山正一等发起的建议,日本政府制定了《帝国图书馆官制》,帝国图书馆作为官立图书馆开始运作。直到 1899 年(明治 32 年),日本才颁布了第一部专门的图书馆法令——明治《图书馆令》。它的诞生,与“明治维新”过程中强调“教育是首要国策”以及“义务教育制度”的普及有相当密切的关系。随着国民文化水平的提高,民众读书热情高涨,读书群体不断扩大,日本各地公立私立图书馆的数量也迅速增加。明治《图书馆令》从文部省咨询机构“高等教育会议”向文部大臣提出草案到审议通过,仅用时 7 个月,内容相对简单,一共 8 条,其主要规定是:图书馆的设置、撤销实行“认可制”与“申请制”,即公立图书馆的设置、撤销由文部大臣“认可”,私立图书馆则向文部大臣“申请”;此外还明确了图书馆职员的任免制度以及公立图书馆征收“阅览费”的制度。①1933 年(昭和 8 年),日本又在 1906 年(明治 39 年)、1910 年(明治 43 年)两次修正的基础上,对明治《图书馆令》作了一次比较全面的大修订,修订重点是明确规定“图书馆与社会教育有关,为社会教育设施的一环”,强化了公共图书馆作为社会教育主要机构的地位。同时,明确了图书馆的目的,即“收集保存图书、记录以供公众阅览,为公众的文化修养和学术研究提供帮助”;确立了中央图书馆制度和图书馆设置的认可制。这次修订以《改正图书馆令》的名义颁布,尽管没有解决费用开支、国库补助和都道府县市町村设置图书馆等方面的问题,该法令仍然是日本战前最为详尽的图书馆专门法令。

第二次世界大战后,在美国的主导下,根据美国专家的考察意见,日本国家图书馆和议会图书馆合并成为国立国会图书馆;而两大图书馆的合并,首要工作就是制定法律规范。根据 1947 年日本新《国会法》第 130 条的规定,“为了帮助议员进行调查研究,根据另外的专门法律,在国会设置国立国会图书馆”。所谓“另外的专门法律”就是《国立国会图书馆法》。

① 奥泉和久.近代日本公共図書館年表 1867—2005[M].東京:日本図書館協会,2009:25—27.

1948年2月9日,《国立国会图书馆法》颁布,这是日本最早颁布的图书馆专门法律,也是日本现行的图书馆法律体系“三大支柱”之一,标志着国家图书馆体制在日本以法律形式最终确立。

战后的日本开始全面改革,图书馆改革也是当时教育改革的一部分。在日本文部当局和图书馆界人士的共同努力及美国的帮助下,于1946年4月(昭和21年)开始调查讨论,历时4年,最终完成新的图书馆立法——日本《图书馆法》,1950年4月30日(昭和25年)正式颁布。与战前的《图书馆令》相比,这部新的《图书馆法》的立法过程,也是日本图书馆服务理念提升的过程,它标志着新的服务理念成为日本图书馆界人士的共识。其主要内容有:1.确认了图书馆的“公共特质”,规定图书馆的设置主体只能是地方公共团体和民法第34条规定的法人;2.关于图书馆的设置与废止问题,取消了“认可制”,实行报告及申报制度;3.明确图书馆的服务功能,提出理想的新的图书馆经营方式;4.废除了“中央图书馆制度”;5.确立了公共图书馆的“免费服务制”;6.完善了图书馆员的“职员制度”,确立职员的研修途径;7.认可了私立图书馆的“独立自主性”,允许其“自由经营”;8.采纳了“图书馆同类设施”的概念。为纪念这部《图书馆法》的颁布施行,在1971年召开的日本全国图书馆大会上,规定其颁布日4月30日为“图书馆纪念日”,每年5月为“图书馆振兴月”。

作为日本图书馆法律体系“三大支柱”之一的《学校图书馆法》,也是第二次世界大战后日本教育改革的直接产物。随着1947年《教育基本法》和《学校教育法》的同时颁布,教育改革的观念不断深入,学校图书馆的作用被重新认识。《学校教育法施行规则》第1条明确规定,“学校为了实现自身的目的,必须设置图书馆或图书室”等设施。为此,1950年成立的全国学校图书馆协议会(SLA)积极推动《学校图书馆法》的制定。在国会参众两院议员的支持下,《学校图书馆法》以“议员立法”的形式获得通过,并于1953年8月8日颁布,1954年4月1日开始实施。

经过50多年持续不断的努力,日本以《宪法》精神为宗旨,以《教育基本法》、《社会教育法》为基础,先后制定了《国立国会图书馆法》、《图书馆法》和《学校图书馆法》的为图书馆专门法的"三大支柱",加上陆续颁布的大批配套施行的相关规章及法规条例,图书馆法律体系逐步形成,使日本成为世界上图书馆法律体系较为完备的国家之一。

第二节　框架结构

日本的各类图书馆均依据法律设置。图6-1为日本图书馆法律体系图。

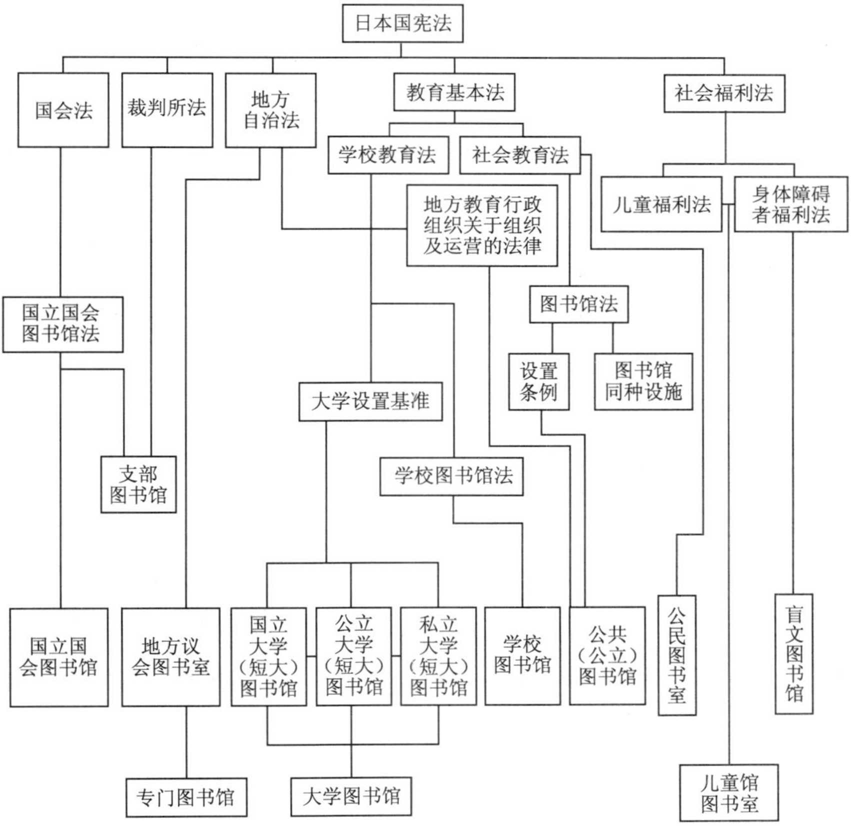

图6-1　日本图书馆法律体系图

(出处:塩見昇.図書館概論[M].新訂版.東京:日本図書館協会,2008:88.)

《日本国宪法》:1946年11月

第25条:(生存权以及国家的社会使命)

所有国民拥有享受健康的、文化性的最低限度的生活权力。

第26条:(接受教育的权力)

所有国民,拥有平等接受教育的权力。

《教育基本法》:1947年3月制定、2006年12月修正

第3条:(终生教育的理念)

努力构建每位国民能够终身利用所有的教育机会、所有的教育场所进行学习、并恰当地活用学习成果的社会,使每一位国民都能够完善自己的人格、度过丰富的人生。

第12条:(社会教育)

1. 应个人和社会的要求,由社会开展的教育活动,应该由国家和地方政府进行奖励。

2. 国家和地方政府必须通过设置图书馆、博物馆、公民馆及其他教育设施、利用学校设施、提供学习机会、提供情报等恰当的方法努力振兴社会教育。

《社会教育法》:1949年6月

第3条:(国家和地方政府的任务)

1. 国家和地方政府要根据本法律和其他法令的规定,通过设置并运营对社会教育进行奖励所需要的设施、召开集会、编制并颁布资料等,努力创造全体国民能利用所有机会、所有场所自然而然地结合实际生活提高文化素养的氛围。

2. 国家和地方政府在完成前项任务时,要符合国民学习的各类需要,与之相适应地提供必要的学习机会并进行奖励,努力振兴终身教育。

第9条:(图书馆及博物馆)

1. 图书馆及博物馆是服务于社会教育的机构。

2. 有关图书馆及博物馆的具体事项,由另外的法律规定。

这里提到的图书馆，其中公共图书馆、学校图书馆和大学图书馆都可以认为是以《宪法》及《教育基本法》的理念为基础、依据《社会教育法》或者《学校教育法》而设置的，从体系中可以清楚地看出，图书馆被明确定位为教育机构或场所(宪法第26条规定的"有接受教育的权利"中更加具体化的教育和学习所必备的环境)。

公共图书馆有《图书馆法》，学校图书馆有《学校图书馆法》，但是大学图书馆却没有相应的专门法律，其所依据的是文部科学省的省令《大学设置基准》。《学校教育法实施规则》(文部科学省令)第1条规定："学校为实现该学校的目的必须设置所需的……图书馆或者图书室……"可见学校(包括大学)有义务设置图书馆是一条强制性的规定。

公立图书馆除了前述教育法体系中的定位，另外在《地方自治法》以及《关于地方教育行政的组织以及运营的法律》(简称《地教行政法》)30条中均规定为"教育机构"。

除了定位为教育机构的公共、学校以及大学图书馆之外，日本图书馆系统中最高级别的国立国会图书馆，是根据《国会法》—《国立国会图书馆法》设置的，其主要功能是为国会的立法活动提供服务，同时也将图书馆的服务法制化。

除了图6-1中提到的各种图书馆之外，日本还有法人、研究机构、企业等设置的图书馆(总称为专业图书馆)，以及由私人设置并运营的图书馆和各种文库。原则上，上述这些图书馆的管理和运营国家或者公共机关并不参与，当然也就没有相应的专门法规。

盲文图书馆属厚生劳动省管辖，是根据《身体障碍者福利法》第28条关于"身体障碍者社会参加支援设施"的规定以及第34条关于"视听觉障碍者情报提供设施"的规定设置的。日本的视听觉障碍者情报提供设施分为盲文图书馆、盲文出版设施和听觉障碍者情报提供设施3种。

除了相关直接的法律之外，近年来日本政府为遏止国民对文字的疏离，大力提倡终身学习和儿童读书，以振兴文字、弘扬铅字文化为宗旨的法律也在不断地制定出台。这些法律均含有建设、追求完善和充实图书馆的内容。陆续颁布的有《终身学习振兴法》(1990 年 6 月)、《儿童读书活动推进法》(2001 年 12 月)和《文字、铅字文化振兴法》(2005 年 7 月)等。

第三节 基本内容

在日本图书馆法律体系中,由国家颁布的图书馆专门法主要是三部:1948 年的《国立国会图书馆法》、1950 年的《图书馆法》、1953 年的《学校图书馆法》,习惯上称为“图书馆三法”,构成了日本图书馆法律体系的基本框架。

一、《图书馆法》

(一) 概要

日本的《图书馆法》是 1950 年 4 月 30 日颁布的(编号 118 号),同年 7 月 30 日施行。这是日本现代图书馆法律体系建设的开端。该法共包括四大部分:第 1 章《总则》(第 1 条—第 9 条),第 2 章《公立图书馆》(第 10 条—第 23 条),第 3 章《私立图书馆》(第 24 条—第 29 条)和《附则》。

《总则》第 1 条—第 3 条,分别阐述了立法依据和目的、图书馆的定义和图书馆的任务——提供服务。首先,明确《图书馆法》是依据社会教育法制定,以促进国民教育和文化发展为目的;并界定“图书馆”是指收集、整理、保存图书、记录及其他必要资料,为一般公众利用,以满足其提高文化修养、完成调查研究等需求的设施。其中,地方政府设置的图书馆称为公立图书馆,日本红十字会或一般社团、财团法人等设置的图书馆称为私立图书馆。另外,这部分条款还明确指出图书馆的根本任务是提供服务,要求图书馆的运作须符合当地实际情况和民众的要求,并注意协助开展学校教育。其罗列的主要事项有:

1. 收集图书、记录、视听觉教育资料及其他必要的资料(以下称“图书资料”),同时也应十分注意收集乡土资料、地方行政资料、美术品、唱片、胶片等资料，供一般公众利用。

2. 对图书资料做出恰当的分类排架，并整理编制成目录。

3. 图书馆员应具有丰富的有关图书馆资料的知识，并能利用资料答复读者的咨询。

4. 与其他图书馆——包括国立国会图书馆、地方政府议会附属图书馆以及学校附属图书馆或资料室等密切联系，相互合作，开展图书资料的馆际互借。

5. 设置图书馆分馆、阅览室、订购发书站等，并利用汽车图书馆等流动外借形式开展巡回服务。

6. 主办读书会、研究会、鉴赏会、电影放映会、资料展示会等，并对主办这类活动者实施奖励。

7. 介绍并提供有关时事的情报和参考资料。

8. 利用社会教育中的学习机会，提供活用该学习成果进行教育活动及其他活动的机会，并对参与者实施奖励。

9. 与学校、博物馆、民众馆、研究所等机构密切联系，相互合作。

《总则》第 4 条—第 7 条第 1 款是关于司书和候补司书的定义、任职资格、培训和进修的规定；第 7 条第 2 款是关于图书馆设置及运营的期望标准；第 7 条第 3 款是关于图书馆运营状况如何评估；第 7 条第 4 款是关于提供有关运营状况情报的规定；第 8 条—第 9 条是关于合作委托和公开出版物的收集的规定。

日本《图书馆法》第 2 章、第 3 章为第 10 条—第 29 条(后来经过修订，删除其中 7 条)，内容是关于公立图书馆和私立图书馆的运营管理的相关规定。其中第 10 条—第 12 条是关于图书馆设置、变更、废止等事项的规定；第 13 条—第 16 条是关于馆长任职、协会设置、管理人员资格与组成的规定；第 17 条—第 23 条是关于公立图书馆实行免费制和补助金标准以及申请审批的规定；第 24 条—第 29 条是关于私立图书馆的管理，包括图书馆同等设施设置和设置法人申请的规定等。

日本《图书馆法》自 1950 年(昭和 25 年)4 月 30 日颁布后，前后经过

18次修订，最近一次修订案于2008年(平成20年)6月11日颁布，是当年的法律第59号。从现有条文看，历次修订一共删除了原法案中的7条。各条被删除的时间及当时的法律编号分别是：第11条和第12条，1985(昭和60年)年7月，法律第90号；第18条，2008年(平成20年)6月，法律第59号；第19条和第21条，1999年(平成11年)7月，法律第87号；第22条，1959年(昭和34年)4月，法律第158号；第24条，1967年8月(昭和42年)，法律第120号。历次修订、尤其是2008年(平成20年)6月11日的修订，增加了不少新的内容，总体上更加符合现实要求，具有更强的操作性。

（二）"图书馆服务"观念的确立及其内容解读

日本《图书馆法》第3条明确规定图书馆的根本任务是提供"图书馆服务"并"适应当地情况和一般公众的要求"。这种图书馆服务理念的确立，标志着日本图书馆观念的根本变化，被认为是战后日本《图书馆法》所有规定中"最具深刻意义、深远影响的规定"。过去，日本的图书馆主要作为"思想善导"的机构，只是一个"学生学习的场所"。战后，美国有关专家积极推广以"服务"为核心的西方现代图书馆观念，特别是美国人基尼(Philip O. Keeney)的《关于日本的统一的图书馆组织》系统阐述了如何建立为全体民众服务的图书馆网络问题，对日本图书馆事业的发展方向产生了很大影响。1948年颁布的《国立国会图书馆法》，第一次使用了"图书馆服务"这一概念；而1950年《图书馆法》对这一概念的再次确认，实际宣告日本完全告别了传统的以"思想善导"为核心的图书馆观念，明确了图书馆应立足于提供国民所需要的服务，即图书馆在藏书构成和服务内容上，需要密切关注地方特点和社区民众的需求。这一规定表明，图书馆是立足于为国民服务的机构，具体提供哪种形式的服务，取决于地方特点和一般民众的需求。提供"图书馆服务"被规定为法定任务，这一图书馆观念的改变，被日本学者高度评价为"带来了战后公共图书馆活动基本方向的根本性变革"。

在《图书馆法》第3条所列举的9项图书馆主要服务内容中，第1

项—第3项是最基础的服务项目，包括资料的收集、整理和参考咨询；第4项—第5项围绕提供全方位、多层次的服务，要求各级别和类型的图书馆积极开展馆际合作，包括以"外借服务"为中心的图书馆资料提供，实质是突破了地域空间的限制，促进了日本图书馆服务网络的建设；第6项—第9项是关于图书馆服务的延伸与扩大问题，就图书馆服务范围来说，为支持居民自主、自发的学习活动，提供的服务涵盖了场地、设备、资料等方面，图书馆不仅是传统的资料中心，同时还是情报信息中心，图书馆与其他同类机构的合作，也是为了最大限度地满足居民对学习资料的需求。

（三）公立图书馆的设置与运营

日本《图书馆法》对于公立图书馆的规定主要包括以下几个方面，它集中体现了战后日本图书馆事业建设的基本观念和原则。

1. 设置与运营管理

战前，日本图书馆的设置需要由文部省或都道府县教育委员会认可；1950年的《图书馆法》废除了"认可制"，该法第10条规定"关于公立图书馆的设置事宜，由设置图书馆的地方政府以条例决定"，即公立图书馆的设置主体是地方政府，地方政府可以通过制定有关条例决定图书馆的设置、管理事项，但对于实际是否设置，法律上并没有硬性规定。也就是说，关于图书馆的设置，实行的不是法定的义务设置制，而是完全由地方政府自行决定的自由设置制。同时，这种自由设置制也有一个从有限制（报告制）自由设置制向无限制完全自由制转变的过程。1950年的《图书馆法》第11条、第12条规定：市町村在设置、撤销图书馆或变更图书馆的设置者时，必须向都道府县的教育委员会报告；都道府县教育委员会应文部大臣的要求，必须向其提交有关本都道府县及所属市町村图书馆的设置、撤销以及设置者变更情况的报告。直到1985年，该"报告制"的条文才被删除，日本图书馆的设置才真正实现了完全的自由设置制。

在正式法律规定的基础上，日本公立图书馆的运营受到各方的密切关注。2001年7月,文部科学省以告示第132号颁布了《公立图书馆设置及运营方面的期望标准》;日本图书馆协会图书馆政策特别委员会也于之前的1989年1月公布了《公立图书馆的任务和目标》(2004年3月又进行了修改)。从上述文件的内容看,主要是一些操作性规定,目的都在于加强管理,进一步推动公立图书馆的健康发展。其主要规定有:1.都道府县应致力于扩充都道府县立图书馆,在为居民提供适当的图书馆服务的同时,改变多数町村之中未设置图书馆的状况,立足于全面推进该都道府县内图书馆服务的理念,筹划对市町村立图书馆的设置并对其运营提供指导和建议。2.市町村从为居民提供适当的图书馆服务出发,在致力于设置公立图书馆(在能够确保提供适当的图书馆服务的情况下,根据地区的实际情况,还可以由多个市町村共同设置图书馆)的同时,充分考虑居民的生活圈以及图书馆的使用圈,通过设置必要的分馆以及灵活使用移动图书馆,致力于建立起覆盖该市町村全域的服务网络。3.在设置公立图书馆时,应对服务地区的人口分布、人口构成、面积、地形以及交通网络等进行勘查,在适当的位置建立图书馆并确保必需的占地面积、图书收藏能力以及职员数量。

2. 服务免费制度与补助金制度

尽管日本1899年的明治《图书馆令》和1933年的昭和《图书馆令》都实行公立图书馆服务收费制度,允许"公立图书馆可以征收阅览费及附属设施使用费"(昭和《图书馆令》第13条),但由于1950年《图书馆法》制定时受美国的影响非常大,源于美国的公立图书馆免费服务原则在日本也得以确立。该法第17条规定:公立图书馆不得征收入馆费及其他任何利用图书馆资料的补偿费用。按照这一规定,图书馆免费服务的范围包括两个方面:一是不得收取入馆费,二是不得征收利用图书馆资料的补偿费用。但这里对于"利用"的内涵解释不够明确,日本图书馆方面的法律及其实施细则对此都没有具体的规定,因此"利用"究竟是局限于传统服务的范围,还是包括以计算机和现代通讯手段为基础的图书馆服务,成为日本图书馆界上世纪80年代以来广泛讨论的一个问题。

当然，图书馆要提供优质的服务，必须具备设施、资料、专业人员和管理人才等基本条件，这些都离不开必要的财力支持。日本以国家法律的形式规定了图书馆设置运营的基本规范，即所谓图书馆的“最低基准”。地方政府设置图书馆主要依靠地方税、地方交付税等一般财源，国家预算则安排专门的图书馆补助费，用于对设置公立图书馆的地方政府进行补偿，也叫“国库补助”。《图书馆法》第20条明确规定“国家对设置图书馆的地方政府，在预算的范围内，可以就图书馆设施、设备所需要的经费及其他必要经费的一部分进行补助”，“有关前项补助金拨付的必要事项以政令规定之”。日本文部省代表中央政府负责审核相关补助事宜，一旦有关公立图书馆达到国家颁布的最低标准，就必须拨付补助金；反之，如果图书馆未达标，或者设置图书馆的地方政府以不正当手段获得国库补助金，法律也有相应的处罚措施，如《图书馆法》第23条规定有下列情况之一者，停止其以后享受补助金的资格，同时责令其返还已经拨付的当年度的补助金：(1)图书馆违反本法律的规定；(2)地方政府违背补助金拨付条件；(3)地方政府以虚假的方式谋取补助金。《图书馆法》实施至今，约有4成的图书馆从国库补助金制度中受益。这样，图书馆设置主体“法定化”，“国库补助金”通过地方政府规定性、奖励性地投向图书馆事业，图书馆通过严格的经营管理以获得国家的财政补助，再用国家的补助来支持图书馆，保证图书馆事业发展进入良性循环。日本图书馆界虽然认为“国库补助金”补助力度不够，但这一政策在完善图书馆建设方面还是起到了一定的作用。由于受日本经济衰退的影响，1998年以后日本行政财政实行改革，这项政策被废除，目前已不复存在。

3. 图书馆协议会制度

在日本，以《宪法》、《地方自治法》和《基本教育法》为中心的现行法律，都有保障地方团体自治权和民众自治权的内容。公立图书馆作为地方政府设置的“公共设施”，其运营必须“重视市民的参加，符合市民的意志”。日本《图书馆法》的母法是《社会教育法》，《社会教育法》中，把公民馆与图书馆、博物馆都界定为服务于社会教育的机构，并规定“公民馆设置公民馆运营审议会”，负责“回应馆长的咨询，就各种事业的计划、实施进行调查审议”。相适应地，《图书馆法》第 14 条第 1 款规定“公立图书馆可设图书馆协议会”，该协议会负责“就图书馆的运营回答馆长咨询，就图书馆开展的图书馆服务向馆长提出建议”。这样，图书馆协议会作为“馆长咨询机构”，成为社区民众参与图书馆运营管理的组织化、制度化的代言人。

通常，图书馆协议会组成人员的任命权属于教育委员会，其成员既要有议事和行使职责的能力，同时也要有广泛的代表性，且开展工作不受制于其工作对象。按照《图书馆法》第 15 条、第 16 条之规定，“图书馆协议会委员，由教育委员会从学校教育及社会教育的相关者、开展提升家庭教育活动的组织者和有学识经验的人员中任命。图书馆协议会的设置、协议会委员的人数、任期以及其他必要事项由设置该图书馆的地方政府通过条例规定”。但在实践中，由于法律规定的局限性，图书馆协议会是地方教育委员会“可以设立的附属机构”，而不是“必须设立的附属机构”，因此各地在图书馆运营管理上的操作并不统一，这就客观上削弱了图书馆协议会的影响力。日本不少图书馆人士认为，“作为一个咨询建议机构，其功能和作用有待进一步提高”。

近年来，随着指定管理者制度的引进，作为图书馆馆长的咨询机构和享有法律地位的地方自治法中的附属机构——图书馆协议会，其定位和功能也出现了问题。首先，文部科学省表示，图书馆馆长可由指定管理者雇用的非公务人员来担任。那么，地方自治法中作为附属机构的图书馆协议会，受这种未经教育委员会任命的馆长的管理是否妥当。其次，虽然图书馆协议会委员并非专职，但都是公务员身份；公务员身份的委员接受未经教育委员会任命的、非公务人员的馆长的咨询，这一程序在法律层面上是否合适，又成为一大疑问。因此，在日本图书馆协会图书馆政策计划委员会开展的“图书馆引入指定管理者制度的相关调查”中，将图书馆协议会的运营从指定管理者业务中排除的做法十分普遍。从这个角度来说，由非公务员担任馆长的指定管理者制度，会使保证居民参与的图书馆协议会制度“空洞化”。①

（四）关于私立图书馆的规定

私立图书馆属于私人设立的文化教育设施，不是“政府支配的社会教育相关团体”。按照日本《社会教育法》第 12 条的规定：“国家及地方政府对于社会教育相关团体，不得以任何方式施加不当的控制性管理，或是对其所从事的事业进行干涉。”根据这一规定，《图书馆法》对私立图书馆实行“不控制，不资助”原则，如该法第 26 条有关图书馆同国家和地方政府关系的规定：“国家和地方政府不得对私立图书馆的事业加以干涉，不得向私立图书馆拨付补助金。”其实，在 1950 年《图书馆法》实行初期，第 24 条关于私立图书馆的设立、变更、撤销实行的是“事先提出制”，即有上述情况发生时，“必须事先向都道府县的教育委员会提出”；尽管这不同于认可制或者报告制，但毕竟也是一项法律义务，而要求私立图书馆履行这种义务似乎与国家对私立图书馆“不控制、不资助”的原则有矛盾。因此，1967 年 8 月《图书馆法》修订时删除了这条规定，私立图书馆的设置、撤销或者变更，不需要提前向任何政府部门报告或提出，可以完全自主进行。同时，由于私立图书馆得不到政府部门的直接经济资助，图书馆服务的“免费制”也不适用于私立图书馆，《图书馆法》第 28 条允许“私立图书馆征收入馆费及利用图书馆资料的补偿费用”。

鉴于图书馆以提供精神文化产品服务为主，不是纯粹的赢利机构，需要持续不断的财政支持。而且，相对公立图书馆而言，私立图书馆的运营要艰难得多。从日本图书馆的发展历史来看，私立图书馆主要活跃于战前；战后，大部分私立图书馆已不复存在，有的因难以为继而关闭，有的被地方公立图书馆兼并，有的则转由地方政府经营。日本《图书馆法》在制定过程中，充分考虑到这种现状，并没有因为实行“不控制、不资助”的原则就对私立图书馆完全不管不顾，而是通过界定私立图书馆与都道府县

① 山口源治郎．公立図書館への指定管理者制度の導入[M]//日本図書館情報学会研究委員会，変革の時代の公共図書館．東京：勉誠出版株式会社，2008：114．

教育委员会的关系,要求给私立图书馆以业务、技术方面必要的指导和建议。如第25条规定“都道府县的教育委员会为了编制指导资料或是调查研究,可以要求私立图书馆提交必要的报告”,而“都道府县的教育委员会应私立图书馆的请求,可以对其有关设置和运营的问题,提供专业性、技术性的指导或建议”。第27条甚至特别指出:国家和地方政府应私立图书馆的请求,可以对其必需的物资给予保障和援助。在2008年6月最新修订的《图书馆法》第7条之中,首次规定《公立图书馆设置及运营方面的期望标准》也适用于私立图书馆。此外,公私立图书馆须“对自身的运营状况进行评价,并根据评价结果努力采取改善图书馆运营状况的必要措施”;同时还须“积极提供有关该馆运营状况的情报”。这些新增的规定,打破了一直以来国家对于私立图书馆的“不干涉原则”。

二、《学校图书馆法》

(一)概要

日本的《学校图书馆法》最初颁布于1953年8月8日,1954年4月1日开始施行。当时的《学校图书馆法》正文共有3章15条。第1章为《总则》,第2章为《学校图书馆审议会》,第3章为《国家的负担》,另有《附则》4条。实施以来,该法共修订了9次。1958年5月第1次修订,1966年6月再次修订时删除了第2章,第3章于2001年被删除。最近一次修订为2007年6月27号(法律第96号),内容共7条,另有《附则》2条。7条条款分别涉及《学校图书馆法》立法目的、学校图书馆定义、义务设置制、学校图书馆的管理、司书教谕、设置者的任务、国家的任务等6方面的内容。

《学校图书馆法》所谓的“学校”,是指日本战后《学校教育法》所规定的义务教育阶段的小学、初中以及在初中教育基础上的“高等学校”,也包括同等级别的实施特殊教育的学校,如聋哑学校、盲人学校等。国家为此类学校中的图书馆专门立法,在当今世界比较罕见。这不仅是日本学校教育史上划时代的事件,而且对英美及北欧等发达国家也产生了重大影响。对于日本的学校图书馆工作者而言,《学校图书馆法》可以说是满足了他们“夙愿”的一部法律，对日本学校图书馆的发展产生了很大的促进作用。然而遗憾的是，这部新生的法律，却存在着“先天不足”，最关键的是第 5 条关于“人”的规定。该法一方面确立了学校图书馆馆员的专职制度——司书教谕，另一方面又规定在“目前阶段”可以不实行这一制度。这一矛盾的规定，使得司书教谕制度至今仍是日本学校图书馆的一块“心病”；随之而来的是出现了大量代替司书教谕的“学校司书”。1955 年，《学校图书馆法》刚颁布 2 年，日本全国学校图书馆研究大会就达成了修改决议，掀起了《学校图书馆法》的修订运动。此后在全国学校图书馆协议会多次呼吁下，文部省实施过一项为期 5 年的《学校图书馆整治计划》，直到 1997 年 6 月《学校图书馆法》修订案的出台。该修订案规定，到 2003 年 3 月 31 日为止，拥有 12 个班级以上的学校必须设置司书教谕。这部修订案的实施，大大改善了司书教谕的设置情况，同时也使那些实际担任学校图书馆司书职务的工作人员的“身份”问题浮上了水面。司书教谕的“必置制”、学校司书制度的法制化以及学校图书馆任务的扩大等，时至今日仍是日本学校图书馆界改革呼声最高的难题。

（二）学校图书馆的定位

日本《学校图书馆法》的颁布，以法律的形式把有关学校图书馆的基本理念和运营规则固定化，使学校图书馆的服务内容法定化。

首先，《学校图书馆法》第 2 条将“学校图书馆”定义为在法律规定的学校中，“收集、整理、保存图书、视听教育资料及其他学校教育必须的资料，并将其提供给儿童、学生、教师利用，为学校教育的课程教学提供帮助，以儿童、学生全面素质的提高为目的的学校设备”。这里包括了两层含义，即学校图书馆的任务和功能，客观上也就是该法第 1 条所要求的学校图书馆要成为“学校教育中不可缺少的基础性的设备”。在《学校图书馆法》中，学校图书馆被界定为“设备”，而不是《图书馆法》定义的所谓“设施”，主要是由于当年日本的学校图书馆发展水平较低，考虑到便于争取国家和地方政府的财政资助，只有把学校图书馆确认为完全物化的设备，得到财政支持的可能性就高。不过，学校图书馆普及以后，社会对于学校图书馆的认识也明显提高,1959 年日本文部省文件中正式用“机构”一词取代了原来“设备”的提法。

（三）学校图书馆的义务设置制与服务内容的法定化

《学校图书馆法》第 3 条规定“在学校中,必须设置学校图书馆”,明确学校图书馆是学校教育中不可缺少的基础性机构。它的设置不同于公共图书馆的完全自由设置制,而是强制性的“义务设置制”。而且,学校图书馆的设置者在完成设置的同时,还承担着“必须努力发展、充实学校图书馆的”任务(第 6 条规定)。具体来说,设置者需要按照国家规定的学校图书馆建设标准,在保证经费、人才培养、运营指导等方面都要给予有效支持,保证学校图书馆的健康运营和稳定发展。当然,图书馆运营质量的保证,根本上体现在服务方面,《学校图书馆法》第 4 条明确规定了 6 项服务内容:

1. 收集图书馆资料,以供儿童、学生及教师利用。
2. 对图书馆资料进行恰当的分类排列,并编制完备的资料目录。
3. 举办读书会、研究会、鉴赏会、放映会、资料展示会等活动。
4. 就有关图书馆资料的利用及学校图书馆的其他用途等,对儿童、学生进行指导。
5. 与其他学校的图书馆以及社会性的图书馆、博物馆、公民馆等机构密切联系,相互合作。
6. 在不影响上述任务完成的前提下,可以面向一般公众提供服务。

（四）运营与支持标准

根据日本《学校教育法》的规定,承担义务教育阶段的小学和中学图书馆设置义务的主体是“市町村”政府。所以,履行保证学校图书馆的设置和运营的责任,地方政府首当其冲。其次,国家对学校图书馆也承担着两大责任,一是按照《学校图书馆法》第 7 条规定,为了谋求学校图书馆的发展,为了装备学校图书馆并力求使其充实,国家必须努力实施下述各项措施:1. 制定关于学校图书馆发展、充实及司书教谕培养的综合性计划;2. 就有关学校图书馆的设置及管理,提出专业性、技术性的指导与建议;

3. 实施上述 2 项以外的发展、充实学校图书馆的必要措施。二是根据《学校图书馆法》第 13 条规定，“由地方政府设置的高等学校(含同级别的盲校、聋哑学校、保育学校)中的学校图书馆，如其设备或图书没有达到政令(文部省行政命令)规定的标准而要提高到标准规定的水平时，国家负担其所需经费的二分之一。”这项费用是为帮助学校图书馆达标而实施的补助，统称“负担金”。显然，国家的补助是与以政令形式颁布的《学校图书馆标准》相联系的。在《学校图书馆法》实行初期，国家负担金的补助范围覆盖了所有小学、初中、高中的学校图书馆。一般来说，无论是非义务教育阶段的高中学校图书馆，还是义务教育阶段的中小学图书馆，只要在班级学生数、藏书册数、年增加册数方面符合标准，都可享受国家负担金。后来，法律规定只有非义务教育阶段的高中学校图书馆才可享受；2001 年(平成 13 年)《学校图书馆法》修订时，将第 13 条删除，目前国家负担金已不复存在。

（五）配套细则

《学校图书馆法》颁布以后，日本文部科学省、全国学校图书馆协议会(SLA)根据实际需要制定了一些配套性的规章、规定、标准，主要是：

- 《学校图书馆法施行令》(1954 年 12 月 16 日颁布，政令第 313 号；1958 年 5 月 6 日第 1 次修订，政令第 111 号；2000 年 2 月 16 日第 2 次修订，政令第 42 号；2000 年 6 月 7 日第 3 次修订，政令第 308 号；2001 年 3 月 30 日废除)
- 《学校图书馆法施行法则》(1954 年 12 月 28 日颁布，文部省令第 33 号；1958 年 5 月 22 日修订，文部省令第 15 号)
- 《学校图书馆司书教谕课程培训规程》(1954 年 8 月 6 日颁布，文部省令第 21 号；2009 年 6 月 10 日最新修订，文部科学省告示第 89 号)
- 《关于学校图书馆图书及设备账目的整理》(1955 年 5 月 23 日颁布，文部省文处第 225 号通知)
- 《学校图书馆基准》(1959 年 1 月，文部省颁布)

- 《学校图书馆数量基准》(1978 年 1 月 5 日,全国学校图书馆协议会颁布)
- 《学校图书馆设施设备基准》(1990 年 8 月 1 日,全国图书馆协议会颁布;1999 年 2 月 25 日修改)
- 《学校图书馆宪章》(1991 年 5 月 22 日,全国学校图书馆协议会通过)
- 《学校图书馆图书标准》(1993 年 3 月 29 日,文部省文初小第 209 号通知)
- 《关于公立义务教育各类学校图书馆购书经费的地方财政措施》(1993 年 6 月 10 日,文部省文初小第 30 号通知)

以上这些配套规章大致可以分为两类:1. 由文部科学省(当时的文部省)发布的行政性规章,主要是对《学校图书馆法》原则规定的具体化;2. 由全国学校图书馆协议会通过并公布的基准,这是依据《学校图书馆法》精神制定的指导性标准。

三、《国立国会图书馆法》

(一) 概要

1948 年 2 月 9 日,《国立国会图书馆法》颁布,这是日本最早的图书馆专门法律。目前我们所能看到的该法律的最新修订版本,是 2008 年(平成 20 年)4 月 25 日颁布的法律第 20 号。

《国立国会图书馆法》是日本第一部图书馆专门法,法律规定比较细致,主要对图书馆的基本任务、组织、人事、财务、管理体制、以呈缴本制度为核心的图书馆资料收集等作了规范。其主体包括 12 章 28 条,另有《附则》3 条。主体 12 章的细目是:

- 设立及目的
- 馆长
- 副馆长、其他职员及雇佣人员
- 议院运营委员会及国立国会图书馆联络调整委员会

- 图书馆的内部机构
- 调查及立法考察局
- 面向行政及司法各部门的服务
- 面向一般公众、公立及其他图书馆的服务
- 资料收集
- 国家及地方政府、公共团体等发行的出版物呈缴本的接受
- 其他机构、个人发行的出版物呈缴本的接受
- 捐款的接受及图书馆的支出与预算

（二）基本内容

由于国立国会图书馆是在议会图书馆和国家图书馆的基础上合并而成的，《国立国会图书馆法》的内容设计不可避免地考虑了两家机构的特点，可以说反映了立法、行政、司法有关服务对象各方面的需要。

1. 运作架构

在组织构成方面，日本国立国会图书馆特点突出，它不是只有一所独立的图书馆，而是一个包括了中央图书馆和一系列支部图书馆在内的图书馆组织系统。根据《国立国会图书馆法》第 3 条、《国立国会图书馆组织规程》第 9 条、第 10 条以及《裁判所法》第 14 条等规定，国立国会图书馆事实上包含了中央馆、关西馆、国际儿童图书馆、支部东洋文库以及行政司法各部门的 26 个支部图书馆。

在人事制度方面，按照《国立国会图书馆法》第 4 条—第 10 条的规定，国立国会图书馆是国会的常设机构，职员属于国会雇员，分为司书、专门调查员、调查员、参事以及其他职员。上述职员不得兼任国会议员，不得在行政司法各部门兼职。馆长由两院议长与两院运营委员会协商并经国会认可后任命，副馆长则由馆长任免，但需得到两院议长的认可。

在管理体制方面，国立国会图书馆的日常运营管理由馆长负责。《国立国会图书馆法》第 11 条—第 13 条规定，对于馆长工作的监督与制约，除了议长对其有任免权，两议院的运营委员会对其有审查权，国立国会图书馆的常设机构联络调整委员会对其有咨询建议权。联络调整委员会由

两议院的运营委员会委员长、最高裁判所裁判官 1 名、国务大臣 1 名组成。

在经费安排方面,《国立国会图书馆法》第 26 条、第 28 条规定,国立国会图书馆的经费主要来自国家预算;如果征得两议院的运营委员会同意,馆长也可直接接受与图书馆服务或资料收集相关的经费捐赠。在程序上,由馆长编制预算呈交两议院的运营委员会,运营委员会审查后提出建议,并将审查后的预算连同建议提交两议院的议长批准同意。

2. **主要任务**

《国立国会图书馆法》第 2 条规定:"国立国会图书馆收集图书及其他图书馆资料,在为国会议员履行职责提供帮助的同时,为行政及司法各部门、进而为日本国民提供法律规定的图书馆服务。"这条规定明确了国立国会图书馆的基本任务是通过收集资料提供图书馆服务。"图书馆服务"这一概念的出现,在日本图书馆发展史上具有重要意义,它标志着战后日本图书馆观念的根本变化,对此后制定的所有与图书馆相关的法律法规都产生了深远的影响。从法律条文看,国立国会图书馆主要为国会议员、行政及司法各部门、其他图书馆和一般国民等对象提供服务,其中国会议员是最主要的服务对象。面向国会议员的服务分为提供资料阅览、外借、复印等一般事务和进行议案分析、国政课题调查、立法议案调查等专门化事务,重点在后者。为此,《国立国会图书馆法》第 15 条规定设置专门的调查及立法考察局,负责:(1)应要求对两院的委员会未决的法案或由内阁交付国会的议案进行分析、评价,为正确的决策提供依据并实施援助。(2)应要求或基于对要求的预测而自发进行立法资料或相关资料的收集、分类、分析、翻译、索引、摘录、编纂、报告及其他准备工作,将其提供给两议院的委员会及其议员。选择或提供的资料不能带有党派、官方的偏见。(3)应要求在立法的准备过程中,帮助两议院的委员会及其议员为议案的起草提供服务。但是,提供这种服务仅限于应委员会或议员的要求;并且,调查及立法考察局的职员在任何情况下不得对立法进行提议或督促。

隶属于国立国会图书馆的支部图书馆主要为行政及司法各部门服务。根据《国立国会图书馆法》第 17 条之规定，行政和司法各部门的图书馆，可以制定图书馆运营的方法及制度，包括目录法、馆际互借以及资料交换、编制综合目录及综合一览表等。

《国立国会图书馆法》第 21 条规定，“在不妨碍满足两议院、委员会、议员以及行政、司法各部门需要的前提下，必须最大限度地让日本国民加以利用”。这种为一般公众的服务在国立国会图书馆可以通过馆际互借、复印、陈列等方式直接实现，也可以经由其他的公立图书馆提供。

3. 呈缴本制度

为了确保国立国会图书馆履行国家图书馆职能，有效“收集、保存、积累日本国民及国家所有活动和成就的记录”，《国立国会图书馆法》第 24 条—第 25 条专门规定了呈缴本制度，规范了对国家和地方政府、公共团体和其他机构以及个人发行的出版物的呈缴本的接受事项。其要点包括：

呈缴义务人：国家及地方政府、公共团体以及其他机构、个人。

呈缴范围：除图书、小册子、连续出版物、乐谱、地图、电影胶卷之外，还包括通过印刷及其他方法复制的文件、图画、录音制品，用电子方法、磁性方法及其他方法制作的记录文字、影像、声音或程序的制品。

呈缴的免除：涉及机密事项或过于简单的出版物，再版的内容与初版或前版相比没有增减或变更、且初版或前版时已经按本法律的规定提供了呈缴本的出版物。

呈缴的数量：根据馆长的指定，国家各机关的出版物为了提供给公众利用，或者为了与外国政府出版物进行交换及其他国际交换，呈缴不超过 30 册；独立行政法人、国立大学法人、根据法律直接设立的法人或根据特别法律而特别设立的法人发行了规定的出版物时，呈缴不超过 5 册；地方公共团体的各机关发行规定的出版物时，都道府县及市（含特别区及相同规格的地方特别公共团体）级机关必须呈缴不超过 5 册，街村级（含相同规格的地方特别公共团体）机关呈缴不超过 3 册；港务局、地方住宅供给公社、地方道路公社、土地开发公社、地方独立行政法人等发行规定的出版物时，按照设立的级别，都道府县或市设立的法人及其他相当于都道府县或市的各机关法人呈缴不超过4册，街村级设立的法人及其他相当于街村级的各机关法人呈缴不超过2册；法人之外的其他机构发行规定的出版物时，必须在自发行日起的30天之内向国立国会图书馆呈缴最优良版本的完整出版物一册，但如果发行者已经向国立国会图书馆捐赠了该出版物，或者馆长认为有特别理由时，可不受这一条约束。

补偿与处罚：对于呈缴了出版物的发行者，馆长将按照规定向其支付补偿金，其金额相当于出版及呈缴的该出版物直接成本。发行者若无正当理由而不按规定呈缴出版物时，将对其处以该出版物零售价5倍以下金额的罚款。如果发行者是法人，则对其法人代表进行处罚。

（三）配套规章

《国立国会图书馆法》由国家立法。该法颁布以后，国立国会图书馆又以制定了《馆内规程》、《馆内规则》、《馆长决定》等多种形式的配套制度，细化了国家立法的原则规定，从而形成了目前以《国立国会图书馆法》为核心的国家图书馆法规体系。现行的配套规章主要有：

- 《基于国立国会图书馆法的规定关于在行政各部门设置支部图书馆及其职员的法律》(1949年5月24日颁布，1985年4月6日第1次修订，1999年7月30日第2次修订，2001年3月30日第3次修订，2003年3月31日第4次修订，2003年4月9日第5次修订，2004年4月14日第6次修订，2006年12月22日第7次修订)
- 《国立国会图书馆组织规程》(2002年3月31日颁布，2009年4月1日修订)
- 《国立国会图书馆资料利用规则》(2004年9月28日颁布，2006年10月4日第1次修订，2007年6月28日第2次修订，2008年7月1日第3次修订)
- 《国立国会图书馆学术文献录音磁带利用规则》(1975年10月20日颁布，1988年12月14日第1次修订；1998年3月30日第2次修订,国会图书馆规则第2号;2001年12月18日第3次修订第5号;2002年12月26日第4次修订第12号;2007年3月13日第5次修订第1号,2009年4月1日第6次修订第3号)

- 《国立国会图书馆中央馆及支部图书馆资料互借规则》(1986年10月22日颁布)
- 《基于国立国会图书馆法的出版物呈缴规程》(1949年6月28日颁布,2009年4月10日修订)
- 《基于国立国会图书馆法第25条的有关呈缴出版物补偿金额的规定》(1975年1月30日发布,2009年9月27日修订)
- 《图书馆接受委托进行出版物国际交流的规则》(1985年3月28日颁布)
- 《根据国立国会图书馆法规定在各行政部门设立支部图书馆及其职员的相关法律》(1949年法律第101号)
- 《国立国会图书馆建筑委员会法》(1948年2月9日法律第6号,1955年1月28日法律第3号修订,1999年12月22日法律第160号修订)

四、《大学图书馆基准》

战后日本推行教育改革,大学的运营基本实现"自治"。作为大学组成部分的大学图书馆,其改革与发展主要通过大学这个"自治体"本身的努力,而不是通过国家立法来实现。因此,指导、规范日本大学图书馆的运营,主要依靠由大学民间团体、协会制定的标准、纲要等"准法律"文件。

1952年6月,日本"大学基准协会"制定了一份《大学图书馆基准》,这是战后第一个有关大学图书馆的规范性文件。该《基准》于1982年(昭和57年)5月18日作了修订,它确立了战后日本大学图书馆"以利用为中心"的全新理念,并以此为基础,提出了大学图书馆的功能和任务、人员和设备、组织和管理以及相互合作等方面的基本原则。

就主要内容而言,《基准》界定了大学图书馆是中央图书馆、分馆以及设在院系、研究所等的图书馆、图书室的总称，体制上实行一大学一组织的原则，对职员、特别是馆长的任职资格要求具体，强调能力。大学图书馆的主要功能是高效地收集、组织，妥善地保管对大学的研究和教育不可缺少的资料，并且高效地满足利用者在研究、教育、学习等方面的使用要求。因此，不仅图书馆的资料收集要达到一定的规模和内容，其设施和设备也需要随着大学研究和教育活动的进步和发展，以及图书馆服务业务的扩展而随时改进。而且，除了预算保障外，大学图书馆需要与本大学内部的各机构保持相互之间的协作关系，与地区性乃至全国范围内各图书馆之间建立相互协作的体制。

由于《基准》确立的原则较为抽象笼统，它被称为大学图书馆的“最低基准”；此后，有关方面相继以《基准》为指导，又制定了一系列针对不同类型大学图书馆的《改善要项》，逐步将《基准》具体化。这类“改善要项”被认为具有“期望基准”的性质。根据图书馆设置主体类别的不同，目前日本各类大学图书馆作为运营方针予以实施的改善要项，分别有以下几款：《国立大学图书馆改善要项》(1953 年，文部省大学学术局)、《公立大学图书馆改善要项》(1961 年，公立大学图书馆协议会)、《公立短期大学图书馆改善要项》(1978 年，公立短期大学图书馆协议会)、《私立大学图书馆改善要项》(1956 年，私立大学图书馆协会。1996 年改订，更名为《新私立大学图书馆改善要项》)、《私立短期大学图书馆改善要项》(1961 年，私立短期大学协会，1998 年改订)。这些《改善要项》中，1996 年《私立大学图书馆改善要项》的修订，主要是受 1991 年《大学设置基准》修订的影响。因为一方面考虑到当今社会由于信息量的剧增、传播媒介的变化以及处理这些问题的电子学领域的飞速发展而产生的时代巨变；另一方面，本着对“图书馆馆员负责帮助利用者进行资料的收集、积累和使用”这一图书馆基本职能的维持，私立大学图书馆协会总会决定，“首先必须确保‘服务’这一图书馆的基本任务得以满足，且需要能够充实服务内容的资料和员工，进而确立管理这一切的组织和财政体系。计算机和网络则作为实现上述要求的手段工具”。在此基础上，作为大学图书馆自身检查和评估依据的主体性文件——《新私立大学图书馆改善要项》便应运而生。①

日本大学图书馆形成了战后初期以《基准》为中心、以几种《改善要项》为指针的大学图书馆“基本标准”体系。

五、其他相关法律法规

除了专门法之外，“相关法”也是日本图书馆法律法规体系的重要组成部分，它包括图书馆活动中直接适用的其他法律法规和其他法律法规中有关图书馆的规定。“相关法”是一个非常宽泛的概念，在日本图书馆界，涉及的主要是图书馆与知识产权法；图书馆与行政、财政法；图书馆与教育法；图书馆与地域开发、城市规划法；图书馆与环境保护法；图书馆与残疾人保护法、邮政法、统计法、“风俗业”限制法等等。

（一）图书馆与著作权法

图书馆是各种著作集中展示和交流的场所。日本对著作权的保护非常严格，其中，与图书馆关系最密切的是著作者的复制专有权和出借专有权。日本《著作权法》规定，对著作者的复制专有权和出借专有权可以进行“有条件限制”，对前者的限制是：1. 可以进行复制的图书馆必须是依法设置、符合“政令”规定的图书馆，而不是任意的图书馆；2. 图书馆必须配置“司书”或与司书相当的专业职员；3. 图书馆不得以营利为目的进行复制。后者主要受到以下限制：1. 在非营利且免费的原则下，图书馆向公众的出借不需要得到权利所有者的特别许可；2. 提供者（不是利用者）向权利所有者支付一定的“补偿金”；3. 提供者必须是依法设置、经由认可的机构；4. 只限于以学校教育、社会教育为目的的资料，不能外借与剧场上映、市场出租、商业出租有竞争倾向的娱乐性影像著作的复制品。

（二）图书馆与行政、财政法

日本现代公共图书馆的设置主体，绝大多数都是中央或地方政府。

---

① 新私立大学図書館改善要項. [EB/OL]. [2003-09-07]. http://www.slis.keio.ac.jp/~ueda/univlibguide/punivlibguide1.html.

日本《地方自治法》规定地方政府需要“设置并管理学校、研究所、图书馆、公民馆、博物馆……及其他设施”，并以其“必须设置”的教育委员会作为执行机构，根据《关于地方教育行政组织及运营的法律》(简称《地方教育行政法》)，“在不违反法令和条令的前提下，就所管辖的学校及其他教育机构的管理、运营的基本事项，制定必要的规则”。同时，图书馆的正常运营离不开经费投入，日本主要通过地方自治、地方财政类法律来为图书馆的运营经费提供法律保障，具体做法是：1. 在地方财政预算的“目”级层次设立单独的“图书馆费”科目；2. 在“地方交付税”中设立“图书馆费”科目；3. 在“地方债”中设立“图书馆建设费”。

（三）图书馆与教育法

在日本，图书馆与学校教育有着天然联系，图书馆的教育功能受到高度重视。《教育基本法》把国家和地方政府设置图书馆与“实现教育目的”相联系，《社会教育法》把图书馆明确界定为“服务于社会教育的机构”。这类规定，确立了图书馆在教育事业中的基础地位。日本的公共图书馆实行的是“自由设置制”，而在学校，图书馆是“必置制”，这充分体现了图书馆与教育事业不可分离的理念。另外，日本《学校教育法》明确规定学校的设施应该为社会教育服务，依据《学校教育法》制定的从幼儿园到研究生院的各级各类学校的“设置标准”，都对学校图书馆的任务、规模、人员、藏书、设施设备等作出了具体规定，图书馆为各级各类学校中的“必置设施”。在法律框架内，图书馆和学校之间是一种相互合作的关系，体现在实践中，图书馆的运营必然优先考虑对学校教育的支持。

第四节　主要特点

一、现有图书馆法律体系的主要特点

（一）体现国情，依据教育法而制定

二战后，日本开始了全面改革。当时，教育改革被作为盟军最高统帅部对日政策的一个重要环节，统帅部对日本政策和法律制定的意见具有

决定性的影响。日本国内传统上把图书馆界定为“教育机构”，鉴于日本文部当局十分重视社会教育活动，美国教育使节团的考察报告和有关负责图书馆制度改革的官员在强调禁止军国主义和极端国家主义思想传播的前提下，确认了公共图书馆“对思想普及有用”，是日本社会教育的主要机构。因此，日本不仅在行政管理上实行政府教育部门管理同级图书馆的体制，各种图书馆法也是在《教育基本法》、《社会教育法》的基础上制定，秉承《教育基本法》、《社会教育法》的立法精神，要求图书馆发挥重要的社会教育功能。一般来说，一个国家的最高法律《宪法》是其他一切法律的基础。就日本法律的渊源来看，依据《宪法》精神制定的《教育基本法》是明确提及图书馆地位的法律。日本《教育基本法》第 12 条规定：“国家和地方政府必须通过设置图书馆、博物馆、公民馆及其他教育设施、利用学校设施、提供学习机会、提供情报等恰当的方法努力振兴社会教育。”而依据《教育基本法》制定的《社会教育法》第 9 条对图书馆作了进一步规定：1. 图书馆及博物馆是服务于社会教育的机构；2. 有关图书馆及博物馆的具体事项，由另外的法律规定。日本《图书馆法》第 1 章《总则》第 1 条就开门见山地表明：“本法律的目的是依据《社会教育法》(昭和 24 年法律第 207 号)的精神，就图书馆设置及运营的必要事项加以规定……”，也就是说，日本《图书馆法》立法的直接依据是《社会教育法》。这样，日本《图书馆法》的立法依据可以依次排列为：《宪法》——《教育基本法》——《社会教育法》——《图书馆法》。由此，在日本的整个法律体系中，图书馆专门法一开始就是作为“教育法的一个分支”，被纳入了教育法体系，这也是日本图书馆法律体系的重要特色。

（二）与时俱进，充分反映改革成果和时代要求

日本有关图书馆的法案制定和法律修订善于适应新形势，由行政当局主导，联合图书馆以及社会各界人士认真研讨，充分听取各方意见，对法律的相关内容进行及时调整，以使其更加符合现实，更加有效地推进图书馆事业的发展。比如战后不久，日本图书馆陷于半瘫痪的状态，图书馆设备被严重破坏，藏书也大量损毁遗失；而另一方面社会读书风气兴盛，

儿童、学生的自主性学习更需要图书馆设施的支持，人们对公共图书馆抱有较高的期待。因此文部省开展立法的前期调研，主持召开了全国都道府县中央图书馆馆长会议，会议主题就是“随着战后各种社会形势的变化，应对图书馆活动做全面革新，就如何树立新方向探讨图书馆界的自处之道”，出席会议的馆长必须提交关于日本图书馆法律制度改革的书面意见。又如在《图书馆法》制定过程中，由于美国对日政策的转变，日本经济的“自立”导致裁员和失业大量增加，主持立法工作的促进委员会和日本图书馆协会及时交换意见，一致认为图书馆法案的确立需要进一步符合现实发展，并就具体条文进行了针对性的调整，避免了法律规定与现实社会可能产生的冲突。

同样，在《图书馆法》实施过程中，针对暴露出的主要问题，截至 2008 年底，短短 50 年间该法总共修订了 18 次。其中大多数修订都是根据实际需要进行的技术性调整，只有 1999 年和 2008 年两次修订幅度最大，这与日本当时的国内形势密切关联，及时反映了改革的要求和成果。1999 年的《图书馆法》修订是在《分权推进统一法》的基础之上进行的，后者的主要目的是施行放宽国家制度的“规制缓和”政策，排除因受国家法律约束而使各自治体的自由发展受到限制这一现象。基于此修订的《图书馆法》废除了原来第 13 条关于馆长资格和第 19 条关于运营最低标准的规定，取消了国库补助金制度。这一改变在当时饱受各方批评。许多人认为，馆长的司书资格和运营上的最低标准，是公立图书馆发挥正常功能的基本条件。一旦把这两条删除，可以说是几乎放弃了图书馆应有的社会使命。①

而 2008 年最新的《图书馆法》修订，很大程度上反映出了修订后的《教育基本法》所强调的“家庭教育”，也从一个侧面反映了“终身学习”这一当前日本教育界大力提倡的口号。这次修订由日本政府牵头，主张推

① 公立図書館の運営[M]//日本図書館協会図書館ハンドブック編集委員会図書館ハンドブック第 6 版東京：日本図書館協会，2005：140.

行包括教育领域在内的一系列制度改革，很大程度上是为了适应日本目前的社会经济发展状态，反映日本国内政治经济的革新成果，也符合各界希望摆脱受美国影响太深的时代限制，重建日本各种制度的强烈要求。

（三）配套齐全，法律的实施得到充分有力的保障

日本图书馆法律的贯彻落实，得到国内、甚至涉外的多种其他法律法令和条例的支持保障。除专门法之外，立法机构和行政部门分别根据实际需要，制定了一系列具有法律约束力且便于操作的规范性规章制度，以配合图书馆法的贯彻实行。配套制度主要有两大类：一是“法令”，如《图书馆法施行规则》、《图书馆法施行令》等，由立法机关委任相关行政部门以国务大臣“政令”或文部科学省“省令”的形式颁布，对一些图书馆立法的原则性规定予以细化，实质上是图书馆专门法的补充；二是“通知”，如《司书及候补司书的职务内容》、《关于司书课程培训结业证书颁发的通知》等，这类以“通知”形式颁布的规章，一般是行政部门就特定事项向不特定人群所作的告知，不是严格意义上有约束力的法律法令，但从内容上看，是对法律法令的必要补充，具有事实上的“影响力”与“规制力”。①与此同时，在专门法和配套规章之外，日本还有一些架构层次分明、内容完整的也属于图书馆法律体系的行业制度，具体有“准法律”性质的行业标准、纲要、业务规范“基准”，以及图书馆“誓约”和“自律规范”等如《公立图书馆设置及运营方面的期望标准》、《大学图书馆基准》、《学校图书馆宪章》、《图书馆自由宣言》等。此外还包括其他与图书馆相关的法律，类型可以是图书馆适用的其他法律法规，也可以是其他法律法规中包含的有关图书馆的规定，如《著作权法》、《财政法》、《国家和地方公务员法》，以及国际条约、约定、宣言等。值得一提的是，日本图书馆多为公立图书馆，其运营经费主要来自所在地、市的地方税收和国家的财政补助金。日本中央政府并不承担向国立国会图书馆以外的图书馆投入经费的法律责任，但国家以法律形式规定财政拨款，以保证图书馆的经费来源，

① 李国新. 日本图书馆法律体系研究[M]. 北京：北京图书馆出版社，2000：15.

即通过设置主体的法定化，确保有人对图书馆承担最终的法律责任，而且依法实施设置主体对图书馆的管理、投入；以地方各级政府为规范对象的各种行政、财政法律必须关注图书馆的运营。

二、《图书馆法》的最新修订充分体现了日本法律体系的主要特点

（一）法律修订彰显法律体系特点

日本图书馆的法制建设处在不断的完善过程中，仅《图书馆法》即先后经历了18次修订，每次修订无不围绕现代图书馆建设的法律理念，充分反映了整个法律体系的鲜明特色。其中，2008年6月的最新修订作为“修订社会教育法等部分法律案”的组成部分，首次新增了条文，修订涉及的内容比较多，是1959年后相隔了半个世纪的大修订，也集中体现了日本图书馆法律体系的主要特点。具体来看，该法的修订主要集中在以下四个方面：

1. 关于图书馆的服务事项

《图书馆法》原来将“援助学校教育”作为注意事项在注释中加以规定，而经过修订的《教育基本法》第10条新写入了有关家庭教育的规定，因此《图书馆法》最新修订案第3条新增加了“提升家庭教育”（参见表6-1）的内容，旨在更积极地指导和督促监护人担负起促进孩子读书活动的责任。同时，与《教育基本法》第3条规定的“实现可以有效利用终身教育成果的社会”相对应，最新修订案列举了图书馆服务的具体事项，在新增第8项中规定“利用社会教育中的学习机会，提供活用该学习成果进行教育活动及其他活动的机会，并对参与者实施奖励”。

2. 关于图书馆的资料收藏

第3条第1项在图书馆的资料中增加了“电磁记录”（参见表6-1）。所谓“电磁记录”，是指用CD、DVD等媒介物记录的音乐、绘画、影像等资料，以及图书馆提供的市场动向、统计数据等信息。从法律上将电子资料纳入图书馆的馆藏，这在日本图书馆史上属于首次。当然，电子资料的入藏及提供借阅，并不影响传统介质的同类资源的利用。

3. 关于图书馆的职员资格

鉴于图书馆职员约60%都具有大学（包括短期大学和通讯课程）以上学历，第5条把取得司书资格的方法——司书培训（修订前第5条之第1款）与结业和进修大学中的司书课程（修订前第5条之第2款）这两项位置互换（参见表6-1）。大学司书课程中“有关图书馆学的科目”即司书培训课程也由文部科学省令规定，其重要性从制度上得到明确保证。此次《图书馆法》修订案自公布之日起实施，考虑到各大学调整科目需要时间，因此将第5条之第1款的修正内容，实施日期定在了2010（平成22）年的4月1日。值得注意的是，此次第5条第3款放宽了对图书馆从业者的资格认可，原先规定图书馆行业内3年从业经验的限制得到放宽，只要具有社会教育主管、司书和学艺员（注：日本博物馆等机构职业资格）等以上职务的实际经验也予以认可。

4. 关于图书馆的运营管理

为了与《社会教育法》有关社会教育主管和公民馆主管进修的内容相适应，第7条新规定文部科学大臣和都道府县教育委员会要努力开展司书和候补司书的进修工作，确保现职图书馆职员有进修机会以提高他们的资质和能力。新增的第7条第2款把私立图书馆也纳入了依据规定基准提供图书馆服务的范围；新增的第7条第3款，规定对图书馆进行评估和根据评估结果努力改善运营状况，希望评估时听取图书馆所在地区机构和居民的意见，以恰当地反映图书馆利用者的意向，确保评估的透明度和客观性；新增的第7条第4款，与《教育基本法》第13条中新增有关学校、家庭和当地居民等应相互协力合作的规定相对应，对图书馆向当地居民提供运营状况信息的重要性加以明确规定，目的是促进更多读者了解有关信息并享受图书馆的服务（参见表6-1）。

（二）本次新修订对法律体系主要特点的反映

日本图书馆界对这次《图书馆法》之修订产生过异议，图书馆协会两次向文部科学省提出重新评价《图书馆法》，认为《基本教育法》修订之后并非一定要修订《图书馆法》；但在政府审议机关主导研讨的基础上，对《图书馆法》还是作了修订。总体上，此次日本《图书馆法》的修订体现出以下特点：

1. 体现了政府和民间的改革意志

日本这次修订包括《图书馆法》在内的有关法律，旨在体现教育制度的改革，是由标榜“从战后政治体制下脱胎换骨”的安倍内阁发起（2006年9月）并推进促成的。其政治背景是日本一些党派和政府官员多年来一直在争取修改《宪法》、《教育基本法》，力图清算“战后体制”，并确立与“新时代”相匹配的教育基本路线。在修改《教育基本法》之后，又以强制裁决的方式修改了《学校教育法》、《教育职工许可法》、《地方教育行政法》等教育三法。由于日本图书馆历来被视为“社会教育设施”，按照《文部省设置法》，图书馆业务的最高行业管理机构就是内阁文部省下设的社会教育设施科；既然《图书馆法》以《教育基本法》为基础，“基于《社会教育法》的精神”，文部科学省抓住这次因《教育基本法》的修订对《社会教育法》重新评估的机会，要求重新评估《图书馆法》，并召开“今后图书馆的定位研讨的合作者会议”，听取日本图书馆协会等的意见，于2008（平成20）年2月29日向国会一并提交了《社会教育法》、《图书馆法》和《博物馆法》的修订案，最终赢得了国会的支持。①

2. 强化了推行终身学习的媒介作用

日本图书馆曾经充当过日本国家主义教育的重要窗口。二战后，在美国的要求下，日本图书馆改革作为当时教育改革的一部分，客观上具有较深的时代烙印。在国会审议最新的《图书馆法》修订案时，文部科学大臣渡海就修订意图表示，图书馆不仅仅具有书籍保存、提供借阅以帮助人们获取知识的功能，还应是广泛传播信息的场所，可以成为地区学习的据点。要让居民们根据上述观念大量地利用图书馆，并能在需要的时候接受图书馆专家的指导。②因此，日本文部科学省立足于推动终身学习以及

① 塩見昇. 今次の図書館法改正とこれからの課題[J]. 図書館雑誌，2008(7)：436—439.
② 栗原祐司. 図書館法等の改正と今後の課題について[J]. 図書館雑誌，2008(9)：634—637.

与社会教育相关的改革，通过对含《图书馆法》在内的涉及终身学习的有关法律的重新评估，研讨“关于终身学习、社会教育相关制度的方向性”，然后将其归纳为法律修改的对象及事项，形成“关于开拓新时代终身学习的振兴方案，目标是构建知识循环型社会”。所以，《图书馆法》的修订对“终身学习的理念”予以更大的关注，围绕满足国民“多种多样的教育需要”，建立起所有与人们终身学习相关的保障制度，从而使终身学习的理念深深植根于图书馆活动的土壤中。

3. 确立了图书馆运营的规范化模式

日本《图书馆法》修订的思路，基本按照《教育基本法》、《社会教育法》等修订案所贯彻的原则，凸显了建设“知识循环型社会”的理念。这次有关条文的修改，不仅涉及服务目标的变化，增加了“有助于提升家庭教育”的目标以及“电磁记录”这种反映最新知识成果形态的馆藏资料；而且就图书馆的设置和运营提出了明确要求，规定“文部科学大臣应为图书馆的健康发展制定图书馆设置和运营方面的期望基准并加以公布”，图书馆“必须对该图书馆的运营状况进行评估，并根据评估结果努力采取改善图书馆运营状况的必要措施”。同时，图书馆为了得到其服务对象(当地居民及其他相关者)的理解，推进与服务对象的联系和合作，必须积极提供有关该图书馆运营状况的信息。值得注意的是，修订后的有关条款同样适用于私立图书馆，即无论公立还是私立图书馆，都要参照统一的标准执行，并没有与该法中“不得干涉私立图书馆事业”的条文相冲突的争议。这也就意味着为了保证图书馆的规范化，适应服务于建设“知识循环型社会”的需要，任何图书馆的设置和经营都必须达到已经公示的有关“期望基准”。

(三) 日本《图书馆法》新修订对我国图书馆事业发展的启示

日本把图书馆视为社会教育设施，并将图书馆专门法纳入教育法体系。图书馆专门法与有关规章制度或单行法的配套衔接，形成了日本图书馆法律体系的特色。尽管日本图书馆与中国图书馆事业发展情况存在诸多差异，但笔者以为，这次法律修订的一些做法，仍有不少地方值得我们借鉴。

1. 政府与民间机构的充分沟通和交流

在日本图书馆事业发展过程中,政府与民间的沟通交流十分顺畅;虽然有关法律的修订始终以行政主导为核心,但民间意见的搜集整理同样受到重视。主管部门通过专题会议、学术研讨、法律评估等形式,积极听取专家学者与行业协会等多方面的意见,从草案的反复酝酿、多次修改到形成国会众参两院审议的最终提案,准备工作十分细致。这次修订《图书馆法》是相隔约半个世纪之后的大修订,但日本官方和民间的很多人士都认为这并不是结束,仅是迈向构筑新时代图书馆制度的第一步。今后,要依据改定的《图书馆法》,开展省令、告示等的制定和重新评估工作;而要做好这项工作,同样需要民间和官方的密切配合。

2. 行业机构的恰当定位与作用

日本《图书馆法》的成功修订,与图书馆协会 JLA 正确的自我定位和积极努力是分不开的。作为行业性组织,该协会对内完善规章制度,对外参与政府部门政策法规的制定,很好地扮演了有所作为但不越位的角色。在《教育基本法》修订过程中,协会预见到该法的修订会对《社会教育法》和《图书馆法》进行重新评估,因而提前一年考虑"对与教育基本法修改后图书馆政策、《社会教育法》、《图书馆法》的联动等研讨并提出相关问题",及时把对《图书馆法》的重新评估意见归纳后报告文科省。其后,图书馆协会和文部科学省方面,通过多次口头交换意见和书面形式保持密切交流。法案提交到国会后,又以常务理事会为中心开展了针对图书议员联盟及各党议员等的游说行动,配合政府部门的修订解释工作。作为基础法律的《教育基本法》修改之后,协会并不要求立刻对《图书馆法》进行修改,只是把对该法案的修订意见呈送文部科学省中央教育审议会进行全面讨论,争取有关部门对协会主张的理解与支持,在推动《图书馆法》修订过程中发挥了十分重要的作用。

3. 全民关注图书馆事业的发展

目前，日本还有很多地区无法利用图书馆，而司书的配置、指定管理者制度导致的图书馆管理运营问题又令业界困惑，人们对通过修订《图书馆法》以使图书馆事业的发展有所依据的期待十分热切。在建设“知识循环型社会”的背景下，日本《图书馆法》的这次修订，并不像以前那样侧重考虑财政资助和经营保障，而是特别强调全社会对图书馆设置和经营的关注与支持。有关条文鼓励利用图书馆开展活动，不仅奖励参与者，也明确提出对主办相关活动者给予奖励；为了引导各界重视图书馆事业的发展，要求图书馆进一步推进各机构相互之间的协力合作。图书馆不仅要取得服务对象（当地居民及其他合作者）的理解，积极提供运营信息以保持与上述服务对象的沟通联系；还应依据社会的要求以及地方政府和各教育机关的意见，在图书馆中开展各种活用学习成果的活动，以最大限度地吸引社会和公众对图书馆运营的关注，使民众真正知晓有关图书馆的相关信息，在利用图书馆享受充分服务的同时，积极支持图书馆的健康运营。

4. 拓宽图书馆建设专门人才的运用渠道

图书馆工作要求具有较强的专业知识和较高的专门技能，其业务开展需要一定的学历背景、专业基础和工作经验。根据 2007 年末的调查，日本图书馆业修完大学培养课程者 9 076 人，司书培训结业者 1 209 人，总共约 1 万人取得了司书资格，但这只占图书馆从业人员的百分之几；职员资格和实际配置不衔接，在岗培养培训也明显不足。这次日本《图书馆法》修订，明确了职员定期进行业务进修的权利。另一方面，鉴于近年来图书馆承担援助家庭教育任务的重要性在提高，新修订的第 15 条就设置图书馆协议会任命委员的范围补充了“开展提升家庭教育活动的组织者”这一项（参见表 6-1）。这样，图书馆的运营通过广泛邀请各方面专业人才和有识之士参与，既可以充分反映以当地居民为主的使用者的诉求，又能够保证切合当地的实际情况，将社区各界的需要及时有效地反馈给图书馆，使图书馆提供更受民众欢迎的服务。

表 6-1

《图书馆法》(1950 年 4 月 30 日法律第 118 号)
最新修订:2008 年 6 月 11 日法律第 59 号　　　　(下划线部分为修改部分)

修　订　前	修　订　后
第 2 条　图书馆为完成图书馆服务,必须适应当地情况和一般公众的要求,致力于推进学校教育,努力实施下列事项。 1　收集图书、记录、视觉听觉教育资料及其他必要的资料(以下称"图书馆资料")……	第 3 条　图书馆为完成图书馆服务,必须适应当地情况和一般公众的要求,致力于推进学校教育和**提升家庭教育**,努力实施下列事项。 1　收集图书、记录、视听觉教育资料及其他必要的资料[包括**电磁记录**(以电子方式、磁方式等不能以人的知觉感知的方式制作的记录),以下称"图书馆资料"]…… 8　利用社会教育中的学习机会,提供活用该学习成果进行教育活动及其他活动的机会,并对参与者实施奖励。(新增)
(司书及候补司书的资格) 符合下列各项**之一**者具备司书资格。 1　大学或高等专科学校毕业、并曾接受第六条规定的司书培训的结业者。 2　大学毕业并在大学期间履修过有关图书馆学课程者。 3　具有三年以上候补司书(含国立国会图书馆或大学和高等专科学校附属图书馆的职员中相当于候补司书的人员)工作经验并曾接受第六条规定的司书培训的结业者。	(司书及候补司书的资格) 符合下列各项**任何一条**者具备司书资格。 1　大学毕业并曾在大学履修了文部科学省令中规定的图书馆课程者。 2　大学或高等专科学校毕业、并曾接受**以下条**款规定的司书培训的结业者。 3　任以下职务时间总计三年以上并曾接受下条规定的司书培训的结业者。 (1) 候补司书的职务 (2) 国立国会图书馆或大学和高等专科学校附属图书馆的职员中相当候补司书的职务 (3) 除(2)项所列职务外,官公署、学校或社会教育设施中由文部科学大臣指定的社会教育主管、学艺员及其他候补司书同等以上的职务。
	第 7 条 (司书及候补司书的进修) 1　文部科学大臣和都道府县的教育委员会要努力推进司书和候补司书必要的进修,以提高其资质。(新增) (设置和运营方面的期望基准) 2　文部科学大臣应为图书馆的健康发展制定图书馆设置和运营方面的期望基准并加以公布。(新增) (有关运营状况的评估等) 3　图书馆必须对该图书馆的运营状况进行评估,并根据评估结果努力采取改善图书馆运营状况的必要措施。(新增) (提供有关运营状况的情报) 4　图书馆为了得到该图书馆的服务对象当地居民及其他相关者的理解,同时,为了推进与上述对象的联系和合作,必须积极提供有关该图书馆运营状况的情报。(新增)
第 15 条　图书馆协议会的委员由教育委员会从学校教育和社会教育的相关者和有学识经验的人士中任命。	第 15 条　图书馆协议会的委员由教育委员会从学校教育和社会教育的相关者、**开展提升家庭教育活动的组织者**和有学识经验的人士中任命。

日本图书馆法律法规的颁布和修订弘扬了现代图书馆理念，为图书馆活动提供了法律依据及规范，带动了战后图书馆发展的变革，并推动日本图书馆事业迈入世界前列。其图书馆法律体系的鲜明特点，对于文化背景接近的我国开展图书馆法制建设不无裨益。而且日本《图书馆法》的最新修订，也为我国图书馆立法提供了宝贵的参考：无论是推行终身学习理念、规范图书馆运营模式或是强调全民对图书馆经营的关注，都是致力于树立并积极宣传现代图书馆观念，奠定图书馆事业发展的思想基础，最终提高图书馆的社会地位。

我国图书馆事业的法制建设还不够健全，目前尚未完成图书馆的相关立法。只有努力构建以图书馆专门法为核心、各类相关法律法规互补的完整法律体系，从而确保图书馆事业的内部机制与外部环境协调一致，才能使图书馆事业在不断完善与规范的法制环境中逐渐步入持续、稳定而健康的发展之路。

参考文献：

1. 綿抜豊昭. 図書館文化史[M]. 東京：学分社，2006：56—57.
2. 奥泉和久. 近代日本公共図書館年表 1867—2005[M]. 東京：日本図書館協会，2009：10—27.
3. 塩見昇. 図書館整備の法的根拠：その意義と現況、課題[C]. 第五届中日国际图书馆学研讨会论文集，2007：1—7.
4. 公立図書館の運営[M]//日本図書館協会図書館ハンドブック編集委員会，図書館ハンドブック第6版. 東京：日本図書館協会，2005：140.
5. 塩見昇. 図書館概論[M]. 新訂版. 東京：日本図書館協会，2008：75—88.
6. 日本図書館協会図書館政策特別委員会. 公立図書館の任務と目標解説，改訂版増補[M]. 東京：日本図書館協会. 2009：13—72.
7. 李国新. 日本图书馆法律体系研究[M]. 北京：北京图书馆出版社，2000：15—209.
8. 鑓水三千男. 図書館と法[M]. 新訂版. 東京：日本図書館協会，2009：28—31.
9. 山口源治郎. 公立図書館への指定管理者制度の導入[M]//日本図書館情報学会研究委員会変革の時代の公共図書館. 東京：勉誠出版株式会社，2008：114.
10. 日本図書館協会図書館政策特別委員会. 図書館に関する資料[EB/OL]. [2009-08-01]. http://www.jla.or.jp/siryo.html.

11. 新私立大学図書館改善要項[EB/OL].
[2003-09-07]. http://www. slis. keio. ac. jp/~ ueda/univlibguide/punivlibguide1. html.
12. 日本図書館協会図書館政策特別委員会. 図書館法改正関係資料[EB/OL].
[2009-08-01]. http://www. jla. or. jp/tosyokanhou2008/index. html.
13. 日本図書館協会図書館政策特別委員会. 法令データ提供システム[EB/OL].
[2009-08-01]. http://law. e-gov. go. jp/cgi-bin/idxsearch. cgi.
14. 塩見昇. 今次の図書館法改正とこれからの課題[J]. 図書館雑誌,2008(7):436—439.
15. 栗原祐司. 図書館法等の改正と今後の課題について[J]. 図書館雑誌,2008(9):634—637.
16. 松岡要. 国会審議への日図協の取り組み[J]. 図書館雑誌,2008(9):634—641.
17. 山本順一. 何のための図書館法改正だったのか[J]. 図書館雑誌,2008(9):646—648.
18. 日本図書館協会図書館政策特別委員会. 改正図書館法[J]. 図書館雑誌,2008(9):662—664.

第七章 日本图书馆情报学教育

第一节 发展历史

日本的图书馆学教育首先是从对图书馆员的职业培训开始的。如1903年(明治36年),由日本文库协会开设的“图书馆事项讲习会”,被认为是日本图书馆教育之开端。①进入大正时期以后,日本的图书馆学教育开始以讲座或职业培训的形式走进大学。如1918年(大正7年)和田万吉(1865～1934)在东京帝国大学开设了图书馆学方面的讲座;同年,东洋大学也开设了以职业培训为目标的“司书”课程。1921年(大正10年)开办的“图书馆学教习所”(1925年改称“图书馆讲习所”),一直持续到1945年3月,为日本图书馆界培养了大批人才。

二战以前,日本国内虽涌现出一批致力于图书馆教育的大学,开设了各种相关的课程和讲座,但由于时局动荡,许多都无疾而终。日本图书馆情报学教育正式走上正轨是在二战之后。1950年,东京大学开始在社会学系开设图书馆学课程。1951年,在美国图书馆协会的帮助和支持之下,日本当时颇有声望的私立大学——庆应义塾大学文学部设立了图书馆学科,这是日本首次在大学正规教育中为图书馆教育单独设立的一门

---

① 李国新.日本图书情报教育的历史与现状[J].大学图书馆学报,1996,14(5):42.

科目。到了上个世纪 60 年代末期，庆应大学的图书馆学科有了更进一步的发展。1967 年，庆应大学开设了图书馆情报学的 2 年制硕士课程，并将专业名称改为“图书馆情报学专业”；1975 年，又开设了图书馆情报学的博士课程，旨在培养图书馆情报学领域从事研究、教育等方面的高素质人才。1977 年，日本教育基准协会将 1954 年制定的《图书馆学教育基准》更名为《图书馆情报学教育基准》，标志着日本图书馆情报学教育体制的最终确立。

1979 年，原文部科学省的图书馆短期大学改制为 4 年制的图书馆情报大学，这也是日本唯一一所国家级的图书馆情报学专业教育的单科大学(2004 年 3 月，该大学被并入筑波大学，成为筑波大学图书馆知识情报图书馆学科以及筑波大学研究生院图书馆情报媒体研究科)。此外，目前日本国内相关的图书馆情报教育机构还有由洛克菲勒财团赞助设立的庆应义塾大学文学部人文社会学科图书馆情报学系和爱知淑德大学的文学部图书馆情报学科；东京大学、京都大学、中央大学、圣德大学、圣学院大学等大学中，也设有图书馆情报学的讲座和研究室。

日本大学中的图书馆情报学教育主要包含三个层面。一是图书馆情报学专门教育，二是司书(包括候补司书)、司书教谕的专门课程，三是在相关学科中开展以普及图书馆情报学知识为目的的一般教育。①本章将对其中的司书及司书教谕的培养着重进行介绍。需要说明的是，由于日本的大学图书馆和专门图书馆对于司书培养在法律上没有明确的条文规定，因此关于这两类图书馆司书的培养情况，基本借鉴公共图书馆的做法。

第二节　司书和候补司书的培养

高素质的人才队伍是图书馆完成其基本任务——图书馆服务的关

---

① 李国新.日本图书情报教育的历史与现状[J].大学图书馆学报，1996，14(5)：43.

键。从事图书馆专业工作的人员，不仅需要全面的文化素养，更需要具备一定的专业知识和技能。日本《图书馆法》就有关图书馆专业人员的规定非常明确。

一、“司书”名称的由来

《图书馆法》第4条对在图书馆工作的专业职员作了如下规定：

第4条

- 图书馆配置的专业职员称为司书和候补司书。
- 司书从事图书馆中的专门业务工作。
- 候补司书协助司书工作。

从严格的法律意义上说，司书和候补司书是指日本公立图书馆和私立图书馆（相当于我国的公共图书馆）中的专业职务，与其他类型图书馆的专业职员并无直接关系。从实际情况看，司书已经成为日本社会对图书馆员的一种统称和泛称。所谓统称，指人们理解的司书往往包含候补司书，甚至包含司书教谕和学校司书；所谓泛称，是指这个名称往往泛指所有在不同类型图书馆、不同部门从事图书馆专业工作的人员。在日本总务省统计局制定的《日本标准职业分类》“专业技术从业者”的细目中，只列举了“司书”这项，因此在某种程度上“图书馆员＝司书”这一看法在社会上已达成共识。

在日本，“司书”一词最早出现在1897年（明治30年）。日本帝国图书馆在公布《帝国图书馆馆长、司书长、司书任用条件》时，规定司书是当时帝国图书馆的一种专业职务。1906年（明治39年），日本对明治《图书馆令》进行修订，第6条规定“应在公立图书馆中配置馆长、司书和文员”，司书职务被正式引入所有的公立图书馆。1908年，帝国大学公布了《帝国大学司书官及帝国大学司书特别任用令》，司书职务又被引入大学图书馆。1933年（昭和8年），日本对1921年（大正10年）颁布的《公立图书馆职员令》进行全面修订，司书成为公立图书馆应该设置的法定职位，其待遇和任务被定为“司书享有‘奏任官’或‘判任官’的待遇，接受馆长的指令,负责图书的整理、保存及阅览等相关事务”(第2条),并建立了对司书任用资格加以鉴定的“司书资格考试制度”。以此为基础,1936年《公立图书馆司书资格考试制度》出台,司书制度得到完善。1946年(昭和21年),《公立图书馆职员令》再次修订,有关“司书资格考试制度”的条款被删除,意味着考试制度被停止实施。二战以后,1950年颁布的日本《图书馆法》沿袭了战前公立图书馆配置司书的规定,但将司书细化为“司书”和“候补司书”两个级别,同时规定了司书和候补司书的资格条件、资格取得的方法和途径。学校图书馆方面根据《学校图书馆法》的规定则称为“司书教谕”。在2008年6月最新修订的《图书馆法》中,特别强调司书和候补司书的培养应重点放在大学之中,体现了当前时代的趋势。

二、 职员制度里的司书

《图书馆法》第4条中对司书以及候补司书做出了定性,第5条规定了司书以及候补司书的资格,第6条规定了为取得资格所需的培训事项。此外,第13条关于公立图书馆的职员,规定“公立图书馆馆长或设置该馆的地方政府教育委员会,可设置必要的图书馆专业性职员、事务性职员和技术性职员”。

在将《图书馆法》草案提交议会时,当时的文部科学省社会教育局长便提到,《图书馆法》立法时需要特别注意的一点便是“职员制度的确立”。“图书馆的运营需要高度的专业知识和技能”,但迄今为止“因为必要的资格认定制度的缺失,致使无法召集到优秀的人才”,因此“由外行非专业人员担任图书馆运营工作的倾向越来越严重,这也是目前图书馆界不景气的一个重要原因”。[①]《图书馆法》的出台,目的是修正和改善这一现象。

关于司书(候补司书)应该从事怎样的专业性事务,法律上只有“司书从事图书馆中的专门业务工作”、“候补司书协助司书工作”这样的大致表述,并未涉及具体内容。1992年,以旧《图书馆法》第18条为基础的《公

① 塩見昇.司書・司書補とその養成[R].日本図書館研究会,2009:2.

立图书馆的设置及运营相关基准》，在当时以文部科学省通知的形式颁布出台，其中首次明确了图书馆职员的工作内容："专业职员从事资料的收集、整理、保存、提供以及信息服务等其他专门业务，并努力充实和提高图书馆服务"。

2007 年度，日本公立图书馆的专业职员为 13 489 人，其中拥有司书(候补司书)资格的占 51.0%，与往年相比并无多大变化。为了确立司书职务制度，完善司书的职务定位以及实施特定资格者的录取制度等都是必不可少的。但就目前的情况来看，采取了这些措施的自治体仅为一小部分，离法律所期待的目标仍有很大距离。至于司书教谕，目前在日本全国约35 718所中小学中，司书教谕的配置率也仅为 60.7%，设置情况并不理想。

如前所述，根据 2007 年度末的调查，日本图书馆职员中修完大学培养课程者 9 076 人，司书培训结业者 1 209 人，总共约 1 万人取得了司书资格，只占实际从业人员的百分之几。司书作为一种专业资格，已被社会普遍认可和接受。目前日本一方面有司书资格的人逐年增加，另一方面图书馆司书的设置率却不高，这种脱节现象，说明司书制度还需要进一步完善和健全。

三、 司书的资格条件

图书馆工作的专业性，司书、候补司书在图书馆服务中的重要性，决定了司书、候补司书必须具有一定的专业知识和技能。《图书馆法》第 5 条就司书及候补司书的资格做出如下规定：

第 5 条　符合下列任何一项者即具备司书资格。

1. 大学毕业并曾在大学履修了文部科学省令中规定的图书馆课程者。

2. 大学或高等专科学校毕业、并曾接受以下条款规定的司书培训的结业者。

3. 任以下职务时间总计 3 年以上并曾接受下条规定的司书培训的

结业者：

(1) 候补司书的职务。

(2) 国立国会图书馆或大学和高等专科学校附属图书馆的职员中相当于候补司书的职务。

(3) 除(2)项所列职务外，官公署、学校或社会教育设施中由文部科学大臣指定的社会教育主管、学艺员及其他候补司书同等以上的职务。

符合下列各项任何一条者，具备候补司书资格：

1. 具备司书资格者

2. 根据《学校教育法》(昭和 22 年法律第 26 号)第 90 条第 1 项的规定可进入大学者，并曾接受下条规定的候补司书培训的结业者……

简单而言，第 5 条中规定的条件主要包括两个方面，一是基本的文化素养，体现在对学历的要求上：司书必须具有大专以上的学历；候补司书必须具有高中以上的学历。二是图书馆学的专业知识和技能，体现在无论是司书还是候补司书，都必须接受图书馆学的专门教育。

但这也仅仅是成为司书(候补司书)的资格条件，不可能立即确保司书的专业性。也即是说，并不是拥有了司书资格，就可以成为独当一面的专业职员。一位有所作为的图书馆专业职员，除了要学习相关的图书馆专业知识和技能之外，还须通过日常的服务形成一套应对各类读者的思维模式。所以说，就算不具备司书资格也有可能成为一位优秀的图书馆员。但是不可否认，拥有司书资格的职员，其成为优秀图书馆员的可能性应该更大。

2008 年 6 月最新修订的《图书馆法》对司书资格认定方面的更改已见前文第六章第二节；至于司书教谕方面，日本《学校图书馆法》第 5 条对取得司书教谕资格的条件做出如下规定：首先必须取得教谕(即教师)资格；在此基础上，修读完司书教谕讲习课程培训并获得合格成绩。因此，理论上司书教谕比教谕在取得资格方面要困难得多。

四、 司书的教育培养制度

日本《图书馆法》第 5 条中，规定可以通过履修图书馆的相关课程或进修培训来取得司书资格(对于候补司书而言,只要求进修培训)。在《图书馆法》施行之初,开设图书馆学的大学非常之少,许多图书馆在职人员考虑到取得资质的必要性,都将参加进修作为司书培训的主要方式。2008 年修订后的《图书馆法》规定,司书的培养以在大学内履修课程为主,进修培训为辅。这也是根据目前日本培训教育的现状而做出的恰当的修改。

这一修订之后,大学中取得司书资格的履修科目必须经由省令决定。"今后图书馆的定位研究合作者会议"对此进行了探讨研究和意见征询,之后于 2009 年 4 月 30 日公布了大学图书馆学"必修课程"的具体内容,这在下文中将作具体介绍。

关于司书(候补司书)的进修培训,在《图书馆法》第 6 条中也作了如下规定:

第 6 条　1. 司书和候补司书的培训必须由文部科学大臣委托的大学进行。

2. 关于司书和候补司书的培训课程、应履修的科目、学分及其他重要的事宜,由文部科学省令规定。但是,必修课程的学分数,不得少于 15 学分。

这里的"大学",原指"拥有教育学部或艺术学部的大学",1952 年后对这一定义进行了修改。在《图书馆法》颁布之前,对于授课学校的资质认定限制较为严格;大学定义修改之后,只要申请授课的大学其相关学科拥有 2 名以上专业职员,经文部科学省审查通过,就能被文部科学省以"告示"形式向社会公布,获得进修培训资格。

文部科学省省令将《图书馆法施行规则》的第 2 章(第 2 条～第 11 条)统称为"培训规程"。培训规程在 1968 年、1996 年分别作了大幅修订,在 2009 年又再次作了修正。经过这 3 次修订,司书资格所需学分从原来的 15 学分,陆续变为 19 学分、20 学分,直到现在的 24 学分。①1968 年修订案规定的受培训资格须为具有大学本科学历者,受培训后才可能

① 塩見昇. 司書・司書補とその養成[R]. 日本図書館研究会, 2009:5.

成为司书;现在则改为"大学二年级以上在读并已修得62个以上学分者"(第3条)。这一修改,使得在校学生可以接受培训,因此突出强调了司书的教育培养对象应以志在成为图书馆员的大学生为主。另外,授予结业证书者从以前的"文部大臣"改为现在的"举办培训的大学校长",并规定"必须将结业者姓名报告给文部大臣"(第9条)。这一修正,更加明确了"大学"应成为教育培养司书的主要场所。

另外,由于司书教谕的培训起初受《学校图书馆法·附则》中"可暂时不设置司书教谕"这一规定的影响,学校普遍对司书教谕这一岗位并不重视,因此开设司书教谕培训班的大学也寥寥无几,有些课程甚至形同虚设。1997年《学校图书馆法》修订之后,人们重新认识到了司书教谕这一岗位的重要性,开办司书教谕培训的大学和机构数量也随之迅速增加。

五、 教育标准和必修课程

根据日本图书馆协会图书馆学教育部会的调查,截至2004年5月,可以授予司书资格的教育机构中,大学有141所,大专有74所,函授教育学校有9所,培训学校有14所。2003年取得司书资格的人数为:大学与大专共8 473名,函授教育学校1 088名,司书培训学校1 377名。[①]这些具有培训资质的机构所参照的教育标准,一直以来都是《图书馆法施行规则》中所制定的培训科目。2009年4月经过省令修订,制定了2010年4月1日(一部分为2012年)以后将要实施的省令第一章《图书馆相关科目》。

2009年新的省令规定的大学图书馆相关科目,分为甲组(必修)和乙组(选修)。甲组包含11个科目22个学分,乙组包含7个科目7个学分,可任意选择其中两个科目进行研修。必修科目可概括为基础科目、图书馆服务相关科目和图书馆情报资源相关科目这三大类。所有的必修科目都为2学分,选修科目都为1学分。具有图书馆相关工作经验者或具有

① 塩見昇.司書・司書補とその養成[R].日本図書館研究会,2009:6.

其他相关资格的人员根据文部科学省的规定可以免修部分课程。

另外，关于候补司书的培训科目，最早制定于 1950 年；近半个世纪之后的 1996 年进行了全面修订，废除了选修课程而全部改为总学分为 15 学分的必修课程(以上具体修改内容见本章文末附表)。

六、 大学的司书培训课题

2008 年的《图书馆法》修订，与司书培训相关的内容被普遍认为顺应了图书馆界的要求。紧接着如何以这些法的规定为基础，在各大学开展富有创意、内容充实的授课活动，便成为需要深入探索的重大课题。

作为大学图书馆学教育的标准，除了这次省令制定的科目之外，还有由大学基准学会制定的《图书馆情报学教育基准》(由 1954 年制定的《图书馆学教育基准》于 1977 年改订而成)。作为院系和各专业层面的教育标准，《图书馆情报学教育基准》规定必须履修完包括基础部门、媒体、使用部门、情报组织部门、情报系统部门等方面的 38 个以上的学分，并且最少需要配置 4 名以上的专职教员。本次省令制定的科目，是法律规定取得司书资格所需的最低限度的科目。各大学可以在此基础上，根据各自的特色增设其他科目，通过大学的自身努力，争取达到接近标准水平的教育成效。

七、 司书的进修

2008 年修订的《图书馆法》，在第 7 条中对司书及候补司书的进修做了如下规定：

第 7 条　1. 文部科学大臣和都道府县的教育委员会要努力推进司书和候补司书必要的进修，以提高其资质。

为了提高作为专业职员的司书和候补司书的资质，国家和都道府县教委会必须承担帮助其进修的义务。将这一条作为法律条文固定下来，其意义可谓重大。

附表　司书及候补司书资格取得科目的变化比较(1950 年、1996 年培训规定的履修科目及目前大学中的省令科目)：

【司书】

	1950年制定之初		1996年修订后		2009年省令	
	科目	学分	科目	学分	科目	学分
必修			终身学习概论	1	终身学习概论	2
	图书馆通论	1	图书馆概论	2	图书馆概论	2
					图书馆情报技术论	2
	图书馆实务	1	图书馆经营论	1	图书馆制度经营论	2
	图书选择法	1	图书馆资料论	2	图书馆情报资源概论	2
			专业资料论	1		
	图书目录法	2	资料组织概说	2	情报资源组织论	2
	图书分类法	1	资料组织演习	2	情报资源组织演习	2
	图书运用法	1	图书馆服务论	2	图书馆服务概论	2
	图书馆对外活动	1				
	参考咨询工作	1	情报服务概说	2	情报服务论	2
			参考咨询服务演习	1	情报服务演习	2
			情报检索演习	1		
	图书馆儿童服务	1	儿童服务论	1	儿童服务论	2
	视听资料	1				
选修	学校教育和公共图书馆	1				
	成人教育和图书馆	1			图书馆基础特论	1
	特殊资料	1	资料特论	1	图书馆服务特论	1
	图书馆设施	1			图书馆情报资源特论	1
	图书馆史	1	图书及图书馆史	1	图书及图书馆史	1
	社会教育	1			图书馆设施论	1
	社会学	1			图书馆综合演习	1
	新闻学	1	交流论	1	图书馆实习	1
	图书内容简介及图书评论	1				
			情报机器论	1		
	图书及印刷史	1	图书馆特论	1		

出处:日本文部科学省.图书馆法施行规则(1950年9月6日文部科学省令第27号,最新修订2009年4月30日文部科学省令第21号)

【候补司书】

	1950 年初		1996 年修订后	
	科　　目	学分	科　　目	学分
必修			终身学习概论	1
	图书馆概论	1	图书馆基础	2
	阅览和出借	2	图书馆服务基础	2
			参考咨询服务	1
	参考书内容简介	1	参考咨询资料解题	1
	复印技术	1	情报检索服务	1
	装订和修理	1	图书馆资料	2
	图书整理法	2	资料整理	2
	图书的目录和分类	3	资料整理演习	1
	视听资料	1	儿童服务基础	1
	图书馆统计	1	图书馆特论	1
选修	图书馆史	1		
	图书馆设施	1		
	社会教育	1		
	新闻学	1		
	速记法	1		

出处：日本文部科学省.图书馆法施行规则(1950 年 9 月 6 日文部科学省令第 27 号，最新修订 2009 年 4 月 30 日文部科学省令第 21 号)

历经半个多世纪的发展，目前日本图书馆情报学教育学已经基本形成较为成熟的制度体系。对于其发展中的经验教训，尤其是在图书馆员培养方面所取得的成就与心得，可为我国图书馆事业的发展提供参考和借鉴。

参考文献：

1. 李国新. 日本图书情报教育的历史与现状[J]. 大学图书馆学报，1996. 14(5)：42—46.
2. 李国新. 日本图书馆法律体系研究[M]. 北京：北京图书馆出版社，2000：77—83.
3. 李国新. 日本图书馆员专业职务制度[J]. 国家图书馆学刊，2005(3)：22—28.
4. 王珏. 论日本的图书馆情报学专业资格制度[J]. 图书情报工作，2003(1)：16—19.
5. 塩見昇. 図書館概論[M]. 新訂版. 東京：日本図書館協会，2008：149.

6. 塩見昇. 図書館法と現代の図書館[M]. 新訂版. 東京:日本図書館協会,2001:司書・司書補とその養成.
7. 塩見昇. 司書・司書補とその養成[R]. 日本図書館研究会,2009.
8. 塩見昇. 今次の図書館法改正とこれからの課題[J]. 図書館雑誌,2008(7):436—439.
9. 栗原祐司. 図書館法等の改正と今後の課題について[J]. 図書館雑誌,2008(9):634—637.
10. 柴田正美. 省令科目をふりかえる[J]. 図書館雑,2009(4):216—219.
11. 田窪直規. 今後の大学おける司書養成とその科目構成について[J]. 図書館雑,2009(4):220—222.
12. 日本図書館協会図書館政策特別委員会. 公立図書館の任務と目標解説. 改訂版増補[M]. 東京. 日本図書館協会. 2009:62—67.
13. 日本図書館協会図書館政策特別委員会. 図書館ハンドブック第6版[M]. 東京:日本図書館協会,2005:437.
14. 日本法令データ提供システム[DB]. [2009-10-01]. http://law. e-gov. go. jp/cgi-bin/idxsearch. cgi.

第八章
日本图书馆相关团体

根据2008年日本图书馆协会出版的图书馆年鉴统计，日本图书馆界有相关协会17家、协议会22家、学会13家、研究会14家和各类联络会26家。这些相关团体对日本图书馆事业的发展、日本文化和学术信息的交流提供了巨大的帮助。

第一节　日本图书馆协会

日本图书馆协会(Japan Library Association, JLA)成立于1892年，目前拥有团体和个人成员8 000个以上，是日本最大的全国性图书馆组织。其任务主要是促进日本图书馆事业的建设，提高图书馆服务质量，维护图书馆员的权益，开展学术交流活动等。

一、 发展历史

1892年3月，由时任东京图书馆馆长田中稻城(1856～1925)发起、25名图书馆界人士筹建的日本第一个图书馆团体——日本文库协会成立，它是日本图书馆协会的前身。1906年开始召开全国性图书馆大会，第一次会议在东京举行，与会者51名。1907年开始以月刊形式发行会刊《图书馆杂志》，主要发表会员的研究报告、国内外图书馆动态及有关图书馆方面的文献目录等内容，成为日本图书馆事业研究的前沿阵地和了解世界图书馆事业发展的窗口。1908 年协会更名为日本图书馆协会，1929 年加入国际图书馆协会联合会，积极支持并参与处于初创阶段的国际图联事业。第二次世界大战爆发后，日本图书馆协会被迫中止活动。战后在美国政府协助下，日本图书馆事业逐渐恢复。1947 年 5 月日本图书馆协会开始集中讨论与图书馆法有关的问题，当年 9 月召开战后第一次代表大会及协议会，并将推动图书馆法的制定提上日程。1950 年日本《图书馆法》的颁布及 1954 年《图书馆自由宣言》的发表，都与图书馆协会的积极参与和不懈努力分不开，图书馆协会为这一时期日本图书馆界的观念转变和改革发挥了重要的促进作用。1972 年协会出版了《日本图书馆白皮书》，代表官方立场正式规范并规划了日本图书馆事业。1985 年设立的图书馆建筑奖，更是标志着日本图书馆事业发展的多元化和全面化。1998 年，图书馆协会在东京中央新区新建的图书馆协会大楼落成，为推动图书馆协会的发展提供了更好的硬件设施。

二、 组织机构

图书馆协会致力于在图书馆发展的各个领域发挥积极作用，由此产生了相应的组织机构。图书馆协会由社团法人(董事长)、秘书处、6 个分部和 25 个委员会组成。董事长指导执行董事委员会、理事会、董事会理事、全体理事会的工作。秘书处主要负责组织实施、协调协会的工作以及服务会员的工作。其他的 6 个分支机构则是按成员馆类型分为公共图书馆部、大学图书馆部、短期大学图书馆部、学校图书馆部、专业图书馆部(如法律、宗教、私人图书馆等)和图书馆学会教育部。25 个委员会分为三大类：1. 解决课题型委员会。包括图书馆政策企划委员会、著作权委员会；2. 事业执行型委员会。包括图书馆自由关东地区委员会、图书馆自由关西地区委员会、图书馆利用教育委员会、资料保存委员会、关东地区残疾人服务委员会、关西地区残疾人服务委员会、儿童青少年委员会、国际交流事业委员会、图书馆杂志编辑委员会、现代图书馆编集委员会、图书馆年鉴编集委员会、出版委员会、目录委员会、分类委员会、标目委员会、进修事业委员会、图书馆调查事业委员会、图书馆选定事业委员会、设施委员会、选举管理委员会等;3.研究型委员会。包括出版流通委员会、多文化服务委员会、健康情报研究委员会。这些委员会几乎囊括了图书馆事业的各个方面。

三、主要职责

（一）参与制定和促进图书馆相关法令的实施

日本图书馆协会在学术和业务方面的评价标准具有较高的权威性，由他们制定的图书馆标准、纲要、规范等往往被日本学者作为“基准”，具有“准法律”的性质，成为图书馆建设及业务发展的指导性文件。这些“准法律”作为日本图书馆法规体系中的一个重要方面，对国家以及行政管理部门制定相关法律和法规起着重要的引导和补充作用。例如，协会制定的《公立图书馆的任务和目标》，后来成为《图书馆法》的一部分。

1952 年 11 月，日本图书馆协会在会刊《图书馆杂志》上刊登了美国的《图书馆权利宣言》，促进了“图书馆权利”观念在日本的广泛传播。1954 年协会在全国图书馆大会上建议将《图书馆宪章》改为《图书馆自由宣言》，提出关于《图书馆自由宣言》的议案，该《自由宣言》的主文最终获得通过并发表。会后协会成立“自由宣言实施委员会”，负责宣言副本的修改工作。此后这个宣言经过 20 多年的实践运用和全面修正，于 1979 年 5 月 30 日在协会年会上正式全文公布。1980 年 6 月，协会又通过了《图书馆员伦理纲领》，并于同年 11 月向社会正式公布。《纲领》与《宣言》相辅相成，体现了日本图书馆员的社会责任感和自律精神。

（二）参与制定有关图书馆行业标准

日本图书馆协会不仅对图书馆进行宏观指导，在微观方面也制定了日本图书馆界最基本、最重要的三种编目规则。

《日本编目规则》(Nippon Cataloging Rules, NCR), 1943 年由青年图书馆员联盟出版。1952 年 JLA 参照《英美编目规则》,制定了以著者为目标的《日本编目规则》,其后又经过多次修订,尤其是 1965 年版汲取了 1959 年 IFLA 编目规则大会和 1961 年巴黎编目码修订国际大会所制定的规则精华。目前施行的《日本编目规则 1987 年版》,是在 ISBD 的基础上修改制定的。日本编目委员会定期讨论并对其内容不断增补和修改。2001 年出版了《日本编目规则 1987 年版》改订第 2 版;2006 年出版了《日本编目规则 1987 年版》改订第 3 版。①

《日本十进分类法》(Nippon Decimal Classification, NDC),被誉为世界十大著名分类法之一。这个分类法主要建立在杜威十进分类法和卡特扩充分类法的基础之上,主要用于日文和中文书籍的分类。NDC 采用严格规范的十进层累制的编制方法,根据九分法将知识体系展开,把所有学科分成 9 大类,无法归属的分为 1 类,每一类又分 9 个子类,再加一个总论。最初的版本为 1928 年发表的《和洋图书共用十进分类法案》,1929 年始改为现名。从 1950 年起,它每年要更新出版一次,成为许多国家图书馆日文文献分类的参考依据。②

《基本主题词表》(Basic Subject Headings, BSH),由日本图书馆协会在 1956 年首次出版,1999 年出版第 4 版。它仿照《席尔斯主题词表》(List of Subject Headings)制定,按照西文主题编目方法,通过对标引主题数量的控制,把主题词的选取控制在三个以内,从而成为日本很多图书馆主题标引的主要参考工具。③

(三)评选日本图书馆协会建筑奖

日本图书馆协会在图书馆建筑领域也起到了主导作用。1985 年 JLA 设立了图书馆建筑奖,用来奖励那些设计优秀和提供最完善服务的图书

① 日本図書館協会目録委員会[EB/OL][2009-11-16]http://www.jla.or.jp/mokuroku/.
② 日本図書館協会分類委員会[EB/OL][2009-10-19]http://www.jla.or.jp/bunrui/index.html.
③ 日本図書館協会件名標目委員会[EB/OL][2009-10-19]http://www.jla.or.jp/bsh/.

馆建筑。奖杯由东京国立大学艺术音乐系山本雅道先生设计，是由一尊人物青铜浮雕构成——一个在图书馆窗边读书的女孩，很有象征意义。第一届日本图书馆协会建筑奖得主是茨城县水海道市立图书馆，该图书馆由日本株式会社三上建筑事务所设计建造。此后，每届得奖者一般都不止一个，从 1985 年至 2008 年有约 40 个图书馆获此殊荣。这一奖项的设立促进了日本各地区图书馆建筑的迅速发展。总的来说，日本的图书馆建筑体现了人性化、生态型、复合型的设计理念。

四、 主要作用

（一）促进日本图书馆学教育的发展

日本图书馆协会在致力于自身发展的同时也积极推进图书馆学科专业的发展。1903 年，图书馆协会的前身日本文库协会设立了“图书馆事项讲习会”，此乃日本图书馆学教育的开端。此后，日本各地陆续开设类似的教习所、讲习所，宣传与教授图书馆学相关知识。1911 年协会成立“图书馆员养成所设置委员会”，建议文部省设置培养图书馆员的专职机构，并为之四处奔走。经过近 10 年的努力，文部省终于在 1920 年决定成立“图书馆员教习所”，到 1945 年，已陆续培养了 500 多名专业毕业生，为日本图书馆学教育开辟了新天地。

（二）出版图书馆专业图书

近 10 年来，日本图书馆协会已出版了 200 多种专业书籍，平均每年出版 20 种专业新书。1992 年出版了《图书馆法规基准总览》及《图书馆法规基准总览 · 追录》，1995 年出版了《图书馆法规基准总览 · 增补追录篇》，对原书内容加以增订。《总览》收集了有关图书馆的法规、标准、宣言、纲要等，是一部关于图书馆法律法规的完全手册。

《日本图书馆统计》自 1952 年开始逐年出版。它汇集日本每个公共图书馆、大学图书馆和其他图书馆的相关数据，如服务人口、馆藏规模、注册读者、专业和非专业工作人员数量、流通数量、费用及结算等。这些数据反映了日本图书馆工作的实际情况，揭示了其活动规律，成为完善和改进图书馆业务的客观依据。

（三）扩大在国内外的影响

1. 积极参与 IFLA 活动

在国际上，日本图书馆协会积极参与 IFLA 活动，加强与世界组织的联系。1929 年，日本图书馆协会加入 IFLA，此后二战导致整个日本图书馆事业停滞，1952 年又重新加入 IFLA。1986 年在东京，日本图书馆协会成功主办了第 52 届 IFLA 大会，会议主题是“21 世纪图书馆新水平”，这是国际图联第二次在亚洲召开大会。此次会议中，来自世界 62 个国家的 1934 名代表出席了会议。JLA 代表日本组织分会(Japan Organizing Committee)出版了英文版的《日本图书馆学》一书，主要提供给国外与会者使用，以展现日本图书馆事业发展的状况。2006 年 10 月，JLA 在日本教育会馆还举行了纪念 IFLA 东京大会 20 周年的恳谈会。

2. 举办全国日本图书馆大会

在国内，日本图书馆协会每年秋季举办全国日本图书馆大会，自 1914 年在九州举办第一届图书馆联合大会以来，截至 2008 年，已举办了 94 届。2008 年 9 月 18 日至 19 日，第 94 届日本图书馆全国大会在神户兵库县隆重举行，大会主题是《突飞猛进的未来图书馆——从振兴中的兵库县看未来》，来自全日本的共 1 600 多名图书馆界人士出席了大会。该年上海图书馆也派代表参加了会议。

3. 举办“读书周”活动

每年的 10 月 27 日至 11 月 9 日是日本的“读书周”，该活动源于日本图书馆协会在 1924 年发起的“图书馆周”运动，1933 年更名为“图书祭”，目的是鼓励读书，普及文化。二战期间，该活动被迫终止。1947 年又恢复此项活动，第二年将活动时间改为两周。1959 年日本图书馆协会与其他 6 个相关团体组建了“推广阅读运动协会”，1965 年成立社团法人，直接由文部省主管。日本图书馆协会还通过此项活动进行调查，以了解日本人喜欢阅读的书籍种类。“读书周”活动丰富了日本国民的精神生活，加深了人们与图书的关系。①

4. 组织发布职员招聘和进修信息

日本图书馆协会收集并发布各图书馆、包括阅览室在内的职位招聘信息，这为很多具有图书馆职业资格的人员提供了就业机会；同时协会还在网页上公布有关司书及候补司书的培训信息以及远程网络教育的有关信息。日本图书馆协会相关平台的建立，大大加深了图书馆与读者的联系，充分发挥了协会的信息桥梁作用。②

第二节　日本图书馆研究会

一、 本会概要

日本图书馆研究会创立于 1946 年 11 月，至今已有半个多世纪的历史。研究会的目的正如它在会则第 2 条中所言，“在对图书馆学进行研究和谋求图书馆学普及发展的同时，加深研究会会员间的亲密友好关系”。

该研究会的特点在于：突破了公共、大学、学校等图书馆间的类别界限，作为全国性学术研究团体，推动与图书馆相关的研究活动。

日本图书馆研究会位于大阪市。根据 2008 年的会员统计数据，个人会员约 950 人，团体会员约 520 人，名誉会员 3 人。2008 年的经费预算达到4 000万日元。目前的理事长为川崎良孝。

二、 本会组织情况

日本图书馆研究会由总会、评议员会、理事会、各委员会、监察、选举管理委员会和事务局等部门组成。

（一） 总会

总会是日本图书馆研究会的最高领导机构，负责审议会则等重大事

① 张蓉. 日本图书馆协会评述[J]. 图书情报工作，2007(1)：139—142.

② 図書館職員（教員含む）採用試験情報[EB/OL][2009-10-19]http://www.jla.or.jp/job.htm.

项，由理事长不定期召集会议。一般情况下，若有 1/10 以上的会员提出开会要求，则必须召开总会。每次会议，出席会员必须达到 1/10 以上（包含书面委托）；相关决议必须得到 2/3 以上的出席会员同意方能通过。

（二）评议员会

评议员会是由日本九大地区选出的评议员组成的会议，每年召开一次以上，决定该年的事业计划、预算以及研究会的运营方针，并审核决算。评议员是由北海道、东北、关东、北陆、东海、近畿、中国、四国和九州九大地区的会员以不记名投票方式选出，各地区每 25 名会员中产生 1 名评议员，一地区会员超过 25 名者，每 50 名增加 1 名。评议员任期为两年。评议员会由理事长召集，出席评议员达到半数以上（包含书面委托）时会议方能举行。决议的通过需得到超过半数的出席评议员的同意。若 1/3 以上的评议员提出要求，则必须召开评议员会。

（三）理事会

理事会是负责日本图书馆研究会运营工作的组织，负责执行总会及评议员会所做出的决议，处理会则第 3 条规定的以下业务：1. 发行出版机关刊物《图书馆界》及图书馆学文献；2. 举办研究大会、研讨会、例会、讲演会等会议并派遣讲师；3. 图书馆研究的奖励和补助；4. 商议指导图书馆经营的相关事项；5. 其他必要的业务。理事会通过选举产生，由日本全国范围内选出的 10 名理事，以及选择评议员会认可的 5 名以内的理事，总计 15 人组成。理事的任期为两年。理事会议由理事长召集，出席理事达到半数以上时会议才能举行。决议的通过需得到过半数的出席理事的同意。理事会原则上两个月召开一次，紧急情况下也可临时召开。在接受各委员会、担当、事务局提交报告的同时，对各种草案、原案等进行研究和处理。理事会的议长由除理事长、事务局长、编集委员长、研究委员长之外的理事轮流担任。事务局长同时兼任理事会记录文员一职。

（四）各委员会

目前研究会中设有编集委员会和研究委员会。编集委员会负责图书馆研究会的机关刊物——《图书馆界》的企划和出版发行工作；研究委员会负责与研究会相关的众多研究活动。

（五）监察

监察主要负责监督审查研究会的业务以及会计财务方面的工作。监察为2人，由会员不记名投票选出。监察的任期为两年。日本图书馆研究会的会计年度从每年4月1日开始至翌年的3月31日结束，所以会计审查也从每年的3月31日或是4月初开始进行。监察在将监察结果向理事会、《图书馆界》、评议员会报告的同时，也要提出改善方案。必要时监察也要出席理事会。

（六）选举管理委员会

选举管理委员会是为了管理选举工作而设置的委员会。选举管理委员会由委员长1名、委员若干名组成。委员长和委员都经由理事长委托。选举管理委员长以及委员的任期，与干事任期合计共两年。选举管理委员会主要负责干事选举的公布、开箱检票、再次投票、干事的就职委托、干事的补充等工作。选举管理委员会在将选举结果报告给理事会、《图书馆界》、评议员会的同时，也要提出改善建议。选举管理委员长根据需要出席理事会。

（七）事务局

事务局主要负责联络会员、会计、出售研究会出版物等事务，保证研究会的各种活动顺利进行。

三、本会的出版物

（一）《图书馆界》

《图书馆界》创刊于1947年5月，是日本图书馆研究会的正式学术杂志，为双月刊。除了刊登年均约400页的原创学术论文之外，还登载许多书评、新书介绍以及指南类的文章。此外设有"反响"专栏，反映会员对于研究活动、理事会报告的各种观点和看法。

该杂志每年出一期特辑，总结这一年的研究大会内容；两年出一辑由编集委员会策划、主题广泛的委托撰稿的论文特刊。此外，每50期总结每个10年的图书馆和图书馆学的研究成果，同时提出对于未来研究的展望。1999年开始发行CD—ROM版。

截止2009年3月，《图书馆界》的发行量为：个人会员1 100份、团体会员600份、通过书店销售200份，总计约2 000份左右。

（二）其他出版物

除《图书馆界》之外，日本图书馆研究会还出版了面向学生的、价格低廉的教材（如《图书馆资料的目录和分类》、《大学生和图书馆》等），以及研究论著和调查资料（如《文化的使者》、《怎样选择书籍》等）。

四、本会的活动

（一）日本图书馆研究会的大会和研究会

日本图书馆研究会常常举办各种各样与研究相关的活动。大到有200多名参加者的研究大会，小到规模不等的小会场研究例会，无论哪种会议，也不论是否是会员，只要对会议内容感兴趣者都可参加。

日本图书馆研究会迄今召开的会议主要有以下6大类：研究大会、图书馆学研讨会、国际图书馆学研讨会、地区研讨会、研究例会和爱知研究例会。其中的国际图书馆学研讨会，是日本图书馆研究会和上海市图书馆学会根据1999年10月签订的《国际交流协定》，从2001年起开始召开的会议。该交流研讨会每3年召开2届，由中日双方轮流主办。第一届在中国召开，目前已举办了6届。各届的主题分别为：情报技术、图书馆合作、图书馆在创新社会中的作用、为促进中日两国图书馆馆员的相互理解和发展、图书馆法与制度建设、图书馆延伸服务。

（二）研究小组

日本图书馆研究会的研究小组是根据地区和研究主题，由会员自发组合开展研究活动的组织。

由7名以上会员组成的研究小组，经过理事会的批准可接受研究补助（补助原则上以两年为期限，金额为每年3万日元。但根据具体需求，考虑到研究计划、活动报告、参加人数等情况，可酌情增加金额）。在这种情况下，研究小组须按时完成研究报告，且须将研究成果在研究大会上发表。

目前，活跃在日本图书馆研究会中的研究小组有以下这些：情报组织化研究小组（原名为整理技术研究小组，2008 年 1 月更名）、图书馆服务研究小组（原名为图书馆义务奉献研究小组，2009 年 4 月更名）、读书调查研究小组，图书馆学教育研究小组，学校图书馆研究小组、儿童・青年服务研究小组、“多媒体和图书馆”研究小组、大学图书馆研究小组、图书馆职业记录研究小组、图书馆情报学基础理论・教育实践资料研究小组、情报系统研究小组、口述历史研究小组、爱知研究例会等。

（三）图书馆研究奖

日本图书馆研究奖是在过去两年间发表于《图书馆界》杂志上的论文中，选出一篇最优秀的论文予以奖励。奖励对象侧重于图书馆界的新人或业务骨干。

本奖项由森耕一担任理事长时以 200 万日元基金创立，之后通过接受捐赠，目前已超过了 300 万日元。

图书馆研究奖担当理事经由理事会批准组成选拔委员会（5 名）；选拔委员不一定是理事。获奖者被授予奖状和 10 万日元奖金。

若没有论文符合奖励要求，也可选出两篇佳作论文予以表彰（奖金 5 万）。①

第三节　日本国立大学图书馆协会

国立大学图书馆协会是由全日本国立大学、广播大学附属图书馆，以及四所“大学共用学术研究所”附属图书馆等共计 91 所图书馆组成。它通过成员间的紧密合作，在致力于各图书馆职能提升的同时，广泛推动学术信息资源的共享和学术信息交流平台的发展，并协助各大学完成其基

① 日本図書館研究会[EB/OL][2009-10-19]http://wwwsoc.nii.ac.jp/nal/.

本使命。

一、 发展历史

(一) 历史沿革

国立大学图书馆协会的前身是全国国立大学图书馆馆长会议。1949年(昭和 24 年)《国立学校设立法》制定之前,当时国立大学图书馆的联合机构,只有五大帝国大学所设立的帝国大学图书馆协议会(1948 年);1950 年(昭和 25 年)发展为七大国立大学附属图书馆协议会以及官立医科大学附属图书馆协议会(1930 年)这两大团体,当时还没有一个涵盖所有国立大学的全国性的组织机构。

1953 年(昭和 28 年)在山梨县召开的关东地区国立大学图书馆协议会上,提出了召开全日本国立大学图书馆馆长会议的动议。经过多方协调努力,1954 年(昭和 29 年)10 月 11 日,第一次全国国立大学图书馆馆长会议(以下简称馆长会议)在横滨正式召开,此后定期举办。在第 3 届馆长会议上,提出了以地区为单位设立调查研究委员会的提案,该委员会也是国立大学图书馆协会调查研究班的雏形。

1961 年(昭和 36 年),第 8 届馆长会议对该会议的组织机构进行了讨论。1963 年(昭和 38 年),在第 10 届馆长会议上,修正了《全国国立大学图书馆馆长会议会则》。会则明确了馆长会议的目标方针和基本组织框架。1965 年(昭和 40 年),第 12 届馆长会议决定,今后的例会于每年的 6 月下旬召开。

1967 年(昭和 42 年)9 月召开的“馆长会议组织强化特别委员会”第一届会议作出了:1. 更改组织名称;2. 对地区协议会做出新规定,将其明确定位为下属组织;3. 对部门结构的变动等各项决定。之后在东京召开的第 15 届馆长会议上,将组织名称正式确定为“国立大学图书馆协议会”,并制定了会费收取方法及标准。

1972 年(昭和 47 年)12 月,国立大学图书馆协议会的机构期刊《大学图书馆研究》创刊。

1981年(昭和56年)在第28届总会(原馆长会议,下同)上,批准了《国立大学图书馆馆际利用实施要点》。

1986年(昭和61年)4月,国立大学图书馆协议会的学术情报中心成立。

1987年(昭和62年)10月和12月,为了向图书馆馆员传达调查研究班和特别委员会的研究成果,加深他们对于国立大学图书馆协会活动的了解,协会在日本东西两地区分别举办了为期两天的"第1届'国立大学图书馆协议会'研讨会"。这种研讨会延续至今,讨论的题目不限于调查研究班和特别委员会的研究成果,也有一些关于当时大学图书馆研究的重大课题。

1996年(平成8年)7月,学术审议会提出了《关于充实和加强大学图书馆的电子图书馆功能》的建议案。

2000年(平成12年)4月,国立情报研究所成立。第47届总会同意吸收国立民族学博物馆、国际日本文化中心两机构为会员;批准了《国公私立大学图书馆间馆际互借协议》。

(二) 岸本英夫博士纪念基金

岸本英夫(1903～1964)博士在担任东京大学附属图书馆馆长期间,致力于大学附属图书馆的现代化改革。1964年他因恶性肿瘤去世,馆长会议为纪念他对日本大学图书馆现代化所作的贡献,同时也为奖励国立大学图书馆馆员的研究成果,决定设立"岸本英夫博士纪念基金"。1978年"岸本鼓励奖"改名为"国立大学图书馆协会奖"。1988年第35届总会决定取消颁发纪念品和奖金,代之以授予纪念奖牌。

二、组织机构及职能

(一) 协会职责与构成

国立大学图书馆协会主要负责:调查并研究如何提升国立大学图书馆职能;促进学术情报资源的共同维护和馆际利用;提高国立大学图书馆

馆员业务能力；与国内外学术信息交流机构进行合作等。

协会组织包括：总会设会长1名；副会长1名；监事2馆（带广畜产大学附属图书馆、金泽大学附属图书馆）；理事会16馆（北海道大学附属图书馆、北海道教育大学附属图书馆、东北大学附属图书馆、山形大学附属图书馆、筑波大学附属图书馆、新泻大学附属图书馆、东京大学附属图书馆、一桥大学附属图书馆、名古屋大学附属图书馆、爱知教育大学附属图书馆、京都大学附属图书馆、大阪大学附属图书馆、广岛大学图书馆、香川大学图书馆、九州大学附属图书馆、琉球大学图书馆）。理事会下设总务总监、人才培养总监、国际事务总监、学术情报总监、事务局以及学术情报流通改革检讨特别委员会、总务委员会、人才委员会、学术情报委员会等机构，其中总务委员会下又设协会奖励委员会。总会下另设有北海道地区、东北地区、关东地区、东京地区、东海地区、近畿地区、中国·四国地区、九州地区等8个地区协会（见图8-1）。

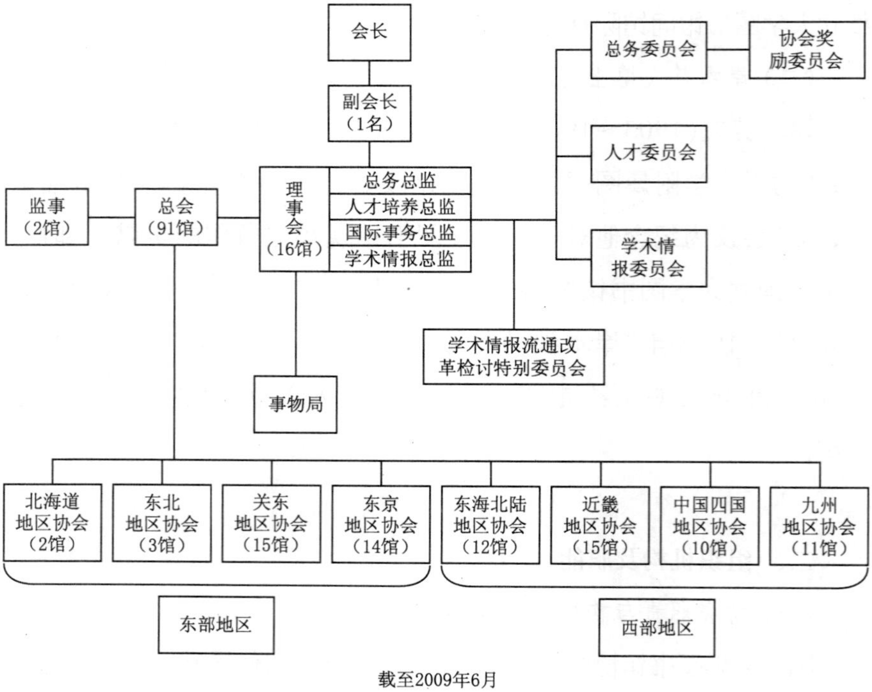

图8-1　日本国立大学图书馆协会组织机构图

（二）各委员会职能

总务委员会:企划并起草与国立大学图书馆协会的组织、运营及宣传相关的文件;企划和审议协会奖事务。

人才委员会:随着国立大学图书馆的学术以及经营环境的变化,需要进一步提高读者服务和运营效率。为此,人才委员会必须承担起研究并探讨人才培养、职工待遇、确保优秀图书馆馆员发展等责任。

学术情报委员会:为确保稳定、顺利地收集、提供、传送、保存学术情报(电子期刊除外),开展对复杂多样的学术情报媒体、系统以及服务等诸多课题的研究。

国际学术交流委员会:为谋求学术情报交流领域的国际合作,协会积极参与全球 ILL/DD(document delivery)和 SPARC(学术出版&学术资源共享)之间的业务合作,并在继承和发展上述事业的同时,积极开展其他国际学术交流活动。2009 年 6 月 19 日,第 56 届总会决定将国际学术交流委员会并入学术情报委员会。

三、 对外学术交流——日美大学图书馆会议

日本国立大学图书馆协会与国外的交流,可以追溯到 1961 年(昭和 36 年)由馆长会议与东京大学附属图书馆共同举办、由哈佛大学名誉馆长 Keyes D. Metcalf 主讲的题为"近代大学图书馆现状"的演讲会,此后双方的联系不断加强。1967 年(昭和 42 年),美国图书馆协会国际主席 Thumas R. Buckman 赴日考察日本大学图书馆,提出设立促进日美两国图书馆事业交流的"联络委员会"并召开交流会的提议,日本方面接受了此提议。昭和 44 年(1969 年)5 月 15 日—19 日,由日本国立、公立、私立大学图书馆协议会和美国图书馆协会共同主办的第一届日美大学图书馆会议在东京召开(同年 12 月 12 日日美大学图书馆会议组织委员会召开)。此后 1972 年(昭和 47 年)第二届、1975 年(昭和 50 年)第三届、1988 年(昭和 63 年)第四届至 1992 年(平成 4 年)第五届的召开,进一步深化了两国图书馆界的交流与合作。1999 年(平成 11 年)又在东京召开了以

"改善日美两国文献传递服务"为主题的圆桌会议。①

第四节　日本图书馆情报学会

日本图书馆情报学会成立于1953年(昭和28年)6月4日。成立之初,学会被命名为"日本图书馆学会";1998年10月1日改名为"日本图书馆情报学会"。截至2008年3月拥有100个团体成员和1 428名个人成员。学会作为一个面向研究者、教育者和专家的学术团体,旨在通过对理论和实践的不断探索和研究,为发展图书馆情报学做出贡献。

一、 本会简历(会史)

1952年(昭和27年)4月28日《日本图书馆学会设立的宗旨》发表

1953年6月4日(昭和28年)学会成立

　　第1回(届)总会召开并发表研究报告

　　会长海后宗臣完成《日本图书馆学会规约》

1954年(昭和29年)《图书馆学会年报》创刊

1955年(昭和30年)《会报》发行

1998年(平成8年)10月1日改名为"日本图书馆情报学会"

2003年(平成15年)10月25日举办学会创立50周年纪念典礼和讲演会

二、 本会的组织情况

根据最新的《日本图书馆情报学会规约》(2006年10月1日最终修订),学会下设会长、副会长各1名,常任理事6名,理事21名(包括副会长和常任理事)和监察2名。理事会由会长和理事组成,负责审议决策学会的企划以及运营事项,每年由会长召集召开一次以上会议。常任理事会由会

---

① 国立大学図書館協会[EB/OL][2009-10-19]http://wwwsoc.nii.ac.jp/anul/index.html.

长、副会长和常任理事会组成，负责执行理事会和总会做出的决定，处理学会事务，并由会长根据需要举办相应的活动。总会由会长负责每年召开一次。理事和监察由正式会员通过不记名投票选出。常任理事会为了完成业务，也可以另外设置总务、财政、编集、研究等专门委员会。监察负责监督审查学会的业务和会计工作。学会内干部人员任期为3年。

三、 本会开展的活动

- 每年举行一次研究大会和春季研究大会，适时召开特别研究集会
- 推进合作研究项目
- 推动与国内外相关团体组织的合作（如国际文献交流活动等）
- 支持其他可以实现学会目的的有意义的活动

四、 本会的出版物

学会期刊：《日本图书馆情报学会期刊》(1999.3 至今)

《图书馆学会年报》(1954—1999.2)

系列丛书：《图书馆情报学的国界》系列

《图书馆情报学研究的发展历程》论文集

《图书馆学研究的发展历程》论文集

其他出版物：《日本图书馆情报学会创立 50 周年纪念刊》(2003.10)

《图书馆情报学用语辞典》第 2 版(2002.8)

《图书馆情报学研究和其援助体制》(1998.11)

学会会报：《日本图书馆情报学会会报》(2000.1 至今)

《日本图书馆学会会报》(1955.3—1999.7)

邮件杂志：(2000.7.16 至今)

五、 本会设立的奖项

- 日本图书馆情报学会奖
- 日本图书馆情报学会奖励奖

- 日本图书馆情报学会活动贡献奖
- 研究补助金

六、 文献目录数据库

“图书馆情报学文献目录”作为图书馆情报学相关的主题文献目录，自1973年以来，一直被作为“图书馆学年度文献目录”，刊登在日本图书馆情报学会期刊《图书馆学会年报》中。直到1992年之前，它还被作为单刊出版。目前，经过文献目录委员会的努力，对其输入规则、词汇资料汇编、分类表等进行了改善，编建成“图书馆情报学文献目录数据库”。

这一数据库，分别有CD—ROM版的BIBLIS 2和网页版的BIBLIS for WEB两个版本，可供任意人群使用。该数据库的完成，受到科学研究费和研究成果公开促进费的补助。①

第五节 大学图书馆问题研究会

一、 本会概要

日本大学图书馆问题研究会成立于1970年，是一个以大学图书馆馆员为中心、富有自主性实践性的研究团体。该研究会致力于大学图书馆事业发展的研究探索，为加强图书馆员的业务交流提供平台。为了不迷失大学图书馆真正的发展方向，研究会与读者一同致力于改善大学图书馆的面貌。

与其他研究会一样，大学图书馆问题研究会也有自己的会则、纲领和指导方针。会则最后一次修订时间为1994年8月27日，内容由7个部分组成，分别为：名称、目的、事业、会员、机构、组织、财政和附则。指导方针修订于1995年8月，旨在建设便于利用、机动性强的大学图书馆。该研究会会徽为围绕桌边翻开的三本书，它象征着只有在教员、

---

① 日本図書館情報学会[EB/OL][2009-10-19]http://wwwsoc.nii.ac.jp/jslis/.

学生和图书馆员三者的共同努力下,大学图书馆的工作才能得到更好的充实和发展。

二、 本会的组织

全国委员会:由支部选出的全国委员和常任委员组成,负责研究会相关活动的审议和决策。

常任委员会:由关东地区各支部选出的会员组成,以全国委员会制定的活动方针为基础,负责实施研究会的实质运营工作。

全国各支部:全日本各地共有 15 个支部,分别开展具有地域特色的支部活动。这 15 个支部分别是:北海道支部、群马支部、千叶支部、东京支部、神奈川支部、新泻支部、石川支部、爱知支部、京都支部、大阪支部、奈良支部、兵库支部、广岛支部和福冈支部。

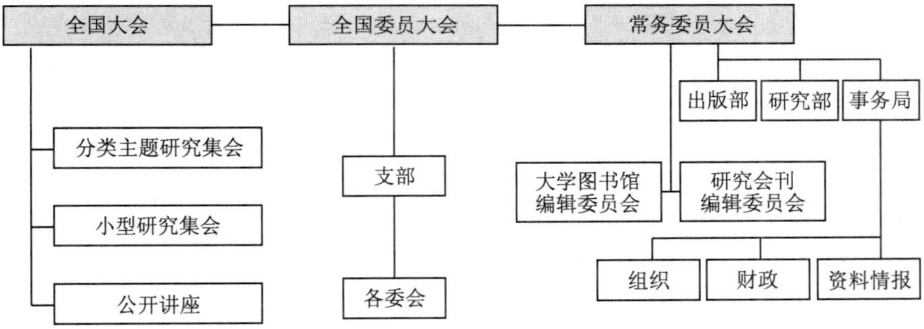

图 8-2　大学图书馆问题研究会组织机构图

三、 本会的活动

（一）全国大会

全国大会是本研究会最大的活动集会之一,每年夏天举行。除了以研究发表和信息交流为中心的分会之外,还有特别讲演会以及与研究会运营相关的研讨会。

大会设课题分会和主题分会。课题分会从“文献收集和馆藏构成”以及“读者服务”等传统业务课题,到“文献的数字化”、“网上期刊”和“图书馆经营”等新课题都有涉及。而主题分会则以“教育”和“生物医学”这两个领域的文献研究成果为主，同时邀请许多相关研究者出席，旨在打造高水平的活动集会。

（二）支部活动

支部活动是大学图书馆问题研究会活动的主要组成部分，原则上以每个都道府县为单位组成支部并开展活动。支部活动内容丰富，形式多样，如以报告发表形式的例会、从外部邀请讲师的讲演会、参观大学图书馆、业务上的情报交流、支部报刊的编辑发行等等。

除全国大会和支部活动这两项主要活动外，大学图书馆问题研究会为加强全日本各图书馆的交流和沟通，还定期或随时召开研究集会、“从生命周期来思考图书馆”集会、信息交流会以及公开讲座等。

四、本会的出版物

大学图书馆问题研究会的出版物包括会报《大学的图书馆》、《大学图书馆问题研究会刊》以及大学图书馆问题研究会丛书。其中《大学图书馆问题研究会刊》主要刊登会员个人的研究报告，它与其前身《大学图书馆问题研究会论文集》一样，除了刊登研究论文之外，还登载实践报告、企划报告和记录等。①

参考文献：

1. 日本図書館協会目録委員会[EB/OL][2009-11-16]http://www.jla.or.jp/mokuroku/.
2. 日本図書館協会分類委員会[EB/OL][2009-10-19]http://www.jla.or.jp/bunrui/index.html.
3. 日本図書館協会件名標目委員会[EB/OL][2009-10-19]http://www.jla.or.jp/bsh/.
4. 张蓉.日本图书馆协会评述[J].图书情报工作，2007(1)：139—142.
5. 図書館職員(教員含む)採用試験情報[EB/OL][2009-10-19]http://www.jla.or.jp/job.htm.

① 大学図書館問題研究会[EB/OL][2009-10-19]http://www.daitoken.com/.

6. 日本図書館研究会[EB/OL][2009-10-19]http://wwwsoc.nii.ac.jp/nal/.
7. 国立大学図書館協会[EB/OL][2009-10-19]http://wwwsoc.nii.ac.jp/anul/index.html.
8. 日本図書館情報学会[EB/OL][2009-10-19]http://wwwsoc.nii.ac.jp/jslis/.
9. 大学図書館問題研究会[EB/OL][2009-10-19]http://www.daitoken.com/.

附录一：
日本图书馆相关法律法规

图书馆法

1950年(昭和25年)4月30日　法律第118号

最新修订年月日:2008年(平成20年)6月11日　法律第59号

第一章　总　　则

(目的)

第一条　本法律的目的是依据《社会教育法》(昭和24年法律第207号)的精神,就图书馆设置及运营的必要事项加以规定,谋求图书馆的健康发展,以有助于国民教育和文化发展。

(定义)

第二条　1. 本法律中的"图书馆"是指收集、整理、保存图书、记录及其他必要资料为一般公众利用,以有助于其文化修养、调查研究为目的的设施。即地方政府、日本红十字会或一般社团、财团法人设置的图书机构(附属于学校的图书馆或图书室除外)。

2. 前项所定义的图书馆中,地方政府设置的图书馆称为公立图书馆,日本红十字会或一般社团、财团法人设置的图书馆称为私立图书馆。

(图书馆服务)

第三条　图书馆为完成图书馆服务,必须适应当地情况和一般公众

的要求,致力于推进学校教育和提升家庭教育,努力实施下列事项:

一、收集图书、记录、视听觉教育资料及其他必要的资料[包括电磁记录(以电子方式、磁方式等不能以人的知觉感知的方式制作的记录),以下称"图书资料"],同时也应十分注意收集乡土资料、地方行政资料、美术品、唱片、胶片等资料,供一般公众利用。

二、对图书馆资料做出恰当的分类排架,并整理编制成目录。

三、图书馆员应具有丰富的有关图书馆资料的知识,并能利用资料答复读者的咨询。

四、与其他图书馆、国立国会图书馆、地方政府议会附属图书馆以及学校附属图书馆或资料室密切联系,相互合作,开展图书资料的馆际互借。

五、设置图书馆分馆、阅览室、订购发书站,并利用汽车图书馆、流动外借等形式开展巡回服务。

六、主办读书会、研究会、鉴赏会、电影放映会、资料展示会等,并对主办这类活动者实施奖励。

七、介绍并提供有关时事的情报和参考资料。

八、利用社会教育中的学习机会,提供活用该学习成果进行教育活动及其他活动的机会,并对参与者实施奖励。

九、与学校、博物馆、民众馆、研究所等机构密切联系,相互合作。

(司书及候补司书)

第四条

1. 图书馆配置的专业职员称为司书和候补司书。

2. 司书从事图书馆中的专门业务工作。

3. 候补司书协助司书工作。

(司书及候补司书的资格)

第五条

符合下列各项任何一项者具备司书资格:

一、大学毕业并曾在大学履修了文部科学省令中规定的图书馆课程者。

二、大学或高等专科学校毕业、并曾接受以下条款规定的司书培训的结业者。

三、任以下职务时间总计3年以上并曾接受下条规定的司书培训的结业者。

1. 候补司书的职务;

2. 国立国会图书馆或大学和高等专科学校附属图书馆的职员中相当于候补司书的职务;

3. 除2项所列职务外,官公署、学校或社会教育设施中由文部科学大臣指定的社会教育主管、学艺员及其他候补司书同等以上的职务。

符合下列各项任何一条者,具备候补司书资格:

一、具备司书资格者。

二、根据《学校教育法》(昭和22年法律第26号)第90条第1项的规定可进入大学者,并曾接受下条规定的候补司书培训的结业者。

(司书及候补司书的培训)

第六条

1. 司书和候补司书的培训必须由文部科学大臣委托的大学进行。

2. 关于司书和候补司书的培训课程、应履修的科目、学分及其他重要的事宜,由文部科学省令规定。但是,必修课程的学分数,不得少于15学分。

(司书及候补司书的进修)

第七条

一、文部科学大臣和都道府县的教育委员会要努力推进司书和候补司书必要的进修,以提高其资质。

(设置及运营的期望基准)

二、文部科学大臣应为图书馆的健康发展制定图书馆设置及运营的期望基准并加以公布。

(图书馆运营状况评估)

三、图书馆必须对该图书馆的运营状况进行评估,并根据评估结果努力采取改善图书馆运营状况的必要措施。

（提供有关运营状况的情报）

四、图书馆必须积极提供有关该馆运营状况的情报，以获得服务对象即当地居民和其他相关者的理解，并加强与他们的联系和合作。

（合作委托）

第八条

都道府县的教育委员会为促进该都道府县内的图书馆服务，对市（含特别区，以下同）町村的教育委员会，可要求协同合作编制图书馆联合目录、流动外借巡回服务、图书馆资料馆际互借等相关工作。

（公开出版物的收集）

第九条

1. 政府出版物和由其他面向一般公众起宣传作用的独立行政法人以及国立印刷局发行的刊物，应向都道府县所设图书馆呈送两份副本。

2. 国家及地方政府机关，应公立图书馆的要求，可以免费向公立图书馆提供其发行的刊物及其他资料。

第二章　公立图书馆

（设置）

第十条　有关公立图书馆设置事项，必须由设置该图书馆的地方政府的条例规定。

第十一条　删除

第十二条　删除

（职员）

第十三条　1. 公立图书馆馆长或设置该馆的地方政府教育委员会，可设置必要的图书馆专业性职员、事务性职员和技术性职员。

2. 馆长掌管馆务，监督下属职员，努力实现图书馆服务的功能。

（图书馆协议会）

第十四条　1. 公立图书馆可设图书馆协议会。

2. 图书馆协议会是就图书馆的运营回答馆长咨询、就图书馆开展的图书馆服务向馆长提出建议的机构。

第十五条 图书馆协议会委员，由教育委员会从学校教育及社会教育的相关者、开展提升家庭教育活动的组织者和有学识经验的人员中任命。

第十六条 图书馆协议会的设置、协议会委员的人数、任期以及其他必要事项由设置该图书馆的地方政府的条例规定。

（入馆费等）

第十七条 公立图书馆不得征收入馆费及其他任何利用图书馆资料的补偿费用。

第十八条 （删除）

第十九条 （删除）

（图书馆补助）

第二十条 1. 国家对设置图书馆的地方政府，在预算的范围内，可以就图书馆设施、设备所需要的经费及其他部分必要经费进行补助。

2. 有关前项补助金拨付的必要事项以政令规定之。

第二十一条 删除

第二十二条 删除

第二十三条 国家按第二十条的规定拨付补助金时，有下列各项情况之一者，停止其以后享受补助金拨付的资格，同时令其返还已经拨付的当年度的补助金。

1. 图书馆违反本法律的规定；

2. 地方政府违反补助金拨付条件；

3. 地方政府以虚假方法获得了补助金。

第三章 私立图书馆

第二十四条 删除

（同都道府县教育委员会的关系）

第二十五条 1. 都道府县的教育委员会为了编制指导资料或是调

查研究，可以要求私立图书馆提交必要的报告。

2. 都道府县的教育委员会应私立图书馆的请求，可以对其有关设置和运营的问题，提供专业性、技术性的指导或建议。

（同国家和地方政府的关系）

第二十六条　国家和地方政府不得对私立图书馆事业加以干涉，不得向私立图书馆拨付补助金。

第二十七条　国家和地方政府应私立图书馆的请求，可以对其必需的物资给予保证、援助。

（入馆费等）

第二十八条　私立图书馆可以征收入馆费及利用图书馆资料的补偿费用。

（图书馆同类设施）

第二十九条　1. 任何人都可以设置与图书馆同类的设施。

2. 第二十五条第二项的规定适用前项设施。

附　　则

（略）

国立国会图书馆法

1948 年(昭和 23 年)2 月 9 日　法律第 5 号

最新修订:2008 年(平成 20 年)4 月 25 日　法律第 20 号

坚信真理为我们带来自由,为日本宪法所宣示的日本的民主化和世界和平作出贡献。

第一章　设立及目的

第一条　根据本法律设立国立国会图书馆,本法律称为《国立国会图书馆法》。

第二条　国立国会图书馆收集图书及其他图书馆资料,在为国会议员履行职责提供帮助的同时,为行政及司法各部门、进而为日本国民提供法律规定的图书馆服务。

第三条　国立国会图书馆由中央图书馆和法律规定的支部图书馆以及今后设立的支部图书馆构成。

第二章　馆　　长

第四条　一、国立国会图书馆设馆长一名。馆长由两院议长在与两院运营委员会协商、经国会认可后加以任命。

二、馆长履行职务若无过失,则继续任职。馆长应谨慎参加政治活动,不得以政治性理由罢免馆长。两院的议长共同提议才有可能罢免馆长。

第五条　一、馆长统理图书馆事务,监督所属职员及雇用人员履行职务。

二、馆长在事前或事后得到两院运营委员会认可的情况下,制定图书馆管理上必要的规章制度。

三、前项的规章制度通过公布加以实施。

第六条 馆长在每一会计年度开始时,向两议院的议长报告上一会计年度图书馆的运营及财政状况。

第七条 馆长每年应在不超过一年的固定时间内,编制上一年日本国内发行的出版物目录或索引,并以方便利用的方式提供给全体国民。

第八条 馆长应以适当的形式编制、出版日本法律的索引。

第三章 副馆长、其他职员及雇用人员

第九条 国立国会图书馆设副馆长一名。副馆长的任免权属于馆长,但需得到两院议长的认可。副馆长的职责是辅佐馆长管理馆务。馆长遭遇事故或者馆长职位空缺时,由副馆长行使馆长职务。

第十条 一、国立国会图书馆的其他职员及雇用人员,对于适合履行职务的人选,根据《国会职员法》的规定,由馆长任命,其工作职责由馆长决定。

二、图书馆的职员不得兼任国会议员,也不得在行政、司法各部门兼职。但是,不妨碍其担任行政或司法各部门的支部图书馆馆员。

第四章 议院运营委员会及国立国会图书馆联络调整委员会

第十一条 一、两议院的运营委员会至少每6个月开一次审议会,审查馆长有关图书馆工作情况的报告、馆长制定的有关图书馆管理的规章制度、图书馆的预算及其他事务。

二、各议院运营委员会委员长向各自的议院报告前项的审查结果。

第十二条 一、国立国会图书馆设立联络调整委员会。该委员会由4名委员组成,包括两议院的运营委员会委员长、由最高裁判所长官任命的最高裁判所裁判官1名、由内阁总理大臣任命的国务大臣1名。委员长由各委员互选产生。

二、委员长及委员不领取该职务的报酬。

三、馆长可以出席委员会,但不能参加表决。

第十三条 联络调整委员会向两议院的运营委员会,提出国立国会

图书馆对国会、行政以及司法各部门提供改进服务的有关建议。

第五章　图书馆的内部机构

第十四条　为了有效管理各种事务，馆长可以在图书馆内设置必要的部、局及其他机构。

第六章之一　调查及立法考察局

第十五条　馆长在国立国会图书馆内设置一个调查及立法考察局，该局的职责如下所述。

一、应要求，对两院的委员会未决的法案或由内阁交付国会的议案进行分析、评估，为正确的决策提供依据，实施援助。

二、应要求或基于对要求的预测而自发进行立法资料或相关资料的收集、分类、分析、翻译、索引、摘录、编纂、报告及其他准备工作，提供给两议院、委员会及其议员。选择或提供的资料不得带有党派、官方的偏见。

三、应要求，在立法的准备过程中，帮助两议院、委员会及其议员为议案的起草提供服务。但是，提供这种服务仅限于应委员会或议员的要求，并且，调查及立法考察局的职员在任何情况下都不得对立法进行提议或督促。

四、在不妨碍两议院、委员会及其议员需要的前提下，向行政及司法的各部门或一般公众提供收集资料的服务，供其利用。

第十六条之一　一、馆长根据国会职员法的规定任命适合的人选担任该局所必要的局长、次长及其他职员，而不管其是否参加政党。

二、馆长还可在该局的职员中任命两议院常任委员会所需各领域的专职调查员。

第六章之二　关　西　馆

第十六条之二　一、中央图书馆下设关西馆。

二、关西馆的地位及所掌管事务，由馆长决定。

三、关西馆设馆长一名，由馆长从国立国会图书馆的职员中任命。

四、关西馆馆长接受馆长的命令，管理关西馆的事务。

第七章　面向行政及司法各部门的服务

第十七条　馆长必须就图书馆服务工作与行政及司法各部门开展联系。为了实现此目的，馆长拥有下述权限。

一、行政及司法各部门的图书馆馆长分别由代表各部门的联络调整委员会的委员推荐任命。但是受到《国家公务员法》约束的人员，必须遵守该法律的规定，且得到该部门长官的同意。

二、对行政和司法各部门的图书馆，可以制定图书馆运营的方法及制度，包括目录法、图书馆之间的借阅以及资料交换、编制综合目录及综合一览表等。这样，使行政及司法各部门的全体职员也能利用国家的图书馆资料。

三、可以要求行政及司法各部门的图书馆馆长提交年报或特别报告。

第十八条　行政及司法各部门的图书馆预算应明确计入"图书馆"的经费项目下，此项目的经费如果未得到代表行政及司法各部门的联络调整委员会委员及馆长的批准，不得挪用于其他的经费项目或缩减款额。

第十九条　行政及司法各部门的图书馆馆长必须为各部门提供充分的图书馆服务。各图书馆馆长可根据《国会职员法》、《国家公务员法》或《裁判所法》的规定任免职员。各图书馆馆长按照国立国会图书馆馆长制定的规则，可就图书及其他资料的购买及其他接受方法向各部门长官或馆长提出建议，或直接购买及接受。

第二十条　自馆长最初被任命后的6个月内，按照本章的规定，行政及司法各部门现存的图书馆成为国立国会图书馆的支部图书馆。而且，当前尚无图书馆的各个厅应于一年之内设置支部图书馆。

第八章　面向一般公众、公立及其他图书馆的服务

第二十一条　一、国立国会图书馆可以直接或通过公立及其他图书馆提供图书馆服务，在不妨碍满足两议院、委员会、议员以及行政、司法各部门需要的前提下，必须最大限度地让日本国民加以利用。为了实现此目的，馆长拥有下述权限。

1. 根据馆长的规定，国立国会图书馆所收集的资料以及与通过因特网等高级信息通信网络提供阅读的图书馆资料具有同等内容的信息，在国立国会图书馆馆内，通过馆际互借、复印、陈列等方式供一般公众使用和研究。并且，在适当的时候提供有助于改进图书馆服务的其他服务方式。

2. 通过一切恰当方法改善图书馆组织及图书馆服务，支援都道府县的议会及其他地方议会、公务员或图书馆人员。

3. 其他图书馆及个人欲购买国立国会图书馆编制的出版物时，可以馆长规定的价格出售。

4. 采取一切办法编制反映日本图书馆资料资源状况的综合目录，以及为了实现全国图书馆资料资源的联合使用，制作必需的其他目录及一览表。

二、进行前项第1点规定的复印时，馆长可以根据实际发生的费用征收规定数额的复印费。

三、馆长可以决定将第一项第一点所规定的与复印有关的部分事务(以下称为“复印事务”)委托给不以营利为目的的法人完成。

四、根据前项的规定，收到承接复印事务的法人交付的复印物品者，必须向该法人支付第二项规定的复印费。

五、根据第三项的规定，承接复印事务的法人收到前项规定的复印费作为自己的收入，同时必须负担与委托相关的复印事务所需费用。

第二十二条　一、以支部图书馆的形式设置国际儿童图书馆，在国际性协作的条件下向18岁以下青少年为主的读者提供图书及其他与图书馆资料相关的图书馆服务。

二、国际儿童图书馆设国际儿童图书馆馆长一名，由馆长从国立国会图书馆的职员中任命。

三、国际儿童图书馆馆长接受馆长的命令，管理国际儿童图书馆的事务。

第九章　资 料 收 集

第二十三条　作为国立国会图书馆的资料收集，除了根据下一章及第十一章的规定接受图书及其他图书馆资料外，馆长还可以通过购置、捐赠、交换、遗赠及其他方式，或者从行政及司法各部门通过移交方式进行收集。行政及司法各部门的长官认为对于该部门并非必要、而馆长认为可以充实国立国会图书馆用途的图书及其他图书馆资料，可以移交给国立国会图书馆。馆长认为对于国立国会图书馆并非必要的图书及其他图书馆资料，可以移交给行政及司法各部门，或用作交换，或者处理掉。

第十章　国家及地方政府、公共团体等的出版物呈缴本的接受

第二十四条之一　一、由国家各机关或为了各机关发行符合下述各点之一的出版物(涉及机密事项或过于简单的出版物除外，以下同)时，为了提供给公共的用途或者与外国政府出版物进行交换及其他的国际交换用途，该机关必须按馆长的指定迅即向国立国会图书馆呈缴不超过30册的该出版物。

1. 图书
2. 小册子
3. 连续出版物
4. 乐谱
5. 地图
6. 电影胶卷
7. 除上述各种物品之外，通过印刷及其他方法复制的文件或图画

8. 录音制品

9. 用电子方法、磁性方法及其他以人的知觉所无法认识的方法制作的记录文字、影像、声音或程序的制品

二、下面所列的法人发行了前项规定的出版物时，该法人为了实现同项所规定的目的，根据馆长的规定必须迅即向国立国会图书馆呈缴不超过5册的该出版物。

1.《独立行政法人通则法》[1999年(平成11年)法律第103号]第二条第一项规定的独立行政法人。

2.《国立大学法人法》[2003年(平成15年)法律第112号]第二条第一项规定的国立大学法人或同条第三项规定的大学共同利用机关法人。

3. 特殊法人等(根据法律直接设立的法人或根据特别法律而特别设立的法人，或根据特别法律而设立、且需要行政官厅认可的法人。以下同)之中，另表第一项所列的内容。

三、前二项的规定也适用于其所规定的出版物的再版。但是，再版的内容与初版或前版相比若无增减或变更，而且初版或前版时已经按本法律的规定作了呈缴者，不受其约束。

第二十四条之二 一、由地方公共团体的各机关(或为了各机关)发行前条第一项规定的出版物时，为了同项规定的目的，按馆长的指定，都道府县或市(含特别区以及相同规格的地方特别公共团体，以下同)的机关必须迅即向国立国会图书馆呈缴不超过5册的该出版物；街村级(含相同规格的地方特别公共团体，以下同)机关呈缴不超过3册的该出版物。

二、由下述法人(或为了该法人)发行前条第一项规定的出版物时，为了同项规定的目的，按馆长的指定，都道府县或市设立的法人及其他相当于都道府县或市的各机关法人必须迅即向国立国会图书馆呈缴不超过4册的该出版物；街村级设立的法人及其他相当于街村级的各机关法人必须呈缴不超过2册的该出版物。

1.《港湾法》[1950年(昭和25年)法律第218号]第四条第一项中规定的港务局

2.《地方住宅供给公社法》[1965 年(昭和 40 年)法律第 124 号]第一条中规定的地方住宅供给公社

3.《地方道路公社法》[1970 年(昭和 45 年)法律第 82 号]第一条中规定的地方道路公社

4.《关于推动扩展公有地的法律》[1972 年(昭和 47 年)法律第 66 号]第十条第一项中规定的土地开发公社

5.《地方独立行政法人法》[2003 年(平成 15 年)法律第 118 号]第二条第一项中规定的地方独立行政法人

6. 特殊法人等中另表第二项所示的内容

三、前条第三项的规定适用于前二项。

第十一章　其他机构、个人发行的出版物呈缴本的接受

第二十五条之一　一、除前二条中规定的法人之外的机构，发行第二十四条第一项中规定的出版物时，除了属于前二条中的规定之外，为了有助于文化财富的积累和利用，必须在自发行日起的 30 天之内向国立国会图书馆呈缴最优良版本的完整出版物一册。但是，如果发行者已经向国立国会图书馆捐赠或遗赠了该出版物，或者馆长认为有特别理由时，可不受其约束。

二、第二十四条第三项的规定适用于前项。这种情况下，同条第三项中的“呈缴”可视为“呈缴或捐赠或遗赠”。

三、根据第一项的规定，对于呈缴了出版物的发行者，馆长将按照规定向其支付补偿金，该金额相当于该出版物的出版及呈缴通常所需的费用。

第二十五条之二　一、发行者若无正当理由而不按前条第一项的规定呈缴出版物时，将对其处以该出版物零售价(无零售价者，相当于此金额)5 倍以下金额的罚款。

二、如果发行者是法人，则前项的罚款将对其法人代表处罚。

第十二章　捐款的接受及图书馆的支出与预算

第二十六条　一、馆长可以直接接受与国立国会图书馆的服务或资料收集有关的经费捐赠。

二、前项的前提是必须得到两议院运营委员会的认可。

第二十七条　拨给国立国会图书馆的所有经费，都是在馆长的监督下由馆长任命的支付官支出。

第二十八条　馆长编制国立国会图书馆的预算，向两议院的运营委员会提出。运营委员会审查预算后，将该预算连同建议或不附带建议提交给两议院的议长。

附　　则

第二十九条　一、本法律自颁布之日起实施。

二、废除 1947 年(昭和 22 年)法律第 84 号《国会图书馆法》。

第三十条　本法律实施之日，两议院的图书馆终止各自分离的状态，其收集的资料移交给国立国会图书馆。

第三十一条　国立国会图书馆各种职位的任命时如果缺少资格完备的人员，在不超过二年的时间内，馆长可以临时任命职员。此期限到期时如果该职位有了符合资格的优秀者，则该临时任命不得被延长。

学校图书馆法

1953年(昭和28年)8月8日　法律第185号

最新修订：2007年(平成19年)6月27日　法律第96号

(本法律的目的)

第一条　鉴于学校图书馆是学校教育中不可缺少的基础性设备，本法律以谋求其健全和发展、并充实学校教育为目的。

(定义)

第二条　本法律中的"学校图书馆"是指：小学(包括盲校、聋哑学校、保育学校的小学部)、初中(包括中等教育学校的前期课程及盲校、聋哑学校、保育学校的初中部)以及高中(包括中等教育学校的后期课程及盲校、聋哑学校、保育学校的高中部)(以下简称"学校")里收集、整理、保存图书、视听教育资料及其他学校教育必须的资料(以下简称"图书馆资料")，并通过将其提供给儿童、学生、教师利用，为学校的课程教育提供帮助，以全面提高儿童、学生的素质为目的而设置的学校设备。

(设置义务)

第三条　在学校中，必须设置学校图书馆。

(学校图书馆的管理)

第四条　一、学校大致通过以下方式将学校图书馆提供给儿童、学生以及教师使用：

1. 收集图书馆资料，以供儿童、学生及教师利用。

2. 对图书馆资料进行恰当的分类排列，并编制完备的资料目录。

3. 举办读书会、研究会、鉴赏会、放映会、资料展示会等活动。

4. 就有关图书馆资料的利用及学校图书馆的其他用途等，对儿童、学生进行指导。

5. 与其他学校的图书馆以及社会性的图书馆、博物馆、公民馆等机构密切联系，相互合作。

二、学校图书馆在不影响上述任务完成的前提下，可以面向一般公众提供服务。

（司书教谕）

第五条 一、在学校，为了负责学校图书馆的专门事务，必须设置司书教谕。

二、前项中的司书教谕由骨干教谕（负责保健或营养的指导及管理骨干教谕除外）、指导教谕或者教谕（以下简称“骨干教谕等”）担任，并且该骨干教谕等必须是已修完司书教谕课程者。

三、前项规定的司书教谕的培训，应是大学及其他教育机构受文部科学大臣委托而举办的。

四、除前项规定的条款外，有关司书教谕的培训，应修完的科目、学分及其他必要事项，由文部科学省的法令规定。

（设置者的任务）

第六条 为了充分实现本法律的目标，学校的设置者必须努力发展、充实学校图书馆。

（国家的任务）

第七条 为装备并充实学校图书馆，国家必须努力实施下述各项措施。

一、制定关于学校图书馆发展、充实及司书教谕培养的综合性计划。

二、就有关学校图书馆的设置及管理，提出专业性、技术性的指导与建议。

三、实施上述2项以外的发展、充实学校图书馆的必要措施。

附　　则

（略）

大学图书馆基准

1952年(昭和27年)6月17日大学基准协会决定

最新修订：1982年(昭和57年)5月18日

一、 总论

(一) 宗旨

1. 鉴于图书馆对大学的研究和教育应承担的重要作用,为了提高其服务水平特制定本基准。

2. 为了使大学中的院系、研究所等相关的学术、技术等研究工作保持国际水平并谋求发展;为了充实大学的教育活动,为学生提供增长学识和提高文化修养的机会;大学的创办者必须积极关心并采取正确的措施,充实和发展图书馆这一极其重要的基础设施,以实现上述目标,完成其使命。

(二) 术语

1. 本基准中所指的大学图书馆,是中央图书馆、分馆以及设在院系、研究所等的图书馆、图书室的总称。

2. 所谓图书馆资料除了图书、连续出版物等印刷资料之外,还包括各种复制本、缩微资料、视听资料、磁带以及具有综合功能的资料等,即图书馆所收集的一切资料。

二、 图书馆的功能和业务

1. 大学图书馆的主要功能是高效地收集、组织、保管对大学的研究和教育不可缺少的资料,并且有效地满足利用者对研究、教学等方面的使用要求。为了发挥此功能,必须充分考虑2～6的各点内容,同时为了不断完善业务,使大学图书馆兼具研究和开发功能。

2. 大学图书馆应具有足够的规模和功能,使其能不断促进当前和将来的研究计划,并且为了有计划地构建与学习、教育需求相适应、相协调的藏书规模,应在既定的方针指导下努力收集图书馆资料,避免遗缺。

3. 选择图书馆资料时,须确立采购方针,以此获得利用者的积极配合,同时应寻求好的方法,听取利用者的需求意见。

4. 为了能用多种方法迅速检索图书馆资料,必须充分利用全国乃至国际上的图书文献目录学成果,追求文献整理业务的高效化和标准化,实现迅速准确的业务处理。

5. 为有效提高图书馆资料的利用率,除阅览、外借服务外,必须通过参考咨询服务及相关信息服务等手段迅速而有效地对个人或团体利用者的需求做出回应。

6. 大学图书馆必须不断对其馆藏进行最适当的维护和管理,满足用户不断变化的需求,从而使藏书得到充分的利用。

三、 职员

1. 大学图书馆须配备必要且足够的职员,并适当安排其职位,以完成图书馆使命和充分发挥其功能。

2. 为了能承担起高度专业性的业务,大学图书馆必须配备专业职员,原则上专业职员必须由毕业于研究生院的图书情报学专业的人员担任。

3. (大学图书馆)必须向专业职员及其他从事图书馆专业性业务的职员提供广泛的进修和再教育机会,同时给予他们与其资格、能力、经验等相应的待遇。

四、 设施和设备

1. 大学图书馆在设计上必须使其能充分发挥应有的功能。

2. 大学图书馆必须建造在大学校园内恰当的位置。

3. 必须根据大学图书馆的性质和规模,对利用空间、收藏空间、业务空间及其他空间进行合理的布局。

4. 大学图书馆的设施和设备必须始终保持良好的环境和条件,使利用者获得舒适的图书馆服务。同时，设施和设备要随着大学研究和教学活动的进步发展以及图书馆服务业务的扩大随时改进。

5. 大学图书馆应具有满足研究、教学所需的规模，并在设计上充分考虑空间的互换性及扩展的可能性，以适应时代发展的趋势。

五、 组织及管理运营

1. 大学图书馆实行一大学一组织的原则。

2. 大学图书馆设置分馆、局部图书馆时，应以各大学及图书馆的类型、规模、布局、传统等因素为基础，明确中央图书馆与分馆、局部图书馆各自承担的作用及相互关系；中央图书馆必须发挥充分的协调功能，在必要和无障碍情况下，实行图书馆资料的集中化管理，以满足利用者需求，实现高效运营。

3. 大学图书馆设图书馆馆长(以下简称馆长)。馆长是该大学的图书馆管理运营的最高责任者。馆长应能充分认识图书馆在大学的研究和教学过程中应该发挥的作用，并努力整顿、充实和改善图书馆，使其不断满足利用者的需求。

4. 馆长应能深刻认识并理解大学图书馆的使命及馆长的职责。馆长由具备管理能力、能胜任此职务的教师担任；也可由能充分理解大学的研究和教学、具有卓越见识和优秀管理能力的专业职员担任。鉴于馆长职务的重要性，其地位在大学内部相当于或高于系主任。

5. 分馆、局部图书馆根据需要设分馆长、局部图书馆馆长或主任等；中央图书馆馆长仍负责全校图书馆的总体管理和联络协调。

6. 可设置副馆长(或次长)以辅佐馆长。

7. 大学图书馆应设置高效的业务管理运营组织，各个部门都需设置必要的管理职位。

8. 大学图书馆应设置图书馆委员会或相关委员会，负责审议与图书馆运营有关的重要事项，回答校长或馆长的咨询。

六、 预算

1. 大学图书馆必须有充足的预算以满足运营需求，确保其使命的完成。

2. 在大学图书馆的预算中，应确保经常性经费逐年以适当的规模增长；预算中还必须包括图书馆为适应不断发展变化的社会需求而开展各类活动的经费，以及关于新项目规划所需的临时性经费。新项目规划自筹划阶段起，应由图书馆方与大学（法人）当局之间在充分协商的基础上决定。

七、 相互协作

1. 大学图书馆在图书馆资料的收集、组织、保管、利用方面，不仅应与本大学内部的各机构保持相互协作关系，而且须与地区乃至全国范围内的各图书馆之间建立长期合作机制。

2. 各大学图书馆作为建立畅通的学术信息网络中的一个环节，必须开展积极的协作以保障其必要性和重要性。

图书馆法施行规则

1950年(昭和25年)9月6日　文部省令第27号

最新修订：2009年(平成21年)4月30日　文部科学省令第21号

依照《图书馆法》(昭和25年法律第118号)第六条第二项、第十九条及附则第十项的规定，《图书馆法施行规则》如下：

第一章：图书馆相关科目(第一条)

第二章：司书及候补司书培训(第二条—第十一条)

第三章：标准学校(第十二条　第十三条)

附则

第一章　图书馆相关科目

第一条　《图书馆法》(以下简称“法”)第五条第一项第一号所规定的图书馆相关科目及对应学分如下表所示。欲取得司书资格者必须在甲群所列全部科目及乙群所列科目各两种以上中修满所对应的学分。

群	科　　目	学分
甲群	终身学习概论	2
	图书馆概论	2
	图书馆制度经营论	2
	图书馆情报技术论	2
	图书馆服务论	2
	情报服务论	2
	儿童服务论	2
	情报服务演习	2
	图书馆情报资源概论	2
	图书馆组织论	2
	图书馆组织演习	2

（续表）

群	科　　目	学分
乙群	图书馆基础特论	1
	图书馆服务特论	1
	图书及图书馆史	1
	图书馆设施论	1
	图书馆综合演习	1
	图书馆实习	1
	图书馆情报资源特论	1

若已在大学修得前项所规定应修得的科目学分，可冲抵前项规定的科目学分。

第二章　司书以及候补司书的培训

（综述）

第二条　关于法律第六条所规定的司书以及候补司书的培训参照本章规定。

（参加司书培训者的资格）

第三条　符合下列任意几项者，可参加司书培训。

1. 大学二年级以上在读并已修得62个学分者，高等专门学校或依《图书馆法・附则》第十项所规定的隶属于大学的学校毕业者。

2. 有两年以上候补司书（也包括国立国会图书馆、大学或高等专门学校附属图书馆职员相当于候补司书在内者）任职经验者。

3. 符合《图书馆法・附则》第八项的规定者。

4. 此外经文部科学大臣认定的符合前三项条件者和同等以上资格的具备者。

（参加候补司书培训者的资格）

第四条　依据《学校教育法》（昭和22年法律第26号）第九十条第一项规定，能够进入大学就学者（依《图书馆法・附则》第十项的规定包括大学就学者范围内的人员）有接受候补司书培训的资格。

（司书培训科目的学分）

第五条 1．欲在司书培训后获得司书资格者，须修满下表甲群所列全部科目及乙群所列两种以上科目所规定的学分。

群	科　　目	学分
甲群	终身学习概论	2
	图书馆概论	2
	图书馆制度经营论	2
	图书馆情报技术论	2
	图书馆服业务概论	2
	情报服务论	2
	儿童服务论	2
	情报服务演习	2
	图书馆情报资源概论	2
	图书馆组织论	2
	图书馆组织演习	2
乙群	图书馆基础特论	1
	图书馆服务特论	1
	图书及图书馆史	1
	图书馆设施论	1
	图书馆综合演习	1
	图书馆实习	1
	图书馆情报资源特论	1

2．接受司书培训者，如在大学（依《图书馆法・附则》第十项的规定包括隶属大学的学校在内）修完相关科目，经文部大臣认定与前项科目的学分相当，可视同已修得前项规定科目的学分。

3．依文部科学大臣另文规定，接受司书培训者，经文部大臣认定拥有与修完第一项科目学分相当的工作经验和资格具备者，方可视同已修得前项规定科目的学分。

（候补司书培训科目的学分）

第六条 1．参加候补司书的培训，欲取得候补司书的资格，须修得下表所列的全部科目所规定的学分。

科 目	学 分
终身学习概论	1
图书馆基础	2
图书馆服务基础	2
参考咨询服务	1
参考咨询资料解题	1
情报检索服务	1
图书馆资料	2
资料整理	2
资料整理演习	1
儿童服务基础	1
图书馆特论	1

2. 接受候补司书培训者,如在大学(依《图书馆法·附则》第十项的规定包括隶属大学的学校在内)修完相关科目,经文部大臣认定与前项科目的学分相当,可视同已修得前项规定科目的学分。

3. 依文部科学大臣另文规定,接受候补司书培训者,经文部大臣认定拥有与修完第一项科目学分相当的工作经验和资格具备者,方可视同已修得前项规定科目的学分。

(学分的计算方法)

第七条 1. 培训学分的计算方法,依据《大学设置标准》(昭和 31 年文部省令第 28 号)第二十一项各号及《大学通信教育设置标准》(昭和 56 年文部省令第 33 号)第五条第一项第三号所规定的标准施行。

2. 1 小时授课须包含 2 小时预习或复习的讲义内容,共 15 个小时的教授课程。

3. 2 小时授课须包含 1 小时预习或复习的实习内容,共 30 个小时的教授课程。

4. 除前两项外,不须预习或复习的实验或实习内容,共 45 个小时的教授课程。

(学分的认定)

第八条　1. 受培训者学分的认定，需通过举办培训的大学的考试、论文、报告书及其他方式所要求的成绩合格审查。

2. 接受候补司书培训者，在大学已修得与前项科目相当的科目学分且经文部科学省认定的，可视作修得前项规定的科目学分。

3. 文部科学省如果认可候补司书培训者在文部科学大臣另文规定中的科目履修，可视作修得前项规定科目学分。

（结业证书的授予）

第九条　1. 举办培训的大学校长，依照第五条及第六条的规定，授予参加司书或候补司书培训并取得规定学分者结业证书。

2. 举办培训的大学校长，按照前项规定授予结业证书时，必须将结业者姓名向文部科学大臣报告。

（培训委员会）

第十条　根据《图书馆法》第五条第一款第一号之规定，如果文部科学大臣委托大学进行培训，必须对其职员、组织、设施以及设备状况等进行考察。如果认定符合委托培训标准，须指定培训科目时间以及其他必要事项。

（实施细则）

第十一条　参加培训的人数、选定方法、施行培训的大学、培训周期及其他培训的实施细节，每年需以公报的形式发布公告。如有特殊情况，则以适当的方法公示之。

第三章　标 准 学 校

第十二条　依据《图书馆法·附则》之第十项规定，符合大学标准的学校，须满足下列条件：

一、根据大正 7 年旧文部省令第三号第二条第二号所指定的学校。

二、此外经文部科学大臣认定的大学和大学同等以上的学校。

第十三条　根据《图书馆法·附则》第十项规定，符合中等学校、高等学校初级课程和青年学校本科标准的学校，须满足下列条件：

一、根据旧式专科学校入学者审定章程(大正12年文部省令第22号)第十一条规定所指定的学校。

二、根据大正7年旧文部省令第三号第一条第五项所指定的学校。

三、此外经文部科学大臣认定的高等学校和高等学校同等以上的学校。

附　　则

平成21年4月30日文部科学省令第21号令

1. 本省令自平成22年4月1日开始施行。(第四条第一项的列表以及第三项修改后的规定、第五条第二项修改后的规定以及同条第三项追加的规定、《附则》第五项至第十一项的规定自平成24年开始施行。)

2. 平成22年4月1日至平成24年3月31日修改后的《图书馆法施行规则》(以下称"新规则")关于第一条以及第五条的适用、其中以下规定

群	科　　目	学分
甲群	终身学习概论	2
	图书馆概论	2
	图书馆制度经营论	2
	图书馆情报技术论	2
	图书馆服务概论	2
	情报服务论	2
	儿童服务论	2
	情报服务演习	2
	图书馆情报资源概论	2
	图书馆组织论	2
	图书馆组织演习	2
乙群	图书馆基础特论	1
	图书馆服务特论	1
	图书及图书馆史	1
	图书馆设施论	1
	图书馆综合演习	1
	图书馆实习	1
	图书馆情报资源特论	1

改为

群	科　　目	学分
甲群	终身学习概论	1
	图书馆概论	2
	图书馆经营论	1
	图书馆服务论	2
	情报服务概说	2
	儿童服务论	1
	参考服务演习	1
	情报检索演习	1
	图书馆资料论	2
	专门资料论	1
	资料组织概说	2
	资料组织演习	2
乙群	图书及图书馆史	1
	资料特论	1
	交流论	1
	情报机器论	1
	图书馆特论	1
	图书馆实习	1

3. 平成22年4月1日前，根据《社会教育法》等部分修改的法律(平成20年法律第59号)中的第二条规定，取得修正前《图书馆法》(第十项中称为“旧法”)第五条第一项第二号所规定的图书馆相关科目学分者，可视作取得前项规定所转换适用的新规则第一条第一项所规定的图书馆相关科目(以下称为“过渡科目”)的学分。

4. 平成22年4月1日至平成24年3月31日，在过渡科目(包括前项规定所认可的科目、以下相同)的学分中，修满司书资格所需学分者，平成24年4月1日后，可视作修得在新规则第一条第一款所规定的图书馆相关科目(以下称“新科目”)中的司书资格所需的全部学分。

5. 平成24年4月1日前在大学连续在校学习，毕业前取得过渡科目中司书资格所需全部学分者，可视作在新科目中取得司书资格所需的全部学分。

6. 平成24年4月1日前在大学连续在校学习，毕业前修得下表中“新科目”一栏学分者，可视作修得“过渡科目”一栏对应科目的学分。但是，平成24年4月1日前过渡科目中“专门资料论”的学分修得者、新科目中“图书馆情报资源特论”修得者除外。

新　科　目	学分	过渡科目	学分
终身学习概论	2	终身学习概论	1
图书馆概论	2	图书馆概论	2
图书馆制度经验论	2	图书馆经营论	1
图书馆服务概论	2	图书馆服务论	2
情报服务论	2	情报服务概说	2
儿童服务论	2	儿童服务论	1
情报服务演习	2	参考服务演习 情报检索演习	1 1
图书馆情报资源概论	2	图书馆资料论	2
情报资源组织论	2	资料组织概说	2
情报资源组织演习	2	资料组织演习	2
图书馆情报资源特论	1	专门资料论	1

7. 平成24年4月1日前在大学连续在校学习，毕业前取得新科目乙群一栏所示科目学分者，可视作取得过渡科目中乙群科目的学分。

8. 平成22年4月1日以后取得《附则》第六项表中过渡科目一栏所示科目的学分者，平成24年4月1日以后如欲取得新司书资格，已取得的过渡科目的学分可视作相当于该科目的新科目的学分。

9. 平成22年4月1日以后取得过渡科目中乙群一栏所示科目的学分者，平成24年4月1日以后如欲取得新司书资格，已取得的过渡科目的学分可视作新科目的乙群学分。

10. 关于完成旧法第五条第一项第一号所规定的司书培训者相关规定不变。

11. 关于平成24年4月1日前取得修改前的《图书馆法施行规则》第四条第一项所规定的司书培训科目的学分者，适用《附则》第八项以及第九项之规定。

公立图书馆设置及运营方面的期望标准

文部科学省告示第132号2001年7月18日

一、总则

（一）目的

1. 该标准是基于《图书馆法》(昭和25年〈1950年〉法律第118号)第18条所制定的公立图书馆设置及运营方面的期望标准，其目的旨在推动公立图书馆的健康发展。

2. 公立图书馆的设置者必须遵照该标准，致力于实施同法第3条所规定的图书馆服务相关事项。

（二）设置

1. 都道府县应致力于扩充都道府县立图书馆，在为居民提供适当的图书馆服务的同时，改变多数町村之中未设置图书馆的状况，立足于全面推进该都道府县内图书馆服务的理念，筹划市(包括特别区，下同)町村立图书馆的设置和运营并对其提供指导、建议。

2. 市町村从为居民提供适当的图书馆服务出发，在致力于设置公立图书馆(在能够确保提供适当的图书馆服务的前提下，根据当地实际，还可以由多个市町村共同设置图书馆)的同时，充分考虑居民的生活圈以及图书馆服务半径，通过设置必要的分馆及灵活使用移动图书馆，致力于建立起覆盖该市町村全域的服务网络。

3. 在设置公立图书馆时，应对服务对象所在地区的人口分布、人口构成、面积、地形以及交通网络等进行勘察，力求确保所建图书馆的位置、占地面积、藏书能力、职员数量等的合理性。

（三）图书馆服务的计划实施与自我评价等

1. 公立图书馆应该致力于提升其服务水平，为了达到该图书馆的目的，完成其社会使命，必须针对服务内容制定各种适当的指标，同时设定与这些指标相关的数值目标，并为实现这些目标而努力。

2. 公立图书馆应在图书馆协议会的帮助下,就其各年度的服务状况,对上述“数值目标”完成情况进行自我检查和评价,同时还须将自我检查和评价结果向公众公布。

(四)资料及信息的收集提供等

1. 在资料及信息的收集方面,为了对居民的学习活动提供适当的帮助,应该充分考虑居民日益高涨以及多样化的需求。

2. 在资料及信息的整理、保存和提供方面,为了向更多的居民提供使用便利,应致力于提升信息处理功能,同时建立起能够有效且迅速地提供服务的机制。

3. 积极收集并准确提供为地方公共团体制定政策以及展开行政事务所必需的资料和信息。

4. 都道府县立图书馆和市町村立图书馆应根据各自的职能和地区特点,致力于开展资料以及信息的收集、整理、保存和文献提供方面的合作。

(五)与其他图书馆及其他相关机构之间的合作

公立图书馆在充实其资料和信息的同时,为满足居民日益增长及多样化的需求,还应根据各自的情况,积极开展资料和信息共享等方面的合作。此类合作不仅指公立图书馆相互之间的合作(包括多个市町村共同建立图书馆的情况),还包括学校图书馆、大学图书馆等不同种类图书馆之间,公民馆、博物馆等社会教育设施以及政府机构和民间调查研究机构等之间的合作。

(六)职员资质及能力的提高等

1. 教育委员会和公立图书馆为了提升馆长、专业职员、事务职员以及技术职员的资质和能力,应有计划地持续开展研修项目,充实研修内容,扩大职员研修机会,以适应信息化和国际化的发展需要。

2. 都道府县教育委员会为了提升该都道府县内公立图书馆职员的资质和能力,应注意提供必要的研修机会;而市町村教育委员会则应致力于为该市町村所属公立图书馆的职员提供参加这类研修活动的机会。

3. 教育委员会应认识到公立图书馆配置专业职员的重要性，积极聘用他们并改善其待遇，同时有计划地使其与其他公立图书馆和学校、社会教育设施以及教育委员会事务局等展开人事交流（包括多个市町村以及都道府县机构等之间的人事交流），以提高他们的资质和能力。

二、 市町村立图书馆

（一）基本运营

市町村立图书馆作为向居民提供资料和信息等的直接服务机构，应了解居民需求，并根据本地实际情况开展业务。

（二）资料的收集和提供等

1. 为满足居民需求，致力于及时更新图书和杂志，并与其他图书馆合作，建立起具有一定种类和数量的资料体系，以充分发挥图书馆功能。同时还应致力于收集整理地区内的乡土资料和行政资料，以及全国性的报纸和主要的地区性报纸等多种资料。

2. 应致力于收集具有多样种类和内容的视听资料。

3. 应致力于电子资料的制作、收集和提供以及同获取外部信息有关的服务等。

4. 应致力于对本馆、分馆和移动图书馆等所藏资料的目录数据进行统一整理，同时灵活运用互联网等手段，建立起能够进行正确和快速检索的检索系统。另外，为了提高外借书籍的流通，应致力于通过实行预约制度等来确保满足居民多样化的资料需求。

5. 在资料的提供方面，在扩大使用复印机和电脑等信息设备的同时，应特别注意不在职员和使用者中发生侵犯著作权的情况。

（三）参考咨询服务等

与其他图书馆进行合作，同时充分利用电子邮件等通信手段以及外部信息，针对居民的需求事项，致力于提供或者介绍资料及信息的参考咨询服务；同时还应根据当地的情况，积极提供有关学习机会以及其他信息的参考咨询服务。

（四）与使用者需求相对应的图书馆服务

1. 为了充实面向成人的服务，应根据科学技术的进步以及产业结构和劳动市场的变化等情况，致力于收集和提供同就业、转业、职业能力开发以及日常工作等有关的资料和信息。

2. 为了充实面向儿童和青少年的服务，应在确保必要的活动空间的同时，致力于收集和提供儿童及青少年用图书，开展旨在推动儿童和青少年读书活动的听读活动；通过配备信息设备等提供新型的图书馆服务，加强与学校等教育机构的合作等。

3. 为了充实面向高龄人群的服务，除了配备供高龄人士使用的设施之外，还应配备并充实大字本资料以及放大读书器等器材。同时，与相关机构和团体进行合作，致力于提供图书馆使用帮助、当面朗读以及送书上门等图书馆服务项目。

4. 为了充实面向残障人群的服务，除了配备供残障人士使用的设施之外，还应配备并充实盲文资料、录音资料、手语以及含字幕的影像资料，以及与利用上述资料有关的机器和器材。同时，与相关机构和团体进行合作，通过手语等必要手段加强与残障人士的联系，致力于提供图书馆使用帮助、当面朗读以及送书上门等图书馆服务项目。

5. 为了充实面向居留于本地的外国人的服务，应致力于收集、提供外语资料，同时还应向其提供必要的指导和参考咨询服务。

（五）提供多样的学习机会

1. 为了对居民自主、自发的学习活动提供援助，应致力于主办或与其他社会教育机构、学校、相关民间团体共同主办读书会、研究会、鉴赏会、放映会以及资料展示会等活动，以提供多样的学习机会；同时致力于通过提供学习活动需要的场地、设备和资料等，对居民的学习活动给予奖励。

2. 为了帮助提高居民的信息利用能力，应致力于提供讲座等学习机会。

（六）促进志愿者的参与

为适应社会的国际化和信息化趋势，需要对儿童、青少年、高龄人群以及残障人群等各类图书馆使用者提供新型的图书馆服务，因此需要推动和鼓励更多的具备相关知识和技能的志愿者来参与图书馆服务。图书馆应努力向希望提供志愿服务的人士提供有关活动的信息，同时还须致力于创造条件以开展与培养志愿者有关的培训活动。对于活动的内容，希望在尊重志愿者自发性的基础上，事先予以明确的规定。

（七）广告和信息公开

为了提高居民对图书馆的理解和关心程度、扩大图书馆的使用者范围，应致力于通过定期发布广告以及使用互联网进行信息发布等形式，开展积极且有计划的广告和信息公开活动。

（八）职员

1. 馆长应具有图书馆管理和运营所必须的知识和经验，对于图书馆的作用和任务具有自觉的认识，同时还应不断致力于充分发挥图书馆的功能。

2. 成为馆长者希望能够同时具备司书的资格。

3. 专业职员从事资料的收集、整理、保存、提供、信息服务以及其他专门业务。应在努力充实和提高图书馆服务的同时，致力于通过资料的提供和介绍，以满足居民日益增长的多样化需求。

4. 为了实施专门服务，图书馆应确保必要数量的专业职员。

5. 除了专业职员之外，还应配备必要数量的事务职员或者技术职员。

6. 为了提高特定领域图书馆服务的水平，应努力且适当地寻求外部具有专门知识和技术的人士的帮助。

（九）开馆日和时间等

为了促进居民对图书馆的利用，对于开馆日和开馆时间的设定，应考虑当地的实际情况和居民多样的生活习惯等因素。另外，对于移动图书馆来说，应努力以适当的运行周期提供服务。

（十）图书馆协议会

1. 图书馆协议会应努力根据当地的情况，在充分满足使用者吁求的前提下指导图书馆的运营。

2. 图书馆协议会的委员应根据当地的实际情况，努力寻求获得多种人才的参与和帮助。

（十一）设施和设备

为了实现本标准所要求的图书馆服务的水平，应努力确保用于开架阅览、参考咨询服务、会议展览、信息机器和视听机器以及事务管理等所必须的设施和设备；同时还应根据使用者的不同，努力确保适合儿童和青少年、高龄人士以及残障人士等不同人群的必要的服务设施和设备。

三、 都道府县立图书馆

（一）运营基本

1. 都道府县立图书馆在对居民的需要进行综合把握的前提下，从对资料信息进行收集、整理、保存和提供的角度出发，努力对市町村立图书馆提供援助，同时还应致力于推动都道府县内图书馆之间的联系和调整。

2. 都道府县立图书馆应根据未设置图书馆的市町村的要求，努力向其提供与设置图书馆有关的必要的援助。

3. 都道府县立图书馆应该建立可供居民直接利用的体制。

4. 都道府县立图书馆应与图书馆以外的社会教育机构进行合作，立足于更加广泛的角度，努力充实为居民的学习活动提供帮助的功能。

（二）对于市町村立图书馆的援助

根据市町村立图书馆所提出的要求，努力提供以下这些援助：

1. 资料的介绍和提供。

2. 与信息服务有关的援助。

3. 图书馆资料的保存。

4. 与图书馆运营有关的对话。

5. 与图书馆职员研修有关的援助。

（三）都道府县立图书馆与市町村立图书馆之间的网络

都道府县立图书馆应根据自身的实际情况，利用电脑等信息通信设备和电子邮件等手段，在与市町村立图书馆之间建立起信息网络、保证信息畅通的情况下，努力确保资料的顺畅流动。

（四）图书馆间的联系调整等

1. 为了促进和振兴都道府县内图书馆之间的相互协作，应利用都道府县内图书馆所组成的团体，努力推进图书馆间的联系和调整。

2. 为了充实都道府县内的图书馆服务，应致力于同学校图书馆、大学图书馆、专门图书馆、其他都道府县立图书馆以及国立国会图书馆等的合作。

（五）调查和研究开发

为更加高效地开展图书馆服务，都道府县立图书馆应努力进行调查和研究工作。尤其应致力于对居民对图书馆的需求以及同图书馆运营有关的当地各种条件的调查、分析和把握；同时还应对各种信息设备检索功能的强化、资料的有效提供等有关促进居民利用图书馆的方法进行调查、研究和开发。

（六）资料的收集和提供等

都道府县立图书馆除了根据三之（九）和二之（二）的规定进行资料的收集和提供之外，还应努力实施以下事项：

1. 准备可以充分满足市町村立图书馆需求的资料；

2. 为了提供日益增长的多样化的图书馆服务，制作、编辑和分配乡土资料以及其他特定领域资料的目录和索引。

（七）职员

都道府县立图书馆除了配备三之（九）和二之（八）所规定的职员之外，还应努力确保具有三之（二）到（六）所规定能力的职员。

（八）设施和设备

都道府县立图书馆除了配备三之（九）和二之（十一）所规定的设施和设备之外，还应具备下述职能：

1. 研修；

2. 调查、研究和开发；

3. 对应市町村立图书馆需求的资料保存等。

（九）适用

与市町村立图书馆有关的二之(二)到(十一)的标准也适用于都道府县图书馆。

公立图书馆的任务和目标

日本图书馆协会图书馆政策特别委员会

1989 年 1 月公布　2004 年 3 月修改

序　言

日本图书馆协会根据 1979 年大会所通过的《图书馆自由宣言》(1979 年修订版)公开表明:“所有国民都有必要拥有获取和利用资料的权利,”而图书馆就是“负有从社会角度对该项权利予以保障的机构”。另外还宣称:“所有国民,无论人种、信仰、性别以及年龄上的差别,都有公平利用图书馆的权利”,为了确保实现这些目标,必须致力于充实图书馆的服务。

1950 年的《图书馆法》提出了“图书馆服务”这个理念,具体实现则需要经过相当一段时间。到了 1960—70 年代,制定了《中小都市的图书馆运营》(1963 年)和《市民的图书馆》(1970 年),日本的公立图书馆服务就是以此为指针找到了发展的方向。图书馆员希望努力使图书馆成为真正属于居民的设施,而居民对于读书环境的建设完善也有着很高的期望。各自治体在掌握这些要求的基础上,有针对性地实施了积极的政策,从而使图书馆服务有了显著的发展。

在 1980 年代,由于进行所谓的行政改革,使得图书馆从业职员的人数出现不足。对于这种不足,一些自治体以临时职员来补充,甚至还有自治体违反《图书馆法》的精神,将公立图书馆的管理运营委托给公司或财团等,有的还从派遣公司雇用司书。在这种情况下,随着 1990 年代国家在政策层面向终生学习体系转移并开始建设信息网络,再加上此后结构改革、分权推进以及管制缓和等政治和经济变动的影响,图书馆经营的形势变得更加复杂和严峻。

如前所述,保障所有国民利用图书馆的权利是民主国家的一项基本任务,应将其作为公共责任予以实现。从这个观点出发,地方自治体应该设立免费公开的图书馆,而在管理运营方面则应遵循欧美各发达国家在

19 世纪后半叶所确立的传统。日本目前仍处于遵循上述原则建立近代图书馆的发展进程之中。事实上,日本目前仍有 6 成的町村没有图书馆,即使在先进的市町村,离满足全部居民需求这一目标也很遥远。因此,图书馆服务仍在发展过程中的这一认识是恰当的。

毫无疑问,对于公立图书馆的维持和发展进行筹划,应由地方自治体及地区居民提出建议并承担责任;而基于本协会“筹划图书馆事业的进步和发展,为我国文化的发展做出贡献”这一目标,为了唤起协会会员对此问题的关心,同时也是为了使人们根据其所在地区和职业领域的需求和特点为图书馆计划的实施提供帮助,制定并公开发布《公立图书馆的任务和目标》。

最初该文件的制定仅限于公立图书馆,至少对于该层面的活动一开始想用“标准”这一提法。但是,“标准”的提法容易同基于《图书馆法》的标准产生混淆,且具有强调指标的倾向,所以没有使用这一提法。

我们迫切期望所有图书馆都能实现文件中所要求的内容,以便能够早日在更高层次上提出新的发展目标。

第一章 基本事项

(一)公立图书馆的作用和特点

1. 人类在获取信息和知识的基础上成长并维持生活。同时人类还拥有经营丰富的文化生活的权利。

公立图书馆是根据居民的需求,由自治体设置和运营的图书馆。公立图书馆面向从婴幼儿到老年人的所有居民提供自我学习的帮助,同时也是居民获取信息、进行艺术和文学欣赏以及创造地区文化的场所。公立图书馆是由公费维持的公共设施,任何居民都可以免费使用。

公立图书馆是基于《图书馆法》并由地方公共团体所设立的,教育委员会为其管理机构,图书馆的设立和图书馆服务的实施是地方公共团体的责任。同时,公共图书馆还是与居民的生活、职业、生存以及精神的自由具有密切关系的机构。由于这些基本特征,公立图书馆必须由地方公共团体直接经营，图书馆的运营不得委托给他人实施。

（二）知识自由的保障

2. 居民拥有接触任何记录（资料）的权利，保障居民享有知识自由的权利是公立图书馆的重要责任。为了实现这项责任，公立图书馆应根据居民的需要收集图书和其他资料，并拥有将所收集的资料提供给居民的自由。居民之中有部分因为各种原因而难以利用图书馆的人群，为此，图书馆必须致力于向全部居民提供保障享有知识自由权利的服务。

（三）图书馆的利用

3. 居民能够通过利用图书馆进行学习、获取信息，以及经营其文化生活。由于通过利用图书馆可以达成的事项很多，无法完全列举，所以大致上归纳如下：

(1) 获得与日常生活以及工作相关的必要的信息和知识。

(2) 对所感兴趣的领域进行学习。

(3) 接触有关政治以及社会问题的各类思想和见解，并以其协助确立自身观点。

(4) 接触同自身所住地区行政、教育、文化以及产业等领域有关的资料，并获取相关信息。

(5) 发展各自的兴趣，令生活更加轻松和丰富。

(6) 培养儿童的读书习惯，令其获取读书的乐趣，丰富其想象力。

(7) 参加演讲会、读书会、欣赏会和展览会等，获得文化生活的乐趣。

(8) 与人会面，进行对话和交流，参与创造地区文化。

（四）图书馆计划

4. 公立图书馆原本就是根据居民的要求而设立的民主性机构，随着居民需求更加多样化，图书馆根据居民需求增加其资料并得到成长和发展。因此，图书馆应制定其长期和短期的计划，并将其作为自治体的政策予以实施。

（五）居民参与

5. 公立图书馆是满足居民需求的机构，因此它的创建以及增改建设等事项必须充分反映地区居民的意向。不光在设施方面,而且在年度计划以及图书馆日常活动计划的制订方面,居民的参与都是不可或缺的。

图书馆的发展首先是图书馆员的责任,同时,居民的协助也将使图书馆成为更有意义的机构,从而使其服务得到纵深发展。居民可以通过利用图书馆协会来对图书馆事务实现制度性的参与。这类公共场合下的参与十分重要,而通过在日常活动中与使用者进行谈话,或者通过使用者的恳谈会获悉居民的需求,并针对他们的提案进行研究也是十分必要的。

图书馆员必须正确认识居民参与的意义,并诚实应对居民的需要和提案。

(六)图书馆相互间的合作

6. 由于居民所需要的资料多种多样,单靠一家图书馆的馆藏无法完全满足这些需求。对于某一自治体的图书馆来说,当然应该与不同的图书馆合作实现相互之间的补充,以满足居民的多样性需求。

(七)图书馆职员

7. 配备具备将居民与资料联系起来的知识和技能的专门职员是图书馆不可或缺的条件。

图书馆员在充分理解《图书馆自由宣言》和《图书馆员伦理纲领》并根据该宣言和纲领展开其业务的基础上,能够获得居民的信赖并使图书馆得到发展。

第二章 市(区)町村立图书馆

(一)图书馆系统

8. 任何居民,无论他居于何处,都具有获取图书馆服务的权利。自治体必须致力于在其区域内的每个角落一视同仁地实施其图书馆服务。

9. 在单一自治体设立多个图书馆设施的情况下,这些图书馆必须结成有机的组织体,该组织体必须能够满足居民利用图书和其他资料以及获取信息的要求。这样的组织就是图书馆系统。

图书馆系统是由地区图书馆(以下简称为“地区馆”)、移动图书馆,以及作为它们核心的中央图书馆(以下简称为“中央馆”)所组成的。

自治体应对全部居民配置身边的图书馆服务点。

10. 任何居民都应该能够通过身边的服务点窗口利用所需的图书和其他资料。

11. 任何居民都应该能够通过身边的服务点窗口获取参考咨询服务,并得到其生活所需的信息和文化消息。

12. 图书馆系统中的各组成部分并非独自活动,它们以中央馆为核心,基于统一的服务计划,并作为整体组织进行活动以获得最大的效果。

13. 大多数居民都定居于地区馆或者中央馆的服务圈内,因此必须在该区域内设立一定数量的图书馆。其规模应根据服务圈内的人口确定。

对于不包括在地区馆或者中央馆服务圈内的居民,应使用流动图书馆进行巡回服务。

流动图书馆是将图书馆的功能直接推送到居民身边的服务,它对于促进图书馆系统的形成发挥着重要的作用。

14. 为了在地区馆和中央馆以及在地区馆相互之间确保图书馆资料的顺利流通,必须配备必要的物流体系。

(二) 图书馆服务

15. 图书馆的基本服务是提供居民所需要的资料和信息。为此,应在实施外借和参考咨询服务的同时,展开行动以唤起居民对资料和信息的需求。居民对于图书馆的期待和信赖是在其需求获得切实满足的日常活动中逐步积累起来的;其构筑基础就是外借服务。

16. 图书馆为了宣传其所能提供的服务,除了举办会议和组织活动之外,还应进行旨在宣传、普及图书馆功能的活动以及使用指导活动。

外借座位仅用于自习并非图书馆的基本功能。自习座位的设置将会对实施图书馆服务产生妨碍。

17. 为了使肩负各类生活负担的地区居民都能均等地利用图书馆,必须针对其各自的不同状况在服务方面作特殊的考虑。

18. 对于婴幼儿、儿童和青少年来说,在其人格形成时期获得丰富读书经验的重要性是毋庸置疑的。为了奠定他们终生使用图书馆的基础，必须重视对婴幼儿、儿童以及青少年的服务。

另外，还应与学校图书馆合作，开展针对儿童和学生的图书馆利用指导。同时根据需要向学校提供学习和读书方面的帮助。

19. 针对目前老年人所占人口比例的增长及社会所承担责任的增加，在为老年人服务方面，应致力于满足其需求并相应充实必要的资料、设施、设备和材料。另外，在图书馆利用帮助方面，应致力于提供更为细致的服务。

20. 针对以残疾人为主的那些在利用图书馆方面存在困难的人士，图书馆理所当然地应采用种种方法来保障他们利用图书馆的权利。

21. 对于被区别对待的部落居民的图书馆服务，应广泛进行各类文化活动并提供识字和升学方面的援助。

22. 对于阿伊努等少数民族以及在日本的朝鲜人、韩国人和其他外国人来说，有关他们各自民族的文化、传统的继承、教育，以及获取基于他们个人常用语言的日常生活方面的信息和资料，这些都是非常重要的。图书馆应对这些人提供有效的帮助。

23. 开馆日和开馆时间应定在便于地区居民利用的时间。

（外借）

24. 外借是资料提供这一图书馆本质功能最朴素的实现形式，也是居民了解图书馆的作用、获得图书馆服务的最基本的活动。因此，图书馆应具备接受所有居民个人借书要求的条件。

为此，要求通过手续的简单化，使居民在任何服务点都能实现借书和还书。在借出方式方面应保守使用者的秘密。在每人的外借册数方面，以各人的实际需要为宜。

外借服务还包括资料介绍和预约业务这些不可分的组成部分。

25. 为了将每一个使用者与适当的资料联系起来，图书馆应进行资料介绍。作为其中的一环，现场服务是十分有效的。

26. 图书馆应提供居民所需要的任何资料。为此，应建立起对应于未包括在馆藏中的资料的预约制度。

27. 针对需求，应向读书小组以及文库等团体和机构提供外借服务。

（参考咨询服务）

28. 图书馆应实施旨在回答居民日常生活疑问和对调查研究提供帮助的参考咨询服务。

29. 中央馆和较大的地区馆应设置参考资料室。其他的服务点也应开辟参考咨询服务窗口。

30. 除了在图书馆系统内部全体成员馆之间以及相互合作的组织之间，还应与类似机构和专门机构合作实施参考咨询服务。

31. 除了提供基于资料的援助，即使对于在大多数情况下受到参考咨询服务范围限制而难以应对的医疗和法律咨询等超过资料提供范畴的信息服务，也可以通过与专门机构和专家的合作来提供解决问题的方法。

（复印）

32. 图书馆应作为其资料提供的一环而提供复印服务。

（会议和活动）

33. 对于作为资料提供机构的图书馆来说，具备向居民自主学习活动提供援助的会议功能，这一点意义十分重大。图书馆应该提供自由交谈的场所、团体活动的场所，以及用于学习和发展的设备和用具。

34. 作为资料提供功能的拓展，还应举办展览、讲座、演讲等其他活动。

（宣传）

35. 为了使居民广泛知晓图书馆的作用，应致力于通过馆报和制作各类小册子等进行宣传，同时通过大众传媒加深居民对图书馆的理解。

（三）图书馆资料

36. 图书、期刊、听觉和视觉资料以及电子资料等是集中了人类知识和想象力成果的物品，是人们生活中不可或缺的信息传递工具。图书馆应针对全体居民的多样化资料需求，广泛而全面地收藏这些资料。

图书馆应建立能让居民自由进入外部网络的信息资源环境。

37. 资料配置方面，除了要遵循配置合理的原则之外，还必须反映居民的需求以及地区社会的状况。对于地区馆来说，尤其需要收藏丰富的儿童用资料。

38. 图书馆有责任选择和收集资料。

为了有组织和系统地收集资料，图书馆应制定收集方针和选择标准并以其作为工作的依据。上述方针和标准规定了图书馆服务在资料收集方面的运行方式，因此最好能够获得教育委员会的认可。

图书馆在确定收集方针和选择标准的方法时，应该征得居民的理解；为了获得居民的参与和合作，应对资料的配置予以公开。

39. 为了向居民提供适当的材料以资判断，在政治、社会问题上存在对立意见时，应致力于收集具有各种立场的资料。不管图书馆所收集的资料具有怎样的思想和主张，这并不意味着图书馆对这些思想和主张的支持。

40. 地区馆作为居民近身的图书馆，应收藏用于解决日常问题的参考书、修养类书籍、实用书籍、以及适合该地区情况的读物。另外还应根据地区的特点收集外语书籍。

41. 图书馆应根据居民的关注点，广泛多样地购藏杂志。另外还应根据地区的情况收藏外国的杂志。

42. 图书馆除了收藏全国性报纸、地方性报纸以及政党机关报纸之外，还应根据各自地区的特点收藏专业性的报纸。

43. 除了图书、杂志和报纸，图书馆还应收藏 CD 和录音带等声音资料、胶片和影视软件等影像资料、CD-ROM 等电子资料，以及照片和地图等资料。另外，针对视觉和听觉残障人士，还应致力于收藏盲文图书、录音图书、大字本以及带有字幕的影像资料等。

44. 收集与各自地区有关的信息和资料，这是图书馆对居民所承担的责任。为此，图书馆除了系统地收集所属自治体的刊物以及与其地区有关的其他资料，还应致力于收集与其地区有关的机构、团体的刊物。另外还应致力于收藏当地所刊行的一般出版物。

对于图书馆所收集的各种与当地有关的资料和信息，为了更有效地予以利用，应对其制作目录和数据库。

45. 从满足居民多样化的资料和信息需求角度出发考虑，仅仅收集公开发行的资料是不够充分的。图书馆应编辑文档资料，制作摄影资料以及录音和影像资料，同时出版图书和小册子等。然后将这些资料通过电子网络进行公开。另外，对于残障者，还应致力于制作相应的符合他们需求的资料。

46. 为了迅速准确地向使用者提供全部资料，图书馆应对其资料进行统一的组织工作。

47. 图书馆应建立能令居民在任何服务点都能对全部馆藏资料进行统一检索的目录系统。目录必须及时更新以提供最新书目信息。

48. 为了令使用者能够直接且自由地获得所需要的资料，应以日常使用的资料为中心，尽可能多地将资料进行开架。对于这些资料的排列必须充分考虑如何便于使用者查找和使用。

49. 图书馆应始终保持其资料配置新鲜且适当。为了充实资料，应进行资料的更新和剔旧工作。对于那些可以在更广的范围内再次使用的资料，则可以通过转让给县立图书馆予以利用。

（四）相互合作

50. 为了切实提供居民所需要的资料，各市町村的图书馆有必要进行相互间的合作。

51. 除了进行馆际互借、复印以及参考咨询业务等服务层面的合作之外，这一相互合作还包括资料的分工收集、保存以及索引的制作等可以共同进行的业务。有时还可以包括职员研修以及录用考核等方面的业务。

52. 图书馆还应致力于与同一地区其他种类的图书馆以及类似机构和专门机构进行合作，以满足居民的资料需求。

第三章　都道府县立图书馆

（一）作用和功能

53. 都道府县立图书馆(以下简称为“县立图书馆”)除了与市町村立

图书馆一样直接面对市民提供服务之外，还应对市町村立图书馆提出的服务请求予以支援。

对于大多数居民来说，身边最便于利用的是市町村立图书馆。因此，县立图书馆应将对于市町村立图书馆的援助作为其首要事务进行处理。

县立图书馆存在的理由，并不是完全为了进行个人外借和实施儿童服务的。

54. 县立图书馆所拥有的资料和功能，在很多情况下都是通过市町村立图书馆向居民提供的。

55. 是利用市町村立图书馆还是利用县立图书馆，这由居民根据各自当时所处的情况进行选择；但是无论居民选择哪种方式，图书馆都必须提供充分的应对措施。

56. 关于县立图书馆和市町村立图书馆之间的关系，尽管前者对后者有指导功能，但并不意味着可以对后者的业务进行直接调整。

57. 在县内，当县教育委员会为了制定振兴图书馆事业的政策进行立项时，县立图书馆应提供有关县内图书馆现状以及与图书馆振兴有关的资料，并对县政策的制定提供协作。

58. 县立图书馆应参加县内公立图书馆的协议机构并对其活动予以援助。

（二）对于市町村立图书馆的援助

59. 县立图书馆根据市町村立图书馆的请求借出资料。此时原则上应将所要求的全部资料予以借出。

借出时限以向市町村立图书馆借出后不发生外借困难为准予以确定。借出册数希望不受限制。

60. 当所要求的资料在县立图书馆中没有馆藏而且无法获取时，应在可能的范围内查询有馆藏的图书馆，并向该馆发出请求通知。

61. 对于小图书馆和处于初创期的图书馆，应在一批之中借出相当数量的图书。

62. 对于市町村立图书馆无法回答的参考咨询问题，应由县立图书馆查询并给予回答。

63．对于县立图书馆无法查询的参考咨询问题，在其他馆或者类似机构能够回应的情况下，应将问题转给这些馆或者机构。

64．为了发展市町村立图书馆的儿童服务，县立图书馆应对旨在提供选择阅读的儿童图书常设展览以及与儿童服务相关的信息收集和传递等业务提供援助。

65．县立图书馆应制作本县范围内相关的书籍目录、索引或者数据库并提供使用。

66．为了在市町村立图书馆之间进行相互合作，根据市町村立图书馆所提出的请求，县立图书馆应提供全面的援助。

67．县立图书馆应将资料的提供、对于市町村立图书馆间合作的援助以及县内资料的收集等事项告知市町村立图书馆，为此应定期进行巡回告知。

68．为了实现保存资料的责任，县立图书馆应根据市町村立图书馆的请求，将其馆藏的一部分予以接收、保存和提供。

69．县立图书馆应将县内的刊物配发到市町村立图书馆。

70．为了提高县立图书馆职员的资质和能力，县立图书馆应提供研究资料和研修场所，并在可能的范围内承担有关经费。

71．县立图书馆应根据要求，对图书馆、读书、乡土研究以及其他全县范围内的团体活动提供援助。

（三）图书馆资料

72．为了承担满足居民任何资料需求的责任，同时履行其作为对市町村立图书馆的活动提供支持的资料中心的职责，县立图书馆应广泛收集图书、期刊、电子资料、缩微资料、视听觉资料以及残障者用资料等多种资料并予以保存。同时还应为居民和市町村立图书馆自由进入外部网络建立适当的信息资源环境。

73．对于县立图书馆全部主题分类下的资料，包括儿童用资料，都必须将每个分类有机地组织起来。

74. 为了有组织和系统地收集资料，县立图书馆应制定和公开其收集方针与标准。

75. 除了对国内出版的图书，尤其是县内的出版物进行系统的收集，县立图书馆还应致力于广泛收集外国发行的各类图书。

76. 县立图书馆应收集包括外国出版物在内的各种主题的杂志。另外，在报纸方面，除了全国性报纸、地方性报纸以及政党机关报纸，还应广泛收集各类专业性的报纸，同时还应致力于收集外国的报纸。

对于期刊的保存，县立图书馆尤其应予以重视。

77. 除了负有收集本县及有关机构和团体所发行的资料的责任，县立图书馆还应在市町村立图书馆的协助下收集各地区的资料。

78. 县立图书馆应根据本地区的需求，制作文档资料、摄影资料、录音和影像资料，同时出版图书和小册子等资料。对于上述资料还应采用电子化的方式通过网络进行公开。此外，还应致力于制作针对残障者需求的有关资料。

79. 为了更方便地检索包括每天新增图书在内的全部馆藏资料，同时能对其更便利地进行使用，县立图书馆应制作和维护本馆所藏资料的数据库。另外还应致力于制作乡土资料目录等必要的综合目录。

80. 县立图书馆应致力于充实馆藏资料，尽量减少剔旧的数量。

（四）相互合作

81. 为了对市町村立图书馆提供充分的援助，县立图书馆应与近邻的县立图书馆以及各种图书馆和类似机构保持经常性的联系，并维持合作的态势。为此应掌握上述其他机构馆藏资料及其保存情况的实际状态，致力于获得他们的协作。

82. 除了公开本馆馆藏资料的数据库，县立图书馆还应致力于实现同县内的市町村立图书馆和大学图书馆数据库之间的统一检索。

83. 为了能够提供相关近邻地区的信息，县立图书馆应与近邻的县立图书馆和类似机构分别展开地区相关资料、书目和索引的交换和收集工作。

第四章　公立图书馆的经营

（一）公立图书馆经营的理念

84. 公立图书馆必须基于图书馆的计划,对职员、经费以及设施采取适当措施,并以此为基础实现持续和稳定的经营。

在运营过程中,必须不断组织计划和评估活动,维持能够满足地区居民需求的机制。

（二）职员

85. 公立图书馆的职员应该致力于保障居民的知识自由,具有将资料与需求者联系起来这一使命的自觉性,以及针对居民的资料需求,能够为了扩大资料的需求范围而作最大努力。

86. 职员应致力于参与图书馆的运营并自由地陈述其意见。馆长必须研讨职员所提出的各种意见和建议,为维持图书馆的运营而努力。

87. 以拥有专门资质和能力的专门职员为中心展开运营,如此一来,则图书馆就能够成为居民生活中不可或缺的设施。

设立了图书馆的自治体应将司书(候补司书)作为专门职务进行制度化。其内容包括:

(1) 对于具有司书(候补司书)资格者,通过公开招募的考试进行录用;

(2) 对于专门职员,除了由于其本人意愿或者得到本人同意,不能变更到其他职位;

(3) 应给予专门职员适当的升职机会。

88. 馆长应充分认识和了解图书馆的基本任务,亲自向居民展示服务,综合采纳职员的意见,对职员进行指导,致力于提高职员的资质、能力和士气。因此,馆长必须是具备丰富经验的专门职员。

89. 对于有志于成为图书馆专门职员的人,希望能够拓展其获得相关资格的渠道。

90. 为了提高图书馆员的能力,应向全部职员提供研修的机会。专门职员还应努力进行自学,不断致力于提高其基础的素养和专门的技能。

馆长应根据研修和学习的需要，鼓励职员参加各专门团体所举办的研究会。

91. 针对居民对于夜间开馆和节日开馆要求的日益增长，应建立起不在开馆时间内产生服务差别的职员机制。

（三）经费

92. 公立图书馆的预算与其所需要完成的任务相比，一般来说都显得过少。在居民的需求和支持这一背景下，在图书馆强烈的自信和实践基础上，预算的扩大和充实是可以实现的。

93. 公立图书馆是在居民所纳税收的基础上得以维持的。因此，图书馆应以获得最大服务效果为目的编制其预算。

94. 过少的经费由令居民感到失望的图书馆使用，其结果自然是不好的。以足够的经费维持一定水准的服务，这样就能成为对居民有用的图书馆。

95. 事实证明，通过委托业务等可以减少预算并实现节约。但是现实中服务迟缓以及质量低下的例子还很多。

预算的效率是以为居民服务的质和量为标准来衡量的，最终应由居民的评价来确定其适当与否。

（四）设施

96. 图书馆建筑必须反映图书馆方面的构想。为此，向图书馆建筑计划书的设计者提供居民的意向也是不可或缺的。

97. 图书馆最好是一幢单独的建筑。如果由于地理条件、地形状况以及运营方式等原因导致图书馆是复合设施的话，仍应在设计中反映图书馆的理念和运营方针，同时不能损害其作为图书馆设施的功能；另外必须进行独立的管理和运营。

98. 图书馆处于居民生活活动线上，因此其地理条件应该较为优越，这一点是很重要的。图书馆建筑物必须明亮、平易，其设施应便于读者使用。

99. 馆内结构必须便于利用者了解，同时也必须便于图书馆员的工作。另外，还必须在全馆配置可供残障者使用的设施。

第五章　都道府县立图书馆振兴策略

100. 各自治体均负有督促全部市町村实施并展开具有计划性的公立图书馆服务的责任；都道府县和都道府县教育委员会(以下简称为“县”)作为广域自治体，对于全体县民都能够充分享受到完全的图书馆服务，负有积极推动振兴的责任。

101. 县应明确县辖图书馆振兴的行政管辖权限，通过其政策与县立图书馆密切联系，同时获得县图书馆协会等组织的协作。

102. 县应在县辖的所有市町村均设立图书馆，同时为帮助这些图书馆达到一定的服务水准而制定县级图书馆振兴政策。

在振兴政策的制定过程中，除了应该获得县辖的图书馆专门职员、专家以及市町村有关负责人的帮助之外，还应致力于反映居民的意见。

103. 由县所制定的图书馆振兴政策主要包括以下这些内容：

(1) 设定市町村级图书馆服务的期望目标。

(2) 设定市町村级图书馆设施(包括流动图书馆)的建设补助制度。根据《图书馆法》并在满足国家标准和县独立确定的一定要求的基础上，实施有关补助措施。

(3) 为使市町村立图书馆活动达到一定的水准，设定资料购入费补助制度。

(4) 为协助市町村立图书馆丰富其活动，帮助其购入设备和机器等。

(5) 提供县辖公立图书馆职员的研修和交流机会，同时对其所需经费予以资助。

(6) 向县民提供有关图书馆的信息和资料。

(7) 向未设立公立图书馆的自治体进行启蒙并提供信息和资料。

(8) 为援助市町村立图书馆的活动，整理和充实县立图书馆的资源。

104. 为振兴县辖图书馆，县立图书馆除了实施第3章第2节所要求的援助，还应向县民、市町村以及市町村立图书馆提供有关图书馆的信息和资料。

105. 对于未设立县立图书馆(尤其是町村图书馆设立率也很低的)

的自治体,应积极行动促使其设立图书馆。向未设立图书馆的自治体居民提供补充性服务时,必须将刺激市町村展开独立的图书馆服务作为本县振兴政策的一环而予以实施。

106. 在县或者县立图书馆协助展开儿童文库或者县民读书活动时,应与当地的市町村或者市町村立图书馆一道行动。

进行图书馆系统建设的数值标准

关于公立图书馆的数值目标，在旧版中已由某委员以提案方式提出。在此期间，日本图书馆协会发表了《21世纪町村图书馆振兴L计划21》(日本图书馆协会町村图书馆活动推进委员会著2001)，其中提出了有关公立图书馆设立和运营的数值标准。这是根据《日本的图书馆1999》，在全国的市町村(除去政令指定都市和特别区)公立图书馆中，计算人口中每人"资料外借"量超出10%的图书馆的平均值，并以其作为按照人口数分层次计算的标准值进行整理和提案的。

在此次修订中，作为对《L计划21》数值标准的修改，根据《日本的图书馆2003》计算新的平均值，并以其为基础提出了新的数值标准。

此处并非目标值，而是必须实现的标准值，因为这里所提出的数值是各人口数层次上的自治体已经完成的数值。至少在设立了图书馆的自治体中，其中10%的自治体的居民已经能够在日常生活中获得这一水准的图书馆服务；再加上对于居民来说公立图书馆的服务原则上属于不可选择的服务项目，所以此处所提出的数值在各自治体中越早实现越好。

此处所公布的"数值标准"依据《日本的图书馆2003》而得，今后将以最新版《日本的图书馆》为基础来制定新的数值标准。

● 作为系统的图书馆

这里所公布的数值是以自治体中全部图书馆系统为对象的。必须根据自治体的人口规模、面积以及人口密度等情况，设立和运营地区馆和移动图书馆，并以此来促进图书馆系统的建设。

● 图书馆最低限度藏书规模为50 000册

为了具备本文件所提出的图书馆功能，各馆最低限度必须要有藏书5万册和3名专门职员。同时，图书馆的建筑规模最低限度也需要800平方米。这也是设立地区馆时所需遵循的最低标准(参考末尾的附加资料)。

1. 图书馆最低限度藏书规模为 50 000 册

设立地区图书馆的最低标准为:藏书 5 万册和 3 名专门职员。同时,图书馆的建筑面积不得低于 800 平方米。

2. 建筑面积

服务人口 6 900 人以下:面积不得低于 1 080 平方米;

6 900 人~18 100 人:人均 0.05 平方米;

18 101 人~46 300 人:人均 0.05 平方米;

46 301 人~152 200 人:人均 0.03 平方米;

152 201 人~379 800 人:以人均 0.02 平方米进行计算。

3. 藏书册书

人口 6 900 人以下:藏书不得低于 67 270 册;

6 900 人~18 100 人:人均 3.6 册;

18 101 人~46 300 人:人均 4.8 册;

46 301 人~152 200 人:人均 3.9 册;

152 201 人~379 800 人:以人均 1.8 册进行计算。

4. 开架册数

人口 6 900 人以下:开架册数不得低于 48 906 册;

6 900 人~18 100 人:人均 2.69 册;

18 101 人~46 300 人:人均 2.51 册;

46 301 人~152 200 人:人均 1.67 册;

152 201 人~379 800 人:以人均 1.68 册进行计算。

5. 资料费

人口 6 900 人以下:资料费不得低于 1 000 万日元;

6 900 人~18 100 人:人均 796 日元;

18 101 人~46 300 人:人均 442 日元;

46 301 人~152 200 人:人均 466 日元;

152 201 人~379 800 人:以人均 229 日元进行计算。

6. 每年增加册数

人口 6 900 人以下:每年增加册数不得低于 5 574 册;

6 900 人～18 100 人:人均 0.32 册;

18 101 人～46 300 人:人均 0.30 册;

46 301 人～152 200 人:人均 0.24 册;

152 201 人～379 800 人:以人均 0.17 册进行计算。

7. 职员数

人口 6 900 人以下:职员数不得低于 6 人;

6 900 人～18 100 人:人均 0.025 人;

18 101 人～46 300 人:人均 0.043 人;

46 301 人～152 200 人:人均 0.041 人;

152 201 人～379 800 人:以人均 0.027 人进行计算。

标准值的计算例:

例如,在 50 000 人的自治体中,根据以下的计算可得其必要的建筑面积为 3 161 平方米。

计算公式:1 080 + [(18 100 − 6 900) × 0.05] + [(46 300 − 18 100) × 0.05] + [(50 000 − 46 300) × 0.03] = 1 080 + 560 + 1 410 + 111 = 3 161。

图书馆员的伦理纲领

日本图书馆协会

1980.6.4　大会决议

该伦理纲领是针对图书馆员而制定的、旨在使其对于《图书馆自由宣言》所提出的图书馆社会责任具有自觉意识、同时履行其自身职责的自律性规范。

1. 该纲领与《图书馆自由宣言》相辅相成。对于为实现该宣言所提出的图书馆社会责任所进行的图书馆日常活动，必须从职业集团的角度进行充实。本纲领就是为了实现这个充实内容的目标，通过明确图书馆员的职责来端正其自身形象的自律性规范。因此，本纲领的目的并非仅仅列举德操方面的要求以及权利方面的主张，而是在思考所有馆种图书馆员共同存在价值的基础上，在扩大其共同基础的前提下，使得图书馆成为某种先进的、活跃的、对于社会有用的机构。

本纲领所说的图书馆员指的是所有在图书馆工作的职员。在具体落实纲领各条款的过程中，图书馆长的理解及其优秀的领导能力是不可或缺的。

2. 纲领的内容是在图书馆活动实践过程中产生的。尽管本纲领是以伦理纲领的形式出现，但是光靠目前个人的献身以及某一馆的努力是无法完成图书馆应有职责的。除了图书馆员这个职业集团的综合努力之外，还必须从为图书馆员与使用者以及设立图书馆的机构或者团体三者统一考虑的角度出发，树立图书馆员所应该具有的形象。

3. 本纲领是在我们作为图书馆员的自觉性的基础上才得以成立的。因此，除了这种自觉性之外，它不具有任何别的约束力。但是，通过所公开发表的纲领内容，就我们共同的目的和努力以及更进一步地作为一个职业集团的判断和行动，我们向社会作出了承诺。作为其结果，我们首先向对图书馆有很大期待的人们、然后向社会全体，敞开了对我们自身进行严厉批评的大门。

只有通过图书馆员在这种批评之下所从事的服务，人们才能对图书馆员这个职业集团产生信赖。图书馆员的专业性必须基于这种信赖，首先通过使用者的支持，其次通过司书制度的形式得到确认和充实。因此，由这种专业性所带来的图书馆工作的提高将全部反馈到社会中去。我们全体图书馆员朝着这个方向所迈出的第一步就是本伦理纲领的制定。

4. 对于所有图书馆员，无论其所在馆的种类、其在馆内的地位、其职务的种类如何以及是否具有司书资格，希望他们都能够通过本纲领理解图书馆的职责，并积极参加到为实现纲领所开展的工作之中。另外，我们也希望在图书馆工作的志愿者、在与图书馆类似的设施内工作的人员以及同地区文库相关的人员等也能理解本纲领。

5. 纲领的构成：从图书馆员个人的伦理规定开始，考察图书馆员作为组织中一员所承担的职责，然后涉及图书馆之间以及同图书馆以外人员之间的合作，最后述及图书馆员在广阔的社会中所应承担的责任。

图书馆员的基本态度

第 1　图书馆员应以社会的期望和使用者的需求作为基本出发点来完成其任务。

图书馆是在社会的期望和使用者的需求之基础上建立起来的。因此，除了由此出发作为图书馆目的的保障国民知识自由这一点之外，还引申出了向全部国民提供资料这一基本职能。因此，图书馆员的基本态度就是：切实把握针对图书馆提出的期望和需求，对其进行分析和预测，致力于回应这些期望和满足这些需求。

对于使用者所承担的责任

第 2　在图书馆员面前使用者是没有区别的。

国民使用图书馆的权利是平等的。图书馆员必须一贯保持自由公正地积极提供资料的心态，不因使用者国籍、信仰、性别以及年龄等的差异而区别对待，不因针对图书馆而来的各种压力和干涉而对使用者区别对待。另外，对于尚未获得图书馆服务的人群，应致力于让他们也获得平等的服务。

第3　图书馆员不能泄露使用者的秘密。

为了保障国民读书的自由，通过提供资料和设施，图书馆员获悉了使用者的个人姓名以及资料名称等信息；对于这些信息，不应屈服于各种压力和干涉而进行公开，同时也不应出现因疏忽而泄露上述资料等其他侵犯使用者隐私的行为。从事图书馆工作的所有人员都有遵守这一规定的义务。

有关资料的责任

第4　图书馆员应致力于维护图书馆的自由和资料的收集、保存和提供。

图书馆员应基于专业的知识和准确的判断，收集、组织、保存并且积极地提供资料。为此，必须抵制任何对于资料的收集和提供自由进行侵犯的压力以及检查制度，同时也不得从个人的兴趣爱好出发收集和提供资料。图书馆员不得以私人报酬和个人利益为目的收集和提供资料。

第5　图书馆员应始终致力于熟悉资料。

对于每一份资料的熟悉绝非易事，因此图书馆员应该始终致力于对资料的熟悉。对于资料的充分了解是对图书馆员最大的期望之一。在对图书馆的需求飞速增长的今天，不能忘记这一期待将会更加高涨。更进一步地，在熟悉资料这一前提基础上，必须具有为了应对包括潜在需求在内的全部需求而收集和提供资料的自觉性。

进行研修的责任

第6　图书馆员应通过个人和集体的方式不断地进行研修。

从图书馆员专业性要求出发，必须：(1)了解使用者；(2)了解资料；(3)了解为了将使用者同资料联系起来而对资料进行适当组织和提供的知识和技能。为此就必须通过个人或者集体的方式进行不断的日常研修，这些研修的成果将作为发展图书馆全部工作的专业知识而积聚起来。从这个意义上来说，研修是作为图书馆员义务的权利。因此，除了积极进行自主的研修，图书馆员还应致力于努力改善研修条件和确立研修制度。

作为组织的一员

第 7　图书馆员应积极参与制定本馆的运营方针和服务计划。

如果不是每个图书馆员都采取积极的姿态，图书馆就不能实现适当顺畅的运营。图书馆员必须理解其所在图书馆的设置目的和使用者的需求，全体职员都应充分了解运营方针和服务计划等事项。为此，图书馆员不仅应该关心计划等的制订，而且应该积极参与其中。

第 8　图书馆员应密切协作，致力于提高整个集体的专业能力。

为了充分实现图书馆的功能，不能单靠少数图书馆员的力量，而必须发挥整个职业集体的力量。为此，除了在同一职责种类内部的协调之外，图书馆员还必须正确理解其他职责种类的任务，同时通过团结地区以及全国的图书馆团体，基于所有图书馆工作人员的合作，将他们各自的知识和经验统一起来。通过实地的实践经验、不断的研修以及职员集体的合作，图书馆员的专业性得以提高；在此基础上，就可以避免因过于频繁的人事变动和不适当的调动而对图书馆员经验的积累和专业知识的固定所带来的妨害。

第 9　为了进行图书馆服务，应该确保图书馆员适当的劳动条件。

作为组织中的一员，无论图书馆员的自觉性有多高，在恶劣的劳动条件下，除了不能充分展开工作以满足使用者的需求，连图书馆员的健康都难以维持。必须采取以下措施来确保展开适当的图书馆服务所需要的劳动条件，从而建立起有利于工作的职业环境：首先是配置适当数量的职员，其次还包括劳动伤害和职业病的防治，以及对于女性图书馆员的母性保护等。为了加强图书馆的服务，图书馆员应追求在图书馆劳动的独立性。

图书馆之间的合作

第 10　图书馆员应致力于图书馆间的了解和合作。

为了实现图书馆的基本目标，图书馆不应采取一馆的单独行动，而必须展开组织性的活动。各图书馆应该超越馆种、地区以及设立者的区别，致力于了解和合作。图书馆员不应将这些事务全部归结为制度上的问题，而必须从自身的职业姿态入手予以把握。不能忘记，图书馆间的相互合作是以本馆的充分努力为前提的。

对于创造文化的贡献

第11　图书馆员应与居民和其他团体合作，创造社会的文化环境。

图书馆并不是孤立存在的。图书馆对于地区社会所提供的合作与培养健康而民主的文化环境来说是不可或缺的。从另一方面来说，在这样的文化环境基础上，图书馆的基本功能也得到了显著的促进。图书馆员必须对居民自主的读书运动和文库活动等予以充分的了解；对于增设图书馆和改善服务的要求和批评，必须给予谦虚和积极的回应。更进一步地，图书馆员还应与当地的教育、社会以及文化等机构和团体保持合作关系，为地区文化的发展做出贡献。

第12　图书馆员应从读者的立场出发，为出版文化的发展做出贡献。

出版的自由并不仅仅意味着传递资料和信息的自由，更为根本的是其植根于知识自由的获取资料和信息的自由。从这个意义出发，图书馆应站在读者的立场，承担起对出版物的生产和流通问题进行积极应对的社会责任。另外，图书馆员还应坚持《图书馆自由宣言》，自觉意识到它与出版和新闻播放等领域维护表达自由的活动之间的密切联系，并且始终从读者的立场出发，在这些相关领域提供合作。

有鉴于我国的图书馆现状，日本图书馆协会制定并推广本伦理纲领。本协会除了维持和发展本纲领，同时还将针对本纲领未能涉及的事项，不断努力予以完善。

图书馆自由宣言

日本图书馆协会

1954 年实施　1979 年修订

图书馆最重要的任务是向具有基本人权之一的知识自由的国民提供资料和设施。

1. 日本国宪法是基于“主权在民”的原则而制定的,为了维持和发展这一国民主权原则,必须保障每一个国民自由发表以及交流思想和意见的自由,亦即表达的自由。

知识的自由与对表达自由的保障相表里,因此只有在保障知识自由的基础上才能实现表达的自由。

另外,知识的自由是同思想、良心的自由等一切基本人权密切相关的,同时也是保障这些人权实现的基础条件。对此即应根据宪法的规定,通过国民的不断努力而予以保持。

2. 所有国民在任何时候都具有获得并使用他所需要资料的权利。对于这种权利的社会性保障也就是对于知识自由的保障。图书馆正是担负这种责任的机构。

3. 图书馆是这样的一种机构:它不受权力的介入或者社会的压力所左右;基于它自身的责任,通过图书馆间的相互合作来提升图书馆的综合实力;将所收集的资料和修建的设施提供给国民使用。

4. 在我国,图书馆除了保障国民的知识自由,同时还不应忘却它在历史上作为对于国民进行“思想善导”的机构而对国民知识自由造成妨害的事实。图书馆必须在反省的基础上,履行其维护并扩展国民知识自由的责任。

5. 全部国民都具有公平使用图书馆的权利,对于这一权利不应由于人种、信仰、性别以及由此而生的其他条件而有任何差别。

对于外国人也应保障他们的上述权利。

6. 此处所提出的有关“图书馆自由”的原则都是旨在保障国民的知识自由,因此,它适用于所有图书馆。

为了完成这些任务,图书馆应确认并实践下述事项:

第 1　图书馆具有收集资料的自由

1. 图书馆作为保障国民知识自由的机构,必须对国民的全部资料需求予以回应。

2. 图书馆应在根据自身责任所制定的收集方针的基础上,进行资料的选择和收集。此时应做到:

(1) 对于存在多种以及对立意见的问题,广泛收集支持各种观点的资料。

(2) 不因作者思想、宗教以及党派的原因而将其著作排除在外。

(3) 不因图书馆员个人的兴趣爱好来选择资料。

(4) 不因个人、组织或者团体的压力和干涉而放弃收集资料的自由,不因担心由此引发纠纷而对自己进行限制。

(5) 对于捐赠资料的获取也遵循同样的原则。图书馆收集资料,并不意味着图书馆和图书馆员支持资料中的思想和主张。

3. 图书馆应公开其成文的收集方针,同时致力于获得广泛的社会批评和合作。

第 2　图书馆具有提供资料的自由

1. 为了保障国民的知识自由,原则上全部的图书馆资料都必须提供给国民自由地使用。

如果没有正当的理由,图书馆不能特别收集某种资料,或者对资料的内容进行修改,或者从书架上撤去和废弃。

对于资料提供的自由,在下述情况下应受到限制。这些限制可以实施到很高的程度,但是在经过特定时期后应对其进行再检讨。

(1) 对于人权或者隐私权造成侵害的资料;

(2) 判定属于猥亵出版物的资料;

(3) 赠送或者委托保管资料中,赠送者或者委托保管者拒绝进行公开的非公开资料。

2. 为了预备将来的使用,图书馆负有保存资料的责任。图书馆所保存的资料,不得因一时的社会需要或者来自于个人、组织和团体的压力和干涉而予以废弃。

3. 图书馆的会议室等活动场所应当具有以下特征:为了帮助国民自主的学习和创造活动,这些场所应该贴近国民;无论何时均可利用;同时还应对丰富的资料进行组织。

对于会议室等设施,除了用于营利目的之外,无论对于何种个人和团体,图书馆均应提供公平的使用权利。

4. 图书馆的计划和集会等活动,不应由于个人、组织或者团体的压力和干涉而受到歪曲。

第 3　图书馆应保守利用者的秘密

1. 读者阅读何种资料属于其个人隐私,图书馆不能将利用者的阅读情况泄漏到外部。但是,根据宪法第 35 条,在确认受到命令的情况下则属例外。

2. 除了阅读记录之外的图书馆使用情况均属利用者的隐私,图书馆不得侵犯。

3. 利用者的阅读情况和使用情况均属图书馆通过业务途径获得的秘密,所有从事图书馆活动的人员都必须保守这些秘密。

第 4　图书馆反对一切检查

1. 检查,是权力压制国民的思想和言论自由的常用手段,是与作为国民知识自由基础的民主主义不相容的。

历史和经验已经证明,检查包括对于图书馆的资料收集进行的事先限制,进而对已收集资料实施的撤架、废弃处理,不论对内对外,都带来了灾难。

因此,图书馆反对一切检查。

2. 可以导致与检查相同结果的就是来自个人、组织或者团体的压力和干涉。图书馆反对它们对于思想和言论的压制。

3. 在这种压制之下将会很容易导致图书馆的自我限制。但是,图书馆不应陷入这种自我限制之中，而是应该捍卫国民知识的自由。

当图书馆的自由受到侵犯时，我们应当团结起来，捍卫自由。

1. 图书馆自由的程度是一个国家民主主义进展的重要指标。当图书馆的自由受到侵犯的时候，应该展开排除这种侵害的行动。因此，图书馆的民主化运营以及图书馆员的连带强化是不可或缺的。

2. 捍卫图书馆自由，是国民维护自由和人权斗争中的一环。我们负有同持有维护图书馆自由这一相同立场的团体、机构和个人相互合作，以捍卫图书馆自由的责任。

3. 国民对于图书馆自由的支持和合作，只有在国民通过图书馆活动体验到图书馆自由的尊严的情况下才能实现。我们应该不断努力捍卫图书馆的自由。

4. 捍卫图书馆自由的行动，不应导致对图书馆员利益造成损害的结果。为了防止这种现象的出现，首先要防患于未然，万一发生不利事态，给受影响的图书馆员以支持和救济，是日本图书馆协会所应该承担的重要责任。

（1979.5.30　大会决议）

附录二：
日本图书馆年表(1866～2008)

1866 年

12 月　福泽谕吉《西洋事情》(初稿)发行。

1867 年

5 月　庆应私塾在芝新钱座成立，在讲堂内配备图书。

1869 年

5 月 1 日　(大阪)舍密局在大阪城西追手门前开讲。设立博物馆。1874 年成为大阪英语学校并开设书籍纵览所。

1870 年

2 月 22 日　红叶山文库归属太政官大史局管辖。

1871 年

4 月　庆应私塾(3 月 16 日迁至三田)出版发行《庆应私塾社中之约束》，其中《书籍出纳》之规则中制定了"书籍履修费"(使用费)。

8 月 25 日　霍拉基·科珀隆(Horace Capron)向开拓副官黑田清隆写信，建议开设"图书馆以及博物馆"。

8 月　京都的书肆大黑屋太郎右卫门开创"书籍会社"(出租图书业)。

1872 年

4 月 25 日　京都的书肆村上堪兵卫等人设立集书会社(5 月开业)；1873 年 5 月 15 日成为集书院。

4 月 28 日　文部省在博物局下设立书籍馆(以汤岛旧大学讲堂为临时馆所，8 月 1

日开馆，收费开放）。

4 月 冈山县厅内设立新闻报纸阅览室；9 月爱知县、11 月 4 日福冈县等地也设置公立的报纸阅览室。

5 月 市川清流在《新闻杂志》上发表书籍院建设的倡议书。

8 月 大阪的书肆河内屋喜兵卫等人（本年 5 月，请愿创立集书会社）设立集书局，开始图书阅览业务。

9 月 29 日 山梨县发布《设置报纸解决方案会》并颁布规则。

9 月 横滨开设报纸阅览馆，备置西洋各国的各种报纸（免费）。

10 月 3 日 滋贺县集书馆开馆。

11 月 在东京浅草的报纸茶馆摆放各府县的报纸并收取费用。

11 月 浅汤治郎在（群马）安中开设便览室。

1873 年

1 月 16 日 石川县金泽长町开设丛书堂（依靠有识之士的捐款运营，收费）。

3 月 19 日 书籍馆和正院博览会事务局合并。

3 月 设置陆军文库。

5 月 15 日 京都府集书院开院（根据集书会社的请愿，京都府将其事务经营委托给会社，收费）。1882 年 3 月废止。

10 月 在工部大学开设"书房"；1885 年 12 月工部省废止；1886 年 3 月同帝国大学合并。

12 月 文部省出版《理事功程》（负责人：田中不二麿，某卷之 6，1875 年 5 月止）。

1874 年

5 月 13 日 东京开成学校（东京大学）将校舍一室改造成书籍纵览所。

7 月 30 日 浅草八番堀米藏的土地交由博览会事务局管理，从汤岛圣堂转移藏书至此并改称浅草文库（1885 年 11 月制定并发布借阅规则）。

1875 年

2 月 9 日 书籍馆和博览会事务馆分离，再次归属文部省管辖。

4 月 8 日 书籍馆改称东京书籍馆（汤岛大成殿作为临时馆于 5 月 17 日开馆，1885 年 10 月前免费开放）。

7 月 1 日 天桥义塾（自由民权结社）于（京都）丹后宫津举行开业仪式，1881 年 2

月15日修改后的社团规章中规定社团内报纸、书籍的阅览外借对社员免费。

7月10日 向文部省所管辖的准刻科交纳全国出版图书样本的工作原本由东京书籍馆负责，但由于6月28日起准刻事务归属内务省管辖，所以7月10日东京书籍馆向内务省提出要求，9月15日起继续向内务省交纳样本一部。

1876年

3月22日 文部大辅田中不二麿为详细调查教育事务赴美(1876年3月22日～1877年1月)。

3月25日 大阪府使用府费开设两个图书馆(大阪府书籍馆)(3月17日设置，11月27日移转合并)；1888年2月废馆。

6月 东京书籍馆出版《东京书籍馆书目·内国新刊和汉书之部》(第一辑)(六门分类)。

7月1日 东京书籍馆开始夜间开馆(至午后10点)。

8月14日 札幌农业学校(北海道大学)拥有书籍室；12月新修书库。

9月22日 东京书籍馆于东京开成学校内开设法律书库，1877年3月29日废止。

9月 同志社英学校(同志社大学)新修校舍并在校舍的一室开设图书室。

12月11日 埼玉县立学校开设浦和书籍馆(收费)，颁布《借阅人须知》；1886年废馆。

1877年

1月 文部省发行《美国百年博览会教育报告》(责任编辑：田中不二麿)。

2月4日 东京书籍馆废止。

5月4日 文部省所辖东京书籍馆交由东京府管辖并改称东京府书籍馆，5月5日开馆(免费)。

10月 东京大学设立法、理、文三学院的附属图书馆；1878年6月于医学部设立书籍展览室。

10月 发行《东京大学法理文学院图书馆和汉书目录》(八门分类)。

12月 文部大辅田中不二麿在《文部省第4年报》发表《设立公立图书馆的必要性》。

1878年

10月 文部省《美国学校法》发行(Franklin B.编，责任编辑：田中不二麿)。

10 月　久米邦武编《特命全权大使美欧回览纪实》发行(博闻社)。

1879 年

5 月 4 日　龙谷大学会场式拥有藏书;1889 年 3 月,传导会开设杂志阅览所。

8 月 1 日　高知公园怀德馆内设置高知书籍馆(县立,免费),1888 年 10 月 31 日(教育会)改为高知图书馆,1916 年 3 月 25 日改为县立。

9 月 29 日　颁布《教育令》,规定书籍馆统归文部卿监管。

10 月 26 日　京桥区内由小野梓等人发起成立“共存文库”。

10 月　石川县事业博物馆内设置图书室(1908 年 9 月撤除)。

11 月 12 日　文部省认为,关于《废止公立幼儿园书籍馆等设置》的事项,需得到“府知事县令的批准”(文部省布令第 5 号);关于《废止私立幼儿园书籍馆等设置》,需要“向府知事县令通报”(文部省布令第 6 号)。

1880 年

5 月　设立(长野)松本农业会,农业会试验场内张贴有《书籍纵览规则》。

6 月　(高知)立志社提出申请设立书籍馆。

7 月 1 日　东京府书籍馆重归文部省管辖并改名为东京图书馆,7 月 8 日开馆(免费)。

1881 年

1 月 31 日　文部省制定《府县立学校幼儿园书籍馆等设置废止规则》(文部省训令第 4 号)、《町村立私立学校幼儿园书籍馆等设置废止规则起草心得》(文部省训令第 5 号)。

7 月 25 日　宫城书籍馆开馆式(7 月 12 日设立);1907 年 4 月改为县立(改名)。

8 月 29 日　茨城县制定《教员集会规定》和《教员集会场所书籍管理概则》。

8 月 29 日(东京)　西多摩郡五日町的深泽家中的法律书籍、报纸和杂志等向自由民权社的社员们公开。

1882 年

10 月　东京专业学校(早稻田大学)创立,同时在校内设置了图书室。

11 月 29 日　文部省发布训令《关于〈废止府县立学校幼儿园书籍馆的内阁设施规则〉(中略)中,在批准通过府县会决议之前应事先向该省请示》(文部省训令第11 号)。

12 月 5 日　文部省召集地方学务官(府县学务科长和学校校长),要求他们对教育设施多给予注意，也涉及到书籍馆问题。

1883 年

5 月 10 日　根据太政官训令第 22 号，为发行官报在太政官设置文书局，1884 年 1 月 24 日改为太政官文库。

1884 年

1 月 24 日　设立太政官文库，负责收藏各官厅所藏图书（红叶山文库、浅草文库等也包括其中）；1885 年 12 月 24 日改为内阁文库；1971 年 3 月 31 日改为国立公文书馆。

5 月 20 日　内务省开设了千代田文库，转移了图书局保存科及图书室。

7 月 19 日　文部省向府县立町村立私立书籍馆发布训令，要求协助完成 1884 年末的书籍馆调查，编制截至 1885 年 6 月的《书籍馆图书目录》（文部省训令第 7 号）。

1885 年

6 月 2 日　东京图书馆和东京教育博物馆合并，9 月 18 日迁移到上野，10 月 2 日开馆（从免费开放制变为收费制）。

9 月 19 日　英吉利法律学校（中央大）开校，在成立宗旨书中明确写到要建立“法律书库”。

9 月 22 日　东京商业学校（一桥大）设立了书籍库和书籍阅览所。

12 月 24 日　内阁设置有记录局、会计局和官报局 3 局，文库局文库科变为记录局图书科，图书科内设有内阁文库。

1886 年

3 月　文部省会计副部长手岛精一兼任东京教育博物馆和东京图书馆主管（任期至 1889 年 3 月）。

10 月 14 日　《帝国大学图书馆规则》制定。

12 月 11 日　明治法律学校（明治大学）文库设置。

12 月 11 日　田中稻城发表文章《书籍馆之鄙见》。

1887 年

1 月　长崎县有志教育会设置图书纵览室，为会员提供书籍纵览服务。

3 月 21 日　大日本教育会在神田一桥（地名）开设附属图书馆；10 月制定了《小学生图书阅览规则》。

11 月 25 日 《东京图书馆四季报》创刊(采用八门分类表)。

1888 年

1 月 6 日 大日本教育会附属图书馆开始夜间开馆。

2 月 9 日 佐贺济美社设立书籍阅览处,1905 年 5 月改为佐贺商业会议所图书室。

7 月 6 日 《东京图书馆规则》修订(首次设置了年龄限制,规定年满 15 岁者方可入馆)。

8 月 3 日 田中稻城受文部省派遣,留学英美研修图书馆相关知识(至 1890 年 3 月 11 日)。

1889 年

3 月 2 日 《东京图书馆官制》(敕令第 21 号)颁布,东京图书馆与东京教育博物馆分离。

3 月 25 日 文部省向教育会发出通知,“将东京图书馆归属于参考咨询图书馆,而将大日本教育会附属书籍馆归属于普通图书馆”。

4 月 22 日 《海军中央文库官制》(敕令第 55 号)颁布。

5 月 17 日 和佛法律学校(东京法律学校和东京佛学学校合并,也即之后的法政大)在这一年设立了“布瓦索纳德文库”,1890 年将文库图书移交给大日本教育会附属书籍馆(1911 移交给明治大学管理,毁于关东大地震)。

1890 年

1 月 庆应义塾大学部成立,大学部内设有“书馆”。

3 月 24 日 帝国大学文科大学教授田中稻城兼任东京图书馆馆长(1893 年 9 月改为东京图书馆馆长专任)。

3 月 24 日 明治学院(明治学院大学)神学部校舍兼图书馆竣工仪式。

3 月 28 日 《官立学校及图书馆会计法》(法律第 26 号)、《官立学校及图书馆会计规则》(敕令第 53 号)颁布。

12 月 1 日 京都府教育会图书馆开馆(1898 年 6 月 21 日成立)。

12 月 10 日 东京图书馆制定了《图书上架操作管理心得》,对于目录管理和图书上架业务,认为应“对来馆者的咨询进行解答,对其目录检索也需提供协助”。

1891 年

7 月 27 日 《东京图书馆官制修订案》颁布(敕令第 138 号)(首次规定了“司书”

一职）。

11 月 17 日　《幼儿园、图书馆、盲哑学校类的各种学校和私立小学相关规则》颁布（文部省令第 18 号）。

1892 年

3 月 26 日　日本文库协会创立，召开第 1 届例会，举办成立仪式。

6 月 15 日　千叶县教育会附属书籍图书馆开馆（本年 5 月设立），1924 年 3 月 28 日改为县立。

6 月 23 日　信浓教育会事务所中开设信浓教育会员图书阅览所，1907 年 5 月改为信浓图书馆，1929 年 9 月 4 日改为长野县立。

12 月 10 日　西村竹间编写《图书馆管理法》（金港堂书籍）。

1893 年

9 月 30 日　日本文库协会审议通过了《和汉图书目录编纂规则》（太田为三郎编写），颁布印刷。

1894 年

6 月 11 日　《帝国议会图书馆和汉图书目录》出版。

12 月　大日本教育会附属书籍馆开始图书外借业务，并制定了相关规则。

1895 年

10 月　关西法律学校（关西大学）设置文库。

1896 年

2 月 13 日　重野安绎和外山正一向贵族院提交《设立帝国图书馆的建议》草案（第 9 届帝国议会）。

3 月 25 日　铃木充实等 3 名成员向众议院提交《帝国图书馆设立的建议》草案（第 9 届帝国议会）。

9 月 25 日　熊本县观聚馆内的同馆附属阅览室的书库开室，1912 年 4 月 1 日改为熊本县立熊本图书馆。

1897 年

2 月 26 日　外山正一向贵族院提交《公立图书馆费国库补助法》草案（第 10 届帝国议会），后委托特别委员会审议。

4 月 27 日　颁布《帝国图书馆馆长司书长及司书任用事项》（敕令第 114 号）；田中稻城就任帝国图书馆首任馆长（任至 1921 年 11 月 29 日）。

6 月 22 日　《东京帝国大学官制》颁布(敕令第 210 号)(制定了图书馆长的文部大臣任命制度、废止教授兼职副教授等规定)。

6 月 28 日　文科大学副教授和田万吉就任东京帝国大学附属图书馆第 1 任馆长(任至 1923 年 11 月)。

11 月 6 日　法科大学副教授岛文次郎就任京都帝国大学附属图书馆第 1 任馆长(任至 1910 年 7 月)。

1898 年

4 月 17 日　日州教育会附属图书馆开馆(收费),1902 年 5 月 18 日改为宫崎县立。

5 月 14 日　日本文库协会春季协会召开"图书馆从业者联合恳谈会"(全国图书馆大会的起源)。

6 月 21 日　京都府立图书馆开馆式(本年 4 月 1 日设立,收费);1890 年 12 月 1 日起归属京都府教育会。

1899 年

7 月　立教学院(立教大学)新校舍竣工,并配有图书馆。

10 月 1 日　和佛法律学校(法政大)内的图书阅览室开室。

11 月 1 日　秋田县立秋田图书馆开馆(本年 4 月 14 日设立)。

11 月 11 日　《图书馆令》颁布(敕令第 429 号)。

12 月 11 日　京都帝国大学附属图书馆设立。

12 月 19 日　《关于公立学校职员和教官以及从事其他教育事务的文官的转任相关事宜》颁布(敕令第 456 号)。

1900 年

1 月 5 日　关西文库协会成立(2 月 4 日举行了成立仪式)。

5 月 10 日　哲学馆(东洋大)图书馆开馆(在土藏增建了阅览室)。

5 月 19 日　日本文库协会春季例会上,田中稻城(帝国图书馆馆长)被推选为第 1 任会长。

6 月 15 日　县立秋田图书馆将闭馆日定为每周一。

7 月 26 日　文部省(田中稻城)出版《图书馆管理法全集》(金港堂书籍)。

10 月 21 日　山梨教育会附属图书馆开馆(本年 8 月 31 日设立);1931 年 4 月 1 日县立。

10 月　帝国图书馆内开始采取"问答板"的形式对读者的咨询进行回答。

1901 年

4 月　关西文库协会创刊《东壁》(只出了 4 期)。

5 月 16 日　县立秋田图书馆开始夜间开馆(直到晚上 10 点)。

1902 年

2 月 1 日　成田图书馆开馆,2 月 2 日向一般公众开放(免费,1901 年 1 月 11 日设立);1988 年 3 月(财)成田山佛教图书馆。

4 月 12 日　南葵文库开库式(1908 年 10 月举行开放仪式)。

5 月　京都市生祥寻常高等小学开设“生祥儿童文库”。

6 月 15 日　大桥图书馆开馆(允许年满 12 岁者进入)。

6 月　成田图书馆创刊《私立成田图书馆报告》。

8 月 11 日　鹿儿岛县私立教育会附属图书馆开馆(10 月 25 日举行开馆式),1909 年 1 月改为私立鹿儿岛图书馆,1912 年 4 月 7 日改为县立。

10 月 23 日　县立秋田图书馆开始在《官报》(第 5792 号)上刊登题为《图书馆经营》的文章。

10 月 25 日　县立秋田图书馆在 4 所郡立图书馆内开始“巡回文库”业务。

1903 年

4 月 3 日　私立山形图书馆开馆,1910 年 5 月 22 日改为县立。

7 月 6 日　山口县立山口图书馆开馆式(1902 年 12 月 23 日设立,设有儿童阅览室,内有 400 册图书,可进行自由开架式阅览)。

8 月 1 日　日本文库协会召开“第 1 届图书馆事项讲习会”(东京,至8 月 14 日)。

10 月 6 日　京都府立图书馆制定《巡回图书馆制度》。

10 月 14 日　爱媛教育协会纪念图书馆开馆式;1935 年 8 月 15 日改为县立。

10 月 27 日　县立山口图书馆开始夜间开馆(直到晚上 9 点)。

11 月　京都市淳风小学儿童图书馆设立。

12 月　宫城书籍馆开设男孩阅览室。

1904 年

1 月 4 日　德岛县教育会图书阅览所设立;1917 年 6 月 24 日改为县立。

1 月 13 日　岐阜县教育会附属出借图书馆开馆,1909 年 10 月 13 日改为岐阜县教育会附属图书馆,1937 年 6 月 5 日改为岐阜县立。

1 月 23 日　县立山口图书馆开始移交“巡回文库”。

1 月　好本督(人名)在东京盲人学校同窗会期刊《六星的光》(6,7 号)上发表了关于英国盲人图书馆的报告,呼吁日本也应建立这样的盲人图书馆。

2 月 25 日　大阪图书馆开馆式,3 月 1 日向一般公众开放(1903 年 3 月 28 日设立),今井贯一担任首任馆长(任至 1933 年 9 月);1906 年 12 月改为大阪府立(改名)。

4 月 1 日　大阪图书馆开始在夜间开馆(直到晚上 10 点)。

4 月 26 日　茨城县立图书馆开馆(1903 年 2 月 21 日设立)。

10 月　京都府立图书馆开始着手变更书籍目录的分类方法(十进分类表)(持续至 1906 年 3 月)。

11 月 6 日　早稻田大学大学图书馆开始向一般公众开放。

12 月　《山口县立山口图书馆和汉图书分类目录》出版(八门分类)。

12 月　大阪图书馆开始收集日本专利类公报(由专利局捐赠)。

1905 年

2 月 10 日　香川县教育会图书馆开馆;1934 年 4 月 1 日改为县立。

4 月 15 日　京都府立图书馆设置儿童阅览室并免费开放。

4 月　京都设立了“私立修道儿童文库”。

4 月　庆应义塾将“书馆”更名为“图书馆”,田中一贞就任负责人。

5 月 31 日　私立京都法政大学(立命馆大学)附设了图书室。

1906 年

3 月 20 日　帝国图书馆开馆式,3 月 23 日正式开馆。

3 月 20 日　日本文库协会召开“第 1 届全国图书馆(员)大会”(东京,至 3 月 22 日)。

9 月 6 日　山县十五雄在《万朝报》中发表《日本目前的盲人社会》(其中提到设置盲人图书馆的需求)。

10 月 7 日　竹贯直人在自己家中设立私立少年图书馆→晚年,将馆中藏书捐赠给日比谷图书馆。

10 月 9 日　《图书馆令》修订(敕令第 274 号)。

11 月 1 日　《关于公立图书馆职员的薪资事宜》颁布(敕令第 282 号)。

12 月 14 日　《图书馆相关规程》颁布(文部省令第 19 号)。

1907 年

4 月　广野贞助在(宫城)气仙沼町设立了儿童图书馆;1916 年 3 月改为町立。

4 月　县立山口图书馆减少一名文书，增补了一名司书，将 2 540 册图书置于公开书架中。

4 月　在中国境内的满铁开始营业，并在其调查部内设置图书室→之后成为中国辽宁省大连图书馆。

5 月 1 日　青森市立图书馆开馆(本年 4 月 24 日设立)；1928 年 9 月 1 日改为县立。

6 月 4 日　千叶县为奖励巡回文库，发布了县公告第 1 号，并制定了《千叶县通俗巡回文库规则》。

10 月 1 日　(新潟)积善团体巡回文库成立，1908 年 5 月 19 日作为私立文库向上通报，6 月 17 日发送通报，1919 年 5 月 29 日积善团体解散。

10 月 17 日　日本文库协会《图书馆杂志》创刊。

10 月　京都府立图书馆在阅览桌上摆置了隔板，并在目录室设置了“铁网书架”，用于展示新书。

10 月　成田图书馆在阅览室中设立了投书箱，接受读者所提出的关于设施和图书方面的要求。

1908 年

3 月 29 日　日本文库协会春季总会改名为“日本图书馆协会”。

4 月 1 日　明治大学将图书馆向一般公众开放。

5 月　《帝国图书馆报》创刊。

6 月 2 日　《东京帝国大学官制》修订(敕令第 142 号)(设置司书官及司书)。

6 月 16 日　《帝国大学事务官、帝国大学司书官及帝国大学司书特别任用令》颁布(敕令第 154 号)。

7 月 25 日　文部省首次召开“图书馆事项夏期讲习会”(东京，至 8 月 14 日)。

11 月 12 日　京都市下发关于《设置学校图书馆》的通告(市学第 475 号)。

11 月 16 日　东京市立日比谷图书馆开馆式，11 月 21 日开始阅览业务(1906 年 11 月 30 日设立，付费，设有儿童室并允许 8 岁以上的儿童进入阅览)；1943 年 7 月 1 日改为都立日比谷图书馆。

1909 年

2 月 11 日　私立函馆图书馆作为“会员制图书馆”开馆，3 月 1 日向一般公众开放(2 月 1 日创立总会)；1926 年 9 月改为市立。

4月13日 福井市立图书馆开馆式(1908年8月7日设立);1950年4月1日改为县立。

7月1日 县立山口图书馆采用了十进分类法。

7月11日 和田万吉赴欧美考察图书馆事业(至1910年4月12日)。

8月2日 东京市教育会主办召开“图书馆科讲习会”(至8月11日)。

9月27日 东京市立深川图书馆开始阅览业务(本年1月25日设立),采用准开架式阅览。

10月1日 召开“山口县内图书馆相关人员大会”,10月3日山口县图书馆协会成立(最初以县为单位召集图书馆员,1942年4月重组,1953年4月再次活动)(会期至10月3日)。

10月13日 岐阜县教育会图书馆开馆(10月22日向上级通报);1937年6月5日改为岐阜县立。

1910年

2月3日 文部大臣小松原英太郎向地方长官下达通告《图书馆设施的相关训令》。

3月 JLA在《图书馆杂志》(8号)上发表《和汉图书目录编纂概则》。

6月1日 东京市立日比谷图书馆开始馆外出借业务。

6月20日 《图书馆令》修改(敕令第278号)。

6月30日 《图书馆令施行规则》颁布(文部省令第18号)。

8月1日 冲绳县立图书馆开馆。

9月30日 JLA评议员会向万国书志学协会(国际书志学会)提交正式加盟报告。

1911年

5月10日 《文部省官制》修改,设置图书局。

8月 佐野友三郎翻译《师范学校教程图书馆管理要项》(美国教育会图书部特别报告),并自费出版。

10月10日 文部省通俗教育调查委员会颁布《通俗图书审查规程》(告示第237号)、《幻灯动画及活动照片“幻灯片”审查规程》(告示第238号)。

10月27日 文部省编写出版《图书馆书籍标准目录》。

10月 县立山口图书馆允许读者进入书库自由选择书籍(但须拥有优待券和特别券)。

1912 年

1 月 17 日　石川县立图书馆开馆仪式，1 月 23 日开始阅览业务（1910 年 11 月设立，免费，设有儿童室）。

3 月 22 日　今井贯一为研究图书馆管理法前往英美德图书馆考察（至 1913 年 2 月 14 日）。

4 月 1 日　熊本县立图书馆成立，6 月举行了开馆式（其前身为 1896 年 9 月 25 日创立的熊本观聚馆附属阅览室）。

4 月 7 日　鹿儿岛县立图书馆开馆（本年 4 月 1 日设立）；1909 年 1 月改为私立鹿儿岛图书馆。

5 月 16 日　文部省《图书馆管理法全》（修订版）出版（金港堂书籍）。

5 月　JLA 向文部省提交《图书馆员培训所设置建议》宗旨书和规则草案。

6 月 1 日　长崎县立图书馆开馆。

11 月 1 日　庆应义塾五十周年纪念图书馆开馆（5 月 18 日举行开馆式），并对外开放。

1913 年

2 月 25 日　东京市立麻布图书馆采取安全开架式阅览（东京首例）。

7 月 26 日　文部省制定《通俗图书认定规程》（文部省令第 22 号）及《幻灯动画及活动照片"幻灯片"认定规程》（文部省令第 23 号）。

8 月 1 日　（福冈）八幡制铁所简易图书馆开馆（主要为制铁所的员工和其家人提供阅览服务）；1970 年废止。

8 月　东京市立日比谷图书馆开始为儿童提供馆外出借服务。

9 月 21 日　近畿图书馆俱乐部成立；1922 年 5 月近畿图书馆协议会。

9 月　石川县立图书馆每周在儿童室举行一次"故事时间"活动。

1914 年

2 月 20 日　JLA 创刊《日本图书馆协会选定新刊图书目录》（月刊）。

3 月 21 日　（私立）佐贺图书馆开馆式，3 月 22 日向一般公众开放（1913 年 11 月 10 日举行了落成仪式）；1929 年 4 月 1 日改为县立。

3 月 28 日　《府县郡内为设立学校图书馆所需的基本财产和储蓄金等相关事项》颁布（敕令第 42 号）。

11 月 10 日　九州图书馆联合会成立；1915 年 8 月 14 日改为日本图书馆协会九州支部。

12 月 25 日　今泽慈海就任东京市立日比谷图书馆馆长，1915 年 4 月 1 日任东京市立图书馆馆长(任至 1931 年 3 月)。

1915 年

1 月　县立熊本图书馆开始“妇女夜间阅览服务”。

3 月 31 日　《东京市立图书馆事务处理规程》修订(确立了日比谷作为中央图书馆的图书馆体制)。

3 月　县立山口图书馆发表《通俗图书馆的经营》(《山口县立山口图书馆报告》第 20 号)。

4 月　东京市立日比谷图书馆实行儿童阅览免费政策，并印刷制作目录卡片分发给其他各馆。

5 月 8 日　佐野友三郎赴美考察图书馆业(至 9 月 7 日)。

5 月　东京市立图书馆开始同盟出借业务(馆际互借制度)。

8 月 1 日　JLA 将《图书馆小知识》分发给会员、府县知事、县会议长及人口少于 2 万的市町村，并给各府县知事下发委托要求“设立御大典纪念事业的图书馆”。

1916 年

3 月 7 日　(山口)室积师范学校教谕市毛金太郎举办“图书馆管理法”讲座，3 月发行《图书馆管理法讲习要目》(誊写版)。

3 月 25 日　高知县立图书馆开馆(1915 年 1 月设立)，其前身为 1888 年 10 月 31 日创立的(教育会)高知图书馆。

5 月 3 日　东京市小石川的居民要求图书馆配备盲文图书；9 月，本乡图书馆增添了 200 多册盲文图书。

5 月 18 日　福冈县颁布《公立图书馆补助相关事宜》(县通告学第 3525 号)。

8 月 1 日　JLA 召开“第 2 届图书馆事项讲习会”(东京，至 8 月 14 日)。

11 月 1 日　东京盲人教育会内的盲文图书馆开馆。

12 月 8 日　明治纪念新潟县立图书馆落成暨开馆式(1915 年 3 月 24 日设立)；1951 年 3 月 23 日改为新潟县立新潟图书馆(改称)。

1917 年

2 月　京都府立图书馆制定了《参考咨询制度》。

9 月　《东京市立图书馆报》创刊。

9 月　莫里森(Morrison)文库成立(在其基础上，1924 年 11 月 19 日(财)东洋文库设立)。

12 月 21 日　山口县颁布《图书馆普及和改善相关训令》(训令第 55 号)，12 月 22 日向郡市长下发通知《关于图书馆经营的注意事项》。

1918 年

4 月　和田万吉开设书史学讲座。

4 月　鸟取市立图书馆设立；1931 年 7 月 19 日改为县立。

5 月 1 日　福冈县立图书馆开馆(1915 年 12 月 25 日设立，免费。1934 年 4 月废止)。

6 月 1 日　文部省召开“第 1 届全国府县立图书馆长会议”，会上文部大臣就“该如何选择最适合青年人的书”提出询问(东京，至 6 月 3 日)。

10 月 30 日　JLA 设置“恤兵调查委员会”，征集图书慰问出征西伯利亚的军人，最后捐赠共 1 万余册书籍。

12 月 18 日　今泽慈海和竹贯直人出版《儿童图书馆的研究》(博文馆)。

1919 年

2 月 9 日　大原社会问题研究所成立，1924 年 4 月将图书阅览室向公众开放，1949 年 7 月并入法政大学。

4 月 16 日　召开“府县立图书馆协议会”，决定采用以“山口图书馆十进法”为标准的分类法。

6 月 11 日　文部省普通学务局第 4 科中将图书馆归为社会教育事务掌管(分科规程修订)。

7 月 15 日　新潟县立图书馆开设盲人阅览室。

8 月 1 日　和田万吉在东京帝国大学文学部举办“图书馆管理法纲要”的公开讲座(至 8 月 6 日)。

1920 年

5 月 10 日　JLA 设置了“图书馆待遇问题委员会”。

5 月 15 日　佐野友三郎出版《美国图书馆情况》(文部省)。

6 月 29 日　JLA 召开“图书馆员待遇问题委员会”，审议了《图书馆待遇草案备忘录》，7 月 7 日提交给众议院的文部副部长。

12 月　(新潟)柏崎市出现由县盲人协会经营的“盲文巡回文库”。

1921 年

3 月　文部省首次开展“全国图书馆调查活动”。

4 月 1 日　东京市立日比谷图书馆实行报纸杂志免费阅览服务。

4 月　东京市立日比谷图书馆设立调查人员。

6 月 1 日　开设“文部省图书馆员教习所”(在东京美术学校内),1925 年 4 月 1 日改为“文部省图书馆讲习所”(1945 年 3 月 10 日关闭)。

7 月 20 日　《公立图书馆职员令》颁布(敕令第 336 号)。

10 月　东京市立图书馆报《市立图书馆及图书馆事业》创刊;后改为《东京市立图书馆及图书馆事业》(1928 年 7 月～1939 年 3 月)。

11 月 29 日　帝国图书馆长田中稻城退休,松本喜一兼任帝国图书馆司书长官,负责馆长事务。

11 月　东京市立图书馆在市内电车内设计了带有图书馆图片的广告。

1922 年

1 月 10 日　冈山图书馆设立“冈山妇女读书会”。

4 月 1 日　东京市立京桥图书馆新馆开馆,采取开架式阅览。

4 月 20 日　岩手县立图书馆开馆,5 月 1 日举行开馆仪式(1921 年 10 月 10 日设立)。

4 月 21 日　JLA 召开“第 17 届全国图书馆大会”,会上文部大臣就“如何有效地将图书馆建设成为社会教化的中心”提出询问(东京,至 4 月 25 日)。

10 月 17 日　和田五吉出版《图书馆管理法大纲》(丙午出版社)。

10 月　东京市立深川图书馆内设立“图书馆阅览者协会”。

1923 年

1 月 11 日　松本喜一就任帝国图书馆馆长(任至 1945 年 11 月 13 日)。

1 月 31 日　大阪府立图书馆开始接受国外的特批公报。

4 月 1 日　郡制被废止,郡立图书馆或变为市町村立图书馆,或被废除。

5 月 9 日　《公立图书馆职员令》修订(敕令第 230 号)。

9 月 1 日　因关东大地震,东大附属、大桥等地的多数图书馆被毁,损失图书约 120 万册。

9 月 4 日　东京市立日比谷图书馆开始进行震灾的相关指导和咨询业务,9 月 20 日恢复阅览业务。

11 月 1 日　JLA 开始“全国图书馆周活动”(之后每年秋季举行，本年由于地震，活动仅在关西以西地区举行，至 11 月 6 日结束)。

1924 年

3 月 28 日　千叶县立图书馆开馆(本年 3 月 8 日设立。其前身为 1892 年 6 月 15 日创立的千叶县教育会附属书籍馆。

3 月 31 日　帝国图书馆首次录用女性职员。

4 月 22 日　JLA 召开“第 18 届全国图书馆大会”，会上文部大臣就“为了进行国民思想善导图书馆必须采取的最佳方案”提出询问(福冈、长崎，至 4 月 27 日)。

5 月 14 日　文部副部长向各地方长官下达要求禁止使用参考书籍的通知。

6 月 5 日　召开“帝国大学附属图书馆协议会”，“帝国大学附属图书馆协议会”成立(东京，至 6 月 7 日)；1948 年 9 月改为国立大学附属图书馆协议会；1950 年 10 月改为国立七大学附属图书馆协议会。

11 月 13 日　全国专业高等学校图书馆协议会成立；1927 年 11 月改为全国高等各学校图书馆协议会。

11 月 19 日　“东洋文库”设立，12 月 1 日向一般公众开放。

12 月 22 日　文部省普通学务局中设立了“社会教育科”。

1925 年

2 月 28 日　大阪图书馆协会成立；1952 年 7 月改为图书馆协议会。

3 月 28 日　静冈县立葵文库举行开馆仪式，4 月 1 日开始向一般公众开放(1922 年 11 月 17 日设立，附有调查室，凡年满 17 岁者可进入使用，室内可自由阅览)；1970 年 4 月改为县立中央图书馆。

6 月 26 日　官厅图书馆协议会成立。

8 月　天理外国语学校(天理大)设置了天理图书馆。

11 月　市立名古屋图书馆设置读书咨询窗口。

1926 年

1 月 9 日　文部省颁布《图书认定规程》(文部省令第 2 号)。

3 月 25 日　东京市立日比谷图书馆出版发行《儿童读物》。

4 月　东京商业会议所(东京商公会议所)设置图书室。

9 月 4 日　松本喜一(帝国图书馆长)赴欧美研习图书馆管理法。

11 月 25 日　北海道厅立图书馆举行开馆仪式，12 月 1 日开始阅览业务(1924 年 3 月

29日设立)；1951年4月改为道立。

1927年

2月　文部省在纪元节(2月11日)当天奖励了24所优秀图书馆。

3月23日　青木精一和另一名议员向众议院(第52届帝国议会)提交了《图书馆普及的相关建议草案》(3月25日被采纳)。

11月10日　召开"官立医科大学附属图书馆协议会"，官立医科大学附属图书馆协议会成立(至11月11日)；1929年5月10日改为医科大学附属图书馆协议会；1949年10月20日改为日本医学图书馆协议会；1954年10月18日改为日本医学图书馆协会；2003年11月20日改为NPO法人。

11月15日　青年图书馆员联盟成立并发表了《宣言》。

1928年

1月　青年图书馆员联盟创刊《书研究》(季刊)。

3月31日　JLA获得文部省每年500日元的补助金。

4月15日　JLA召开年度总会，松本喜一就任第2任理事长(任至1939年8月)。

4月29日　"第1届关东北图书馆大会"举行东北北海道图书馆联盟成立会议(仙台，至4月30日)。

7月　东京市立日比谷图书馆开始出版发行《传记资料索引》(5册，出版至1938年3月)。

9月6日　东京市立深川图书馆新馆开馆，采取收费和安全开架的阅览方式，并且可以赤足入馆(这在当时的东京市内还属首次)。

12月1日　东京帝国大学附属图书馆复兴开馆。

12月3日　JLA召开"第22届全国图书馆大会"，会上文部大臣就"鉴于最近我国思潮的大趋势图书馆应该特别留意些什么"提出询问(京都，至12月7日)。

1929年

1月6日　鹿儿岛县立图书馆开设盲人文库和盲人阅览室。

2月7日　JLA理事会决议加入"国际图书馆协会"(国际图书馆联盟：IFLA)。

5月11日　JLA召开"第23届全国图书馆大会"，会上文部大臣就"作为劳动者教育的图书馆其设施上必须注意些什么"提出询问(东京，至5月13日)。

7月1日　《文部省官制》修订，设置社会教育局(掌管图书馆相关事务和图书馆的认定及推荐等相关事项)。

8月25日　森清编写的《日本十进分类法》出版(修订增补版第2版：1931年6月10日；修订增补版第3版：1935年7月15日；修订增补版第4版：1939年1月1日；修订增补版第5版：1942年1月1日；抄录第6版：1947年2月25日，明和书院；修订增补第7版：1947年9月15日；增补再版第8版：1949年3月1日)。

1930年

4月2日　文部副部长向各地方长官发布通告《关于振兴教育方法的相关事项》(发社第73号)。

5月10日　JLA召开"第24届全国图书馆大会"，会上文部大臣就"如何有效联系图书馆和学校"提出询问(东京，至5月12日)。

6月16日　东京私立大学图书馆协议会成立；1943年5月改为私立大学图书馆协会。

8月10日　加藤宗厚编写的《日本件名目录表》出版(修订第2版：青年图书馆员联盟主编，1944年6月20日，间宫商店；修订版1949：1949年7月15日青年图书馆员联盟)。

9月1日　文部省颁布《图书推荐规程》(文部省令第22号)。

11月4日　JLA批准认可设立社团法人。

1931年

3月9日　石川县图书馆协会(中田邦造)开始开设读书班。

4月1日　《东京市立图书馆事务处理规程》修订，规程规定"东京市立的全部图书馆皆归市教育局长直接监督"。之后，儿童阅览收费(1936年5月，本所)和公共书架的不开放(1937年4月，四谷)等都使得图书馆服务出现倒退。

4月1日　大分县立大分图书馆成立。

5月27日　《公立图书馆职员令》修订(敕令第118号)。

10月6日　召开由帝国图书馆举办的"全国道府县图书馆长会议"，10月7日设立中央图书馆长协会(1943年5月19日解散)。

10月9日　JLA召开"第25届全国图书馆大会"，会上文部大臣就"作为图书馆附带事业的社会教育设施该如何发展"提出询问(金泽，至10月11日)。

1932年

4月8日　文部副部长向各地方长官下达《关于振兴社会教育的相关事项》(发社

第 51 号)文件。

4 月　JLA 在《图书馆杂志》(26—4)上发表《和汉图书目录法》。

5 月 11 日　JLA 召开“第 26 届全国图书馆大会”,会上文部大臣就“怎样的法案最适用于图书馆的馆际合作”提出询问(东京,至 5 月 13 日)。

5 月 27 日　文部省社会教育局长向各地方长官下达《贯彻社会教育委员设立宗旨的相关事项》(发社第 87 号)文件。

1933 年

2 月 28 日　千叶县图书馆协会编写的《和汉洋图书分类表》(宝文堂书店)出版。

4 月 2 日　JLA 施行“第 1 届图书馆纪念日”。

5 月 11 日　JLA 召开“第 27 届全国图书馆大会”,文部大臣咨询《非常时局下必须特别留意的事项》;此外,批准通过名为《非常时局下图书馆员的奋斗宣言》的紧急决议(名古屋,至 5 月 13 日)。

7 月 1 日　颁布修订后的《图书馆令》(敕令第 175 号)和《公立图书馆职员令》。

7 月 26 日　《图书馆令施行规则》颁布(省令第 14 号)。

9 月 14 日　规定“巡回书库”的铁道运输费降为半价。

11 月 1 日　JLA 举办“第 1 届图书节”(由东京出版协会和全国书籍商组织联合会共同举办)。

11 月 20 日　天野敬太郎主编《本邦书籍的书籍》出版(间宫商店)。

1934 年

1 月 25 日　福冈县颁布《图书馆令施行细则》(县令第 3 号)(修改图书馆令颁布后最初的《细则》)。

2 月 21 日　JLA 设立图书馆社会教育调查委员会。

3 月 31 日　东京市立骏河台图书馆开始出版《调查资料》(出版至 1941 年 3 月)。

5 月 2 日　文部副部长向各地方长官下达通知《图书馆令和施行规则及公立图书馆职员令修改实施上的相关注意事项》(发社第 22 号)。

5 月 7 日　召开“第 1 届中央图书馆长会议”(至 5 月 8 日)。

6 月 20 日　文部省主办召开“好书普及协议会”。

10 月 29 日　文部省主办召开“第 1 届读书指导讲习会”(仙台、名古屋,至 11 月 1 日)。

1935 年

3 月 7 日　JLA 将“第 28 届全国图书馆大会”上通过决议制定的《公共图书馆费国

库补助法制定请愿书》提交至参众两院，3 月 25 日在正式会议上批准通过。

4 月 11 日　伊那警察署特别高等长官查看(长野)上伊那图书馆，没收了美浓部达吉的著作。

8 月 31 日　《货物运送规则》修改(铁道省告示第 339 号)(官公立图书馆等货物费用中出借文库的运费减少 30%，10 月 1 日起施行)。

10 月 15 日　岩桥武夫在大阪设立日本盲人福利设施，主要进行盲文图书的出版和免费出借业务。

1936 年

5 月 14 日　私立图书馆恳谈会成立。

5 月　青年图书馆员联盟发表《日本图书目录法案》。

10 月 30 日　《公立图书馆司书检定试验规程》颁布(文部省令第 18 号)(1937 年 2 月 22 日～25 日，第 1 届试验实施)；1943 年 3 月 26 日修改。

1937 年

1 月 26 日　宪兵队入(青森)弘前市立图书馆进行阅览调查。

2 月 18 日　东京市儿童读物研究会成立(东京市立图书馆)。

4 月 25 日　日本大学图书馆向一般公众开放。

4 月　《小学国语读本》第 9 卷第 17 章中加入《图书馆》这一篇课文。

6 月 5 日　JLA 发表《图书馆社会教育调查委员会报告》(《图书馆杂志》31—9)。

9 月 10 日　文部省向 JLA 发布通告《国民精神总动员的相关事项》。

9 月 18 日　“图书馆纪念日”被纳入《国民教化运动相关宣传实施基本计划》。

11 月　图书馆周活动中开展了军国童话会、爱国童话会等带有强烈战时色彩的童话会。

11 月　五大都市市立图书馆长会议成立。

1938 年

3 月 31 日　文部省对中央图书馆中的 14 馆给予 500 日元的奖励金。

5 月 10 日　JLA 召开“第 32 届全国图书馆大会”，会上文部大臣提出咨询“关于全面进行国民精神总动员时图书馆所必须采取的具体措施”。

9 月 16 日　文部大臣给予拥有道府县中央图书馆的地方长官 350 日元作为国民精神总动员的文库费用。

11 月 1 日　大桥图书馆制定了《图书预约阅览制度》。

1939 年

5 月 9 日　召开由东京市主办的"全国市立图书馆大会"。

6 月　文部省开始进行儿童读物的推荐活动。

7 月 12 日　各地方厅的社会教育局长收到《关于大力宣传文部省推荐图书的相关事项》的通知(发社第 233 号)。

9 月 18 日　文部省主办召开"中央图书馆司书讲习会"(长野县菅平,至 9 月 23 日)。

9 月　东京市图书馆研究会成立。

11 月 8 日　JLA 根据文部省指示将原来的"全国图书馆周活动"改为"读书普及运动"。

1940 年

1 月 15 日　中央图书馆司书会成立。

3 月 2 日　石川县图书推荐委员会审议 1940 年度《甲种图书馆群目录》。

7 月 18 日　东京市向各图书馆馆长发布《关于左翼出版物的相关事项》的通告。

9 月 7 日　JLA 理事会决定中止全国图书馆大会。

10 月 22 日　召开文部省主办的"中央图书馆司书讲习研究会"(成田市,至 10 月 26 日)。

10 月　根据文部省通牒,决定"中止帝国大学附属图书馆协议会等集会"。

11 月 10 日　本间一夫设立日本盲人图书馆;1948 年 4 月改为日本盲文图书馆。

1941 年

3 月 18 日　JLA 召开"第 1 届全国图书馆综合协议会"(代替全国图书馆大会)(东京,至 3 月 19 日)。

4 月 2 日　同志社大学图书馆学研究会成立,开设讲习会(至 4 月 5 日);1952 年 4 月改为同志社大学图书馆学会。

11 月 3 日　日本出版文化协会发布第 1 届推荐图书目录(之后每月进行)。

11 月　县立山口图书馆废弃约 3 万册不合时宜的书籍。

1942 年

3 月 17 日　召开由文部省主办的"道府县中央图书馆出借文库研究协议会"(和歌山,至 3 月 19 日)。

3 月 24 日　文部省机构改革,决定图书馆归文化设施科管辖。

5月19日　JLA召开“第1次部会综合协议会”，就文部大臣询问的《关于适应大东亚共荣圈建设中的国民读书指导方针》进行协议（东京，至5月20日）。

7月2日　决定实施“新刊图书优先配给公共图书馆”的政策（《新刊图书优先配给纲要》）；1943年2月开始实施。

9月25日　召开由文部省主办的“读书会指导相关研究协议会”（金泽，至9月27日），JLA和文部省共同编写出版了《读书会指导纲要》。

11月1日　文部省教育局废除，图书馆归教化局管辖。

11月　帝国大学附属图书馆协议会发表《帝国大学附属图书馆协议会制定和语汉书目录规则第1版》。

1943年

3月10日　青年图书馆员联盟编写出版《日本目录规则“NCR”昭和17年（1942）》（间宫商店）。

3月26日　《公立图书馆司书检定试验规程》修订（文部省令第14号）。

6月22日　青年图书馆员联盟理事会发表解散宣言（1943年9月以日本图书馆研究会的名称继续召开例会）；1944年7月16日举行解散仪式。

11月20日　满洲开拓读书协会成立。

11月12日　帝国图书馆将贵重书籍转移至长野县立图书馆（之后在1944年5月和1944年8月也进行过转移活动）。

1944年

4月30日　JLA临时总会决议改组成为“大日本图书馆协会（财团）”，1945年3月15日批准通过。

4月　东京都立图书馆28馆中有13馆休馆。

4月　大阪市立阿波座、御藏迹、城东、西野田的各图书馆由教育局移交至社会局管理，转用为战时托儿所。

5月　京都帝国大学附属图书馆为发展参考咨询业务设置了“文献调查专栏”。

7月　丰桥市立、西宫、埼玉县立（8月）、长野县立、成田（9月）等图书馆内的《日本地理风俗体系》一书，被宪兵队和警察署处以外泄情报为由，禁止阅览并进行没收处理。

8月10日　东京帝国大学附属图书馆查藏书向山梨县转移输送（1945年6月进行了第2次转移）。

9 月　《图书馆杂志》休刊，1946 年 6 月复刊。

1945 年

1 月　鹿儿岛县立、市立小樽(4 月)，长崎县立、前桥市立(5 月)等图书馆被移用为军用设施。

3 月 9 日　东京大空袭，都立两国、浅草、本所等图书馆被烧毁。

3 月 13 日　大阪大空袭，大阪市里育英、金宫等图书馆被烧毁。

3 月 15 日　大日本图书馆协会批准财团法人改组。

3 月　都立日比谷图书馆购买民间重要图书，并开始迁移。

5 月 25 日　(东京)日比谷和淀桥等地的图书馆因空袭被完全烧毁。

7 月　青森、宫城、岐阜、香川、高知县立和茨城县立等多数图书馆都被烧毁。

8 月 6 日　广岛市被投下原子弹，广岛市立浅野图书馆被全部烧毁。

8 月 9 日　长崎市被投下原子弹，县立长崎图书馆主馆厅舍被损毁。

10 月 1 日　县立山口图书馆根据盟军统帅部指令开始废弃图书，翌年末共废弃 1.4 万余册。

10 月　和歌山、爱媛、宫城(11 月)、山形、山梨(1946 年 8 月)县立等图书馆馆舍被美国军政部接管。

11 月 25 日　东京 CIE 图书馆开馆(之后，在全国 23 个地方开设，1952 年 5 月 10 日成为美国文化中心)。

12 月 9 日　法政大学图书馆周日向普通市民开放。

1946 年

2 月　吉尼担任 CIE 图书馆负责人，1947 年 5 月 2 日卸任归国。

3 月 15 日　文部省局长下达《解除禁止阅览图书馆中的图书和出版物》的相关文件。

3 月 17 日　GHQ 命令没收宣传出版物，之后还追加《没收备忘录》。

4 月 1 日　《公立图书馆职员令》修订(敕令第 214 号)。

4 月 8 日　《对日本而言的统一的图书馆组织》(吉尼・布朗)发表。

6 月 25 日　文部省召开“全国都道府县中央图书馆长会议”(至 6 月 26 日)。

7 月 12 日　私立大学图书馆协会再次活动，召开“第 7 届总会”(高野山大学，至 7 月 13 日)。

8 月 30 日　文部省社会教育局长向各地方长官、中央图书馆长下达《关于没收出版物的相关事项》的文件。

10月9日　同志社大学开设“图书馆学讲习所”。

10月15日　大日本图书馆协会和理事会决定解散作为财团法人的协会。

11月23日　日本图书馆研究会成立；1947年5月《图书馆界》创刊。

12月12日　东京图书馆员联盟成立。

12月　大日本图书馆协会开始图书馆调整配给业务。

1947年

1月30日　日本图书馆协会通过社团法人的章程(8月批准)，创立了总会。

4月17日　《地方自治法》颁布(法律第67号)，法律规定地方议会有义务设置图书室。

4月30日　《国会图书馆法》颁布(法律第84号)(5月3日施行，1948年2月9日废止)。

5月15日　帝国图书馆附属图书馆职员培训所开校，12月4日改为国立图书馆附属图书馆职员培训所，1949年4月1日改为文部省图书馆职员培训所。

9月3日　JLA召开战后“第1届定期总会”。

10月27日　文部省主办“图书馆讲习会”(鹤岗市，10月31日，别府市，11月21日～25日)。

11月17日　JLA开展战后“第1届读书周”(至11月23日)。

11月20日　京都图书馆协会成立。

12月4日　帝国图书馆改名为国立图书馆。

12月14日　美国图书馆使节V. W. 克拉普和C. H. 布朗访日，12月17日发表备忘录。

1948年

1月13日　大学基准协会为了完成《大学图书馆基准》，设置了图书馆研究委员会关西地区委员会。

2月9日　颁布《国立国会图书馆法》(法律第5号)，同日施行。

3月9日　批准在京都大学内设置京都图书馆学校。

4月9日　教育革新委员会第64届总会审议了《社会教育振兴方针草案》，经修订后采纳通过。

4月28日　召开“近畿图书馆员组织第1届总会”，通过《公共图书馆法制定的相关要求》。

5月21日　JLA向文部大臣上交《推动公共图书馆法制定》的意见书。

6月5日　国立国会图书馆开馆仪式，6月7日向公众开放。

6月14日　JLA召开战后初"第34届全国图书馆大会"（东京，至6月15日）。

7月1日　NDL设立支部图书馆，8月25日设置行政·司法支部图书馆18馆。

7月24日　文部省设置"学校图书馆协议会"。

8月1日　NDL设立"支部东洋文库"和"静嘉堂文库"。

9月27日　JLA召开"第1届公共图书馆法委员会"（至9月28日）。

9月　NDL创刊《杂志记事索引人文科学编》，1950年1月《自然科学编》创刊，1965年1月《人文社会编》、《科学技术编》创刊；1996年5月之后改为CD—ROM版。

11月3日　JLA向文部省提交《公共图书馆法案—日本图书馆协会》。

12月15日　文部省出版《学校图书馆入门指导》（师范学校教科书）。

1949年

1月15日　JLA为了推动《图书馆法》的制定，在全国统一实施"图书馆日"。

2月15日　文部省为了充实学校图书馆，贯彻《学校图书馆入门指导》的宗旨，召开"学校图书馆讲习协议会"（东日本：千叶县鸭川町，至2月17日；西日本：天理图书馆，3月2日～3月4日）。

3月15日　NDL成为联合国的托存图书馆之一。

4月1日　国立图书馆成为NDL支部上野图书馆。

4月23日　关西大学图书馆学讲习所开校，举行第1次讲习（至11月12日）。

5月31日　颁布《文部省设置法》（图书馆由社会教育设施科管理）。

5月31日　颁布《图书馆职员培训所规章》（文部省令第20号）。

6月6日　《国立国会图书馆法》修订（法律第194号）（制定了民间出版物的赔偿金制度、地方公共团体出版物的呈缴本制度等，7月1日起施行）。

6月23日　NDL开始"卡片印刷业务"（1950年12月分发），1998年3月业务和分发终止。

6月27日　IFEL（教育指导者讲习会）举行关于图书馆运营者的讲习活动（东京学艺大，至7月9日）。

7月28日　东京都图书馆协会成立。

8月5日 学校图书馆协议会向文部大臣提交《学校图书馆基准》。

9月14日 千叶县立图书馆开始移动图书馆(BM)"光号流动书籍"的巡回活动(个人出借,每人每册一次5日元)。

9月20日 东京都学校图书馆协议会成立。

11月8日 召开"全国学校图书馆联络协议会",决定"推动全国组织的成立"(东京,至11月10日)。

1950年

2月27日 全国学校图书馆协议会(全国SLA)成立,召开"第1届学校图书馆研究大会"(至3月1日)。

3月18日 UDC研究会成立;1958年9月日本Documentation协会成立;1986年6月改为情报科学技术协会。

3月20日 设立"NDL官厅图书馆研究会";1950年4月《Biblos》创刊。

4月1日 东洋大学图书馆学讲座开讲;1959年4月社会学部在应用社会学科设置图书馆学专业;2000年4月归属传媒交流学科。

4月25日 大学基准协会制定《图书馆员培训课程基准》,1953年4月21日改订。

4月30日 《图书馆法》颁布(法律第118号)(7月30日施行,除第17条)。

5月 (大阪)丰中市立图书馆"移动图书馆"(BM)巡回开始(1951年10月开始个人外借业务)。

7月15日 由森清原编写、JLA分类委员会改订的《日本十进分类法》(新订第6版第1分册)出版。

7月25日 德岛县立图书馆"文化巴士"巡回开始,1955年4月1日改名为"やまなみ"。

8月29日 东京都立图书馆废除,9月30日将都立31馆移交给其他各区。

9月6日 《图书馆法施行规则》颁布(文部省令第27号)。

9月18日 IFEL第1届图书馆学科开讲(东京学艺大学,12月8日)。

9月20日 《图书馆法施行令》颁布(政令第293号)。

9月20日 信州大学教育学部附属长野小学PTA(家长—教师联谊会)借助长野县立图书馆,开始使用"PTA母亲文库"。

9月 文部省文部事务副部长发布通告《司书及候补司书的职务内容》(文社施第370号);1998年12月废止。

9月 全国SLA创刊《学校图书馆》。

10 月 30 日　福冈县图书馆协会成立；1950 年 3 月分馆种召开协议会。

11 月 20 日　JLA 为运用和推广《图书馆法》，在中国四国地区举行图书馆研究会(冈山，至 11 月 25 日，之后在日本各地召开)。

11 月 20 日　福岛县公共图书馆协会成立，其前身为 1950 年 3 月成立的县图书馆协会。

11 月 27 日　设立“九州地区大学图书馆协议会”。

12 月 5 日　电影《没有门窗的图书馆》(日本电影公司)公映。

12 月 28 日　JLA 将事务局移至 NDL 支部上野图书馆内。

1951 年

2 月 5 日　全国 SLA 设置“图书选定委员会”，开始了图书选定活动。

2 月 28 日　人事院颁布公务员“司书”的“职业种类和职业等级”相关事项。

4 月 1 日　《图书馆法》第 17 条施行(入馆费免费)。

4 月 1 日　庆应义塾大学在文学部开设图书馆学科(大学课程)(Japanese Library School)，1968 年 4 月改为图书馆・情报学科，2000 年 4 月改为人文社会学科图书馆・情报学系图书馆・情报学专业。

4 月 1 日　东京大学开设图书馆学讲座。

5 月 26 日　东京大学图书馆学会成立。

6 月 7 日　举办“文部省图书馆专业职员培训讲习指导者讲习会”(东大，至 7 月 30 日)。

7 月 11 日　“文部省图书馆专业职员培训讲习第 1 届指导者讲习会”在东北大、东大、京大、名大、九大举行(9 月 10 日之后在全日本各地的大学举行，直到 1955 年)。

7 月　文部省大学学术局设立“国立大学图书馆改善研究会”，开始研究活动。

10 月 8 日　全国 SLA 举办“学校图书馆振兴对策协议会”，会上研究司书教谕的培训问题。

1952 年

2 月 14 日　JLA 常务理事会决定再次加盟国际图书馆联盟(IFLA)。

3 月 28 日　专业图书馆协议会成立。

5 月 23 日　国、公立大学图书馆协议会组成。

6 月 12 日　《图书馆法》部分修订(法律第 185 号)。

6 月 17 日　大学基准协会通过了《大学图书馆基准》。

7 月 31 日　《图书馆法》部分修订(法律第 270 号)。

8 月 14 日　《图书馆法》部分修订(法律第 305 号)。

8 月 14 日　文部省下达通告《关于学校图书馆的培养指导》。

8 月　JLA 在《图书馆杂志》(46—8)提案讨论“关于图书馆的中立”。

9 月　庆应义塾图书馆新设参考咨询室。

11 月 26 日　国立大学图书馆改善研究委员会发表《国立大学图书馆改善要项及其解说》(1953 年 1 月通知)。

12 月 5 日　JLA 出版《图书馆白皮书》(改订版:1960 年 2 月 20 日;增订版:1960 年 7 月 20 日;第 4 版:1977 年 3 月 25 日;第 5 版:1990 年 4 月 30 日)。

1953 年

1 月 20 日　JLA 出版《日本的公共图书馆》,1954 年起改为《日本的图书馆》。

1 月 25 日　JLA 出版《日本目录规则 1952 年版》(1965 年版:1965 年 5 月 25 日;新版预备版:1977 年 12 月 6 日;1987 年版:1987 年 9 月 21 日;1987 年版改订版:1994 年 4 月 5 日;1987 年版改订 2 版:2001 年 8 月 10 日)。

1 月　文部省大学学术局发表《国立大学图书馆改善要项》。

2 月 23 日　文部省召开“第 1 届全国移动图书馆运营协议会”(岐阜,至 2 月 24 日)。

3 月　JLA 在《图书馆杂志》(47—3)中提出“关于《图书馆法》的修订”的问题。

4 月 27 日　大阪府立图书馆在本馆的一室中开设了“商工图书室”(试运行按照主题分类的阅览室)。

6 月 4 日　日本图书馆学会成立,1998 年 10 月改为日本图书馆情报学会。

6 月 24 日　“大学图书馆职员制度改善促进实行委员会”举办第一次集会。

6 月　高知市立市民图书馆开始出版《市民系列套书》。

7 月 11 日　由于《地方税法》第 5 条第 1 项第 5 号修订,地方公共团体中的公共设施建设事业费(图书馆建筑等)可以贷款这一做法获得批准。

8 月 8 日　《学校图书馆法》颁布(法律第 185 号)(1954 年 4 月 1 日起施行)。

9 月 1 日　NDL 开设“PB 报告阅览室”。

9 月 2 日　召开“国立大学图书馆研究集会”(第一届:东京,至9 月 4 日;第二届:京都,10 月 6 日～10 月 7 日)。

10 月 22 日　儿童图书馆研究会成立,1954 年 1 月《儿童的图书馆》创刊。

11 月 13 日　西日本图书馆学会成立，1954 年 6 月《图书馆学》创刊。

11 月 26 日　JLA 召开“全国公共图书馆研究集会”。

1954 年

1 月　日本医学图书馆协议会创刊《医学图书馆》。

3 月 18 日　学校图书馆设备基准研究会成立。

3 月 31 日　《学校图书馆审议会令》颁布(政令第 61 号)。

4 月 8 日　广岛县立图书馆开馆，其前身为 1951 年 11 月 3 日创立的广岛县立儿童图书馆。

4 月 27 日　大学基准协会通过了《图书馆学教育基准》。

5 月 26 日　JLA 召开“第 40 届全国图书馆大会”，批准通过了《图书馆自由宣言》(主文部分)“关于禁止原子核武器而对各图书馆的投诉”(东京，至 5 月 28 日)。

5 月 28 日　JLA 召开“昭和 29 年定期总会”，批准通过了《图书馆自由宣言》。

6 月 1 日　《图书馆法施行规则》修订(文部省令第 13 号)。

8 月 6 日　《学校图书馆司书教谕讲习规程》颁布(文部省令第 21 号)。

8 月 15 日　召开“文部省第一届司书教谕讲习”(东京学艺大学、大阪学艺大学，至 8 月 31 日)。

9 月 6 日　文部省成立“学校图书馆审议会”。

1955 年

4 月 9 日　日本药学图书馆协议会成立，1956 年 3 月《药学图书馆》创刊。

5 月 23 日　图书馆问题研究会组成大会(至 5 月 24 日)。

6 月　神奈川县妇女图书馆员研究会成立；1980 年解散。

6 月　NDL 创刊《呈缴本周报》，1981 年 1 月改为《日本全国书志周刊版》，1988 年 1 月改为《日本全国书志》。

7 月 18 日　文部省发表《青少年巡回文库实施要项》(局长通知)。

11 月 16 日　JLA 召开“全国公共图书馆研究集会”，主题为“致力于儿童图书馆服务”(神户市，至 11 月 18 日)。

1956 年

2 月 13 日　都立日比谷图书馆长向都教委和人事委提交《关于图书馆专职(司书、候补司书)的特别任用》，1957 年 3 月 1 日录用了 3 名候补司书。

2月25日 JLA出版《基本书籍分类名称目录表》(改订版:1971年10月19日;第3版:1983年9月12日;第4版:1999年7月30日)。

3月15日 JLA设置“图书馆法修订委员会”。

3月31日 经人事院通告修订了司书和候补司书资格者的初任金(本年4月1日起施行)。

5月22日 私立大学图书馆协会发表《私立大学图书馆改善要项》。

5月24日 公立大学图书馆联络会成立,1957年6月改为公立大学图书馆协议会,1969年5月解散。

5月29日 文部省下达《关于处理持有司书和候补司书资格者的最初就业金标准的问题》的通知(国人第40号)。

6月1日 (东京)大田区立池上图书馆开馆(录用3名司书)。

6月12日 《图书馆法》部分修订(法律第148号)。

6月30日 《图书馆法》部分修订(法律第163号)。

7月19日 日本医学图书馆协会制定《日本医学图书馆协会馆际互借规约》。

9月29日 《图书馆法施行规则》部分修订(文部省令第24号)。

10月22日 《大学设置基准》颁布(文部省令第28号)。

11月15日 JLA在公共图书馆部会设置“儿童图书馆分科会”。

11月15日 专业图书馆协议会出版《调查机构图书馆总览》1969年6月改为《专业情报机构总览》。

11月15日 儿童图书馆研究会出版《儿童图书馆年鉴1956年版》(之后每5到6年发行,1963年起由JLA出版)1969年起改为《儿童图书馆年报》。

12月17日 高知市立市民图书馆被批准加入“联合国教科文组织合作图书馆业务”(1968年业务终止)。

1957年

4月10日 (东京)大田区立池上图书馆投入使用了不记名式的外借券和入馆门票。

5月2日 文部省初等中等教育局长向各都道府县教委下达《关于司书教谕的发令》(委托第165号)。

8月8日 文部省社会教育局长向各都道府县教育委员会发布《关于处理司书、候补司书及博物馆等公共设施的工作者的工资问题》(文社施第251号)。

8月16日 日本科学技术情报中心(JICST)成立;1996年10月1日改为科学技术振兴事业团(JST);2003年10月1日改为科学技术振兴机构(JST)。

8月 家庭文库研究会成立;1965年与儿童图书馆研究会合并。

11月9日 举行"亚洲图书馆协会联盟(AFLA)创立大会"(东京)。

12月 JLA图书馆法修订委员会在《图书馆杂志》(51—12)上发表《图书馆法修订草案》。

1958年

4月15日 召开"亚洲太平洋地区公立图书馆长会议"(东京,至4月19日)。

5月9日 佛教图书馆协会成立。

10月27日 由JLA与其他团体组织共同发起设立了"儿童图书日本中心"。

11月7日 特殊文库联合协议会成立。

12月3日 JLA在公共图书馆部会设置"咨询事务分科会"。

1959年

1月 文部省出版《学校图书馆运营指导》(明治图书出版),改订《学校图书馆基准》。

3月3日 中部图书馆学会组成,1959年5月创刊《中部图书馆学会志》。

4月9日 颁布《完成青少年读书指导资料的相关规程》(文部省令第10号)。

4月30日 《图书馆法》部分修订(法律第158号)及《图书馆法施行令》修订(政令第158号)。

5月26日 JLA在名古屋召开"第13届定期总会",设置图书馆学教育部会。

5月28日 JLA在公共图书馆部会设置"视听力分科会",1987年废除。

9月20日 召开"读书母亲"的全国大会(长野市,至9月21日)。

10月25日 东京区立图书馆首次施行"司书升职选拔测试"。

10月28日 JLA公共图书馆部会咨询事务分科会举行全国研究集会(神户市)。

1960年

1月21日 文部省制定《国立大学图书馆专业职员录用测试纲要》。

4月1日 文学部教授岸本英夫就任东京大学附属图书馆长。

5月1日 鹿儿岛县立图书馆开展"亲子20分钟读书运动"。

9月1日 东京都在各都立高等学校配置司书教谕(开始执行发令,截至1963年在所有学校中完成配置,1968年中止录用)。

9 月 7 日　国际基督教大学图书馆新馆开馆(全馆开架式)。

10 月 14 日　JLA 设置“中小公共图书馆运营基准委员会”。

1961 年

3 月 15 日　JLA 公共图书馆部会咨询事务分科会制定《咨询事务规程》。

5 月 13 日　日本学术会议发表《关于大学图书馆的完备和扩充》(建议书)。

5 月 18 日　日本学术会议发表《关于对科学技术会议发表的〈关于 10 年后以科学技术振兴作为目标的综合基本方案〉(咨询第 1 号)进行答复》(建议书)。

5 月 25 日　《邮政法》部分修订(法律第 93 号)[盲人用的邮递物品(盲文图书、录音图书等)的邮费,在指定设施内可以免费,6 月 1 日起执行]。

5 月　《东京大学附属图书馆改善计划草案》发表;1963 年 11 月举行改善纪念典礼。

6 月 17 日　《图书馆法》部分修订(法律第 145 号)。

8 月 30 日　《高等专业学校设置基准》制定(文部省令第 23 号)。

10 月 10 日　文部省主办“第 1 届文献管理讲习会”(东京地区:10 月 10 日～10 月 13 日;大阪地区:11 月 7 日～11 月 10 日)。

10 月 28 日　日本私立短期大学协会发表《私立短期大学图书馆改善要项》。

11 月 1 日　NDL 新馆开馆式举行,11 月 21 日向一般公众开放(开始阅览业务)。

11 月 1 日　大阪市立中央图书馆开馆式(11 月 4 日开始阅览业务,采用按主题分类的部门制)。

11 月 8 日　公立大学图书馆协议会发表《公立大学图书馆改善要项》。

1962 年

4 月　文部省通过补助方式开始在农村进行试点图书馆项目(1962 年为茨城县出岛村立图书馆;到 1966 年为止共有8 馆)。

5 月 1 日　国际文化会馆出版《日本的参考图书》(改订版:1965 年 9 月 1 日,之后由 JLA 出版;补遗版:1972 年 9 月 15 日;解说总览:1980 年 1 月 30 日;第 4 版:2002 年 9 月 1 日)。

5 月 15 日　《图书馆法》部分修订(法律第 133 号)。

10 月 7 日　名古屋市立大学附属医院通过名古屋国际妇女俱乐部开展了“爱的图书室”这一志愿者活动。

10 月 31 日　NDL 职员组织主办图书馆研究集会(至 11 月 2 日)。

1963 年

1 月 28 日　中央教育审议会向文部大臣回复《关于改善大学图书馆》。

3 月 20 日　NDL 出版《国立国会图书馆分类表》(政治・法律・行政)(改订版:1987 年 3 月)。

3 月 25 日　JLA 创刊《现代的图书馆》(季刊)。

3 月 31 日　JLA 出版《中小城市公共图书馆的运营》。

7 月 8 日　私学研修福利会和日本私立大学联盟主办"第 1 届大学图书馆研究集会"(至 7 月 11 日)。

1964 年

4 月 1 日　颁布《国立学校附属图书馆应设置分馆规定》(文部省训令第 11 号)。

4 月 1 日　图书馆短期大学设立,1981 年 3 月闭校。

5 月 26 日　文部省主办"大学图书馆职员讲习会"(东京地区:5 月 26 日～5 月 29 日;西日本地区:大阪 6 月 2 日～6 月 5 日;东日本地区:仙台 6 月 9 日～6 月 12 日)。

11 月 17 日　日本学术会议向政府提交建议书《关于大学中图书馆的近代化》。

1965 年

3 月 31 日　《图书馆法》部分修订(法律第 15 号)。

3 月 31 日　大学基准等研究协议会大学图书馆特别部会对《大学图书馆设置基准要项》进行答复。

4 月 1 日　文部省大学学术局设置了掌管大学图书馆的情报图书馆科。

5 月 10 日　JLA 图书馆学教育改善委员会发表《改善试行方案》。

5 月 11 日　文部省公布《大学图书馆视察委员规程》(文大情第 289 号)。

5 月 20 日　石井桃子出版《儿童的图书馆》(岩波书店)。

6 月 20 日　(东京)《日野市立图书馆设置条例》制定。

7 月 1 日　京都大学东洋学文献中心成立。

7 月 26 日　JLA 会员问题分类小组成立。

8 月 5 日　JLA 保存图书馆调查委员会提交报告书。

1966 年

3 月 14 日　图书馆活动推进全国劳动组织协议会(图全协)成立。

3 月 31 日　《图书馆法施行规则》部分修订(文部省令第 10 号)。

3 月　文部省学校设施基准规格调查会、大学图书馆设施小委员会发表《大学图书馆设施计划要项》。

4 月　文部省以国立大学图书馆为对象,为了实施《指定图书制度》,在 1966 年度选定了 10 所特定大学、1 所短期大学,每 2 年一次给予预算补贴。

5 月 11 日　国立社会教育研修所开展“第 1 届图书馆职员研修活动”(至 5 月 24 日)。

6 月 23 日　文部省进行大学图书实际情况调查。

6 月 30 日　《学校图书馆法》部分修订(法律第 98 号)。

7 月 9 日　日本农学图书馆协议会成立。

7 月　京都南医院设立了患者图书室。

8 月 16 日　NDL 加入国际图书馆协会联合会(IFLA)。

10 月 27 日　大阪红十字医院开始通过志愿者开展“爱的移动图书馆”业务。

1967 年

1 月 30 日　东公图决定向东京都提交《都区立图书馆司书职业制度确立的相关要求》(请求书),10 月 15 日提交。

4 月 1 日　庆应义塾大学研究生院在文学研究科中设置图书馆・情报学专业(硕士课程)。

4 月 16 日　日本亲子读书中心成立。

5 月 30 日　全国公立图书馆长协议会成立;1970 年 6 月改为全国公共图书馆协议会。

6 月 13 日　练马电视事件。

6 月 23 日　文部省社会教育审议会向文部大臣报告了《公立图书馆设置及运营方面的相关标准草案》(并未公示)。

8 月 1 日　《图书馆法》部分修订(法律第 120 号)。

9 月 19 日　国际文献管理会议召开(东京,至 9 月 22 日)。

10 月 7 日　日本儿童书籍研究会成立。

11 月 26 日　妇女司书会成立。

1968 年

1 月 25 日　日本私立大学协会发表《私立大学图书馆运营要项》。

2 月　京都产业大学图书馆通过计算机完成西文书籍目录的制作。

3 月 15 日　《国立大学附属图书馆指定图书制度实施要项》制定(文大情第 37 号)。

3 月 29 日　《图书馆法施行规则》部分修订(文部省令第 5 号)(修正了司书讲习科目等内容)。

3 月　东大医学部图书馆引入了计算机系统。

4 月　JLA 公开发表实施《公共图书馆振兴计划》。

5 月 1 日　庆应义塾大学医学部、东京医科大学、东京女子医科大学图书馆开始通过电报进行馆际文献互用业务。

5 月 21 日　要求国立国会图书馆公开儿童图书会成立。

6 月 5 日　全国国立大学图书馆长会议(司书职员制度相关特别委员会)出版《大学图书馆的业务分析》(JLA)。

6 月 7 日　国立大学图书馆协议会(国大图协)成立,其前身为 1954 年 10 月 11 日成立的全国国立大学图书馆长会议。

8 月　JICST 开始展开"文献速报自动完成系统"业务。

9 月 22 日　科学读物阅读会成立;10 月 20 日改为科学读物研究会。

10 月 1 日　NDL 阅览业务再次全面展开,11 月 21 日举行全馆文成开馆 20 周年纪念典礼。

10 月 11 日　全国国立教育系大学附属图书馆协议会成立。

11 月 22 日　因为东大纷争综合图书馆等被关闭。

12 月 23 日　要求国立国会图书馆公开儿童图书会向参众两院议员文员会图书馆文员提交陈述书,内容涉及"对 NDL 所藏的儿童图书进行公开阅览"等相关事宜。

1969 年

5 月 15 日　第 1 届日美大学图书馆会议召开(东京,至 5 月 19 日)(至 1992 年 10 月共召开 5 届)。

5 月 15 日　公立大学协会图书馆协议会成立。

6 月　日本盲人大学生会等向都立日比谷图书馆和 NDL 申诉,要求"图书馆向视力障碍者开放"。

8 月 1 日　文部省与图书馆短期大学共同举办"大学图书馆专业职员长期研修活动"。

8 月 5 日　JICST《科学技术文献速报》开始通过电脑编集的方式制作发行。

9 月　大学图书馆问题讨论会成立；1970 年 10 月 25 日大学图书馆问题研究会(大图研)。

10 月 31 日　科学技术会议就第 4 号咨询文件《关于科学技术情报的流通的相关基本方案》进行答复。

1970 年

1 月　都立日比谷图书馆设置“视力障碍者用读书室”，开始施行面向视力障碍者的朗读及录音业务。

3 月 13 日　日法图书馆研究会成立；1991 年 5 月改为日法图书馆情报学会。

3 月 17 日　(东京)町田市立图书馆改建市政厅分室并开馆(允许妈妈推着婴儿车进入图书馆)。

4 月 12 日　亲子读书・地域文库全国联络会(亲地连)成立。

5 月 30 日　JLA 出版《市民的图书馆》。

6 月 5 日　JLA 召开“第 1 届整理技术全国会议”。

6 月 18 日　东京都发表《图书馆政策的课题和对策——东京都公共图书馆振兴措施》。

6 月 25 日　全国公共图书馆协议会成立，由全国公立图书馆协议会和全国图书馆协议会联合会合并而成。

6 月　视力障碍者读书权力保障协议会(视读协)组成，1998 年 4 月解散。

11 月　(东京)丰岛区立图书馆开设“光文库”(盲文图书馆)，通过邮递和移动图书馆的方式进行个人外借业务。

1971 年

1 月　文部省在“全国社会教育主管课长会议”上颁布《社会教育法》修订案(试案)。

4 月 1 日　公立短期大学图书馆协议会成立。

4 月 30 日　社会教育审议会就《关于应对激烈的社会变革社会教育的定位》进行答复。

4 月　文部省首次在大阪大学就图书馆业务的机械化相关事项配置预算。(这之后，1972 年在群马大学、1973 年在东京工大、1974 年在福井大学及小樽商科大学等也进行了预算配置)。

6月2日 国大图协司书制度调查研究班作了名为《大学图书馆中专职制度的研究》的报告。

6月16日 音乐图书馆协议会成立。

10月11日 社会教育审议会设施分科会图书馆部门会议成立。

11月17日 JLA召开"第57届全国图书馆大会",将《图书馆法》颁布的4月30日定为"图书馆纪念日",将5月定为"图书馆振兴月";由视读协(视力障碍者读书权保障协议会)提出《关于视力障碍者的读书环境完善》。

1972年

3月 文部省的图书馆相关预算达到5亿日元,为前年的5.6倍。

4月28日 JLA出版《大家的书·图书馆白皮书1972》(起初为《图书馆白皮书》,之后不定期出版)。

4月 都立中央图书馆首次就购买中文图书进行预算计划(1 582册),1973年9月开始业务服务。

6月1日 JICST开始提供文献检索业务。

7月3日 国际图书年纪念大会在东京召开。

9月12日 社会教育审议会设施分科会图书馆专门委员会发表《公立图书馆的期望基准(草案)》。

12月 国立大学图书馆协会创刊《大学图书馆研究》。

1973年

4月16日 NDL设置业务机械化室。

4月30日 JLA举行图书馆会馆竣工式。

6月14日 公明党向参议院提交《图书馆法》的部分修改法案(在都道府县和市内义务设置图书馆),由文教委进行委托。

6月21日 社会党向众议院提交《学校图书馆法》修订案(司书教谕的必置和学校司书的制度化)。

7月12日 社会教育审议会设施分科会发表《公立图书馆设置及运营上的期望基准(草案)》(8月总会上批准,并未公示)。

7月13日 文部省情报图书馆科设立大学图书馆改善协议会,将《大学图书馆改善相关调查研究实施》报告交由文部副部长裁定。

8月28日 山口图书馆图书抽样搁置事件被曝光(反战及与和平相关的图书被搁

置在书库内)。

8 月　(东京)多摩市立图书馆首次在市立图书馆中引入了计算机系统。

10 月 3 日　学术审议会就《关于当前学术振兴相关的基本措施》进行了第 3 次答复。

10 月 23 日　大学基准协会设置了“大学基准分科会及图书馆学教育基准分科会”和“图书馆员培训课程基准分科会”。

1974 年

1 月 31 日　(财)东京儿童图书馆成立。

1 月　国立大学图书馆协议会开始了“‘改善大学图书馆’调查研究班”的活动。

4 月　日本医院图书馆研究会成立；1996 年 12 月改为日本医院患者图书馆协会。

4 月　日本私立短期大学协会发表《私立短期大学图书馆改善要项・昭和 49 年改订版》。

5 月 27 日　IFLA 理事会在东京召开(至 5 月 30 日)。

6 月 18 日　《文部省设置法》部分修订；设立学术国际局(由情报图书馆科管理)。

7 月　(东京)昭岛市民图书馆开始在 3 家综合医院隔周为入院患者提供业务服务。

11 月 6 日　JLA 召开“第 60 届全国图书馆大会”，并设立了与残障者相关的部门会议(东京，至 11 月 8 日)。

11 月 20 日　日本学术会议向政府传达《人文社会科学系中与外国图书相关的大学共用图书馆设备的相关事宜》。

11 月 28 日　国公私立大学图书馆联络恳谈会成立。

12 月 18 日　JLA 设立“图书馆自由相关调查委员会”，(北海道)置户町立图书馆创造了平均每个居民外5.3册的记录(全日本第一)。

1975 年

3 月 31 日　在筑波大学附属图书馆・体育艺术图书馆内导入“防范私自带出装置”(BDS：Book Detection System)。

4 月 1 日　庆应义塾大学在文学研究科设立了图书馆情报学专业的研究院博士课程。

4月1日　图书馆科学会成立。

4月28日　《短期大学设置基准》(文部省令第21号)。

4月　都立中央图书馆开始收集1975年以后出版的韩国和朝鲜语图书,1986年12月开始施行业务。

5月28日　JLA理事会确认了《公共图书馆应该实现面向医院和病人的服务功能》。

6月6日　全国SLA与日高教(一桥派)、日高教(麹町派)之间就《学校图书馆法》改正运动的相关事项交换了备忘录(四方达成协议)。

8月15日　JICST出版了《JICST科学技术用语汇编》。

10月20日　NDL开始学术文献的录音业务,1981年4月1日改组为视力障碍者图书馆服务合作室。

1976年

1月20日　《邮政法》(法律第3号)以及《邮政规则》部分修订(邮政省令第1号)(图书馆邮送给重度残障者的书籍邮包,其邮费为普通邮包的一半)。

3月6日　医院图书室研究会(病图研)成立。

5月10日　东京大学情报图书馆研究学研究中心成立,1986年4月5日改组成为学术情报中心。

5月31日　IFLA研讨会在韩国首尔召开(至6月5日)。

6月6日　近代情报文献研究会成立。

6月　(东京)日野市立图书馆确认了导入电脑系统的3大原则。

7月21日　NDL从美国议会图书馆处收走了战后美军带走的二战时的禁售书籍(1978年12月26日第6次收回,总计1 062册)。

9月1日　JICST东京分部开始"JOIS-I"实验网络情报业务(10月1日大阪、名古屋分部开始施行业务)。

11月26日　"不允许歧视残疾人的出版物!"召开"《皮诺曹》调查会",发表《要求全面收回歧视残疾人的童话〈皮诺曹〉》这一报告。

11月27日　名古屋市立图书馆中止了14馆儿童室中的《皮诺曹》阅览和外借服务。

1977年

2月9日　设立"日本索引家协会"(1997年3月24日解散);1977年5月《书目索引展望》创刊(1997年3月停刊)。

2月15日　大学标准协会制定《图书馆学・情报学教育标准》和《关于图书馆・情

报学教育实施方法(草案)》。

4 月 30 日　组成“国立国会图书馆讲习会”。

8 月　图书馆问题研究会《大家的图书馆》创刊。

9 月 29 日　私立短期大学图书馆协议会设立。

10 月 1 日　日本书籍出版协会《日本书籍总目录 77—78》(全两册)开始发行(2002 年版开始与《出版年鉴》合并，发行 CD-ROM 版)。

10 月 27 日　经全国 SLA、日教组和日高组(一桥派)、日高组(麴町派)同意完成《学校图书馆修改法律案纲要》。

10 月 31 日　JICST《科学技术情报手册》出版。

12 月 8 日　国立大藏医院儿童病房开始实行“由志愿者给入院儿童读书”等服务。

12 月 15 日　全国 SLA 制定《学校图书馆数量标准(图书资料)》。

1978 年

1 月 27 日　NDL 开始发行由电脑编纂的《呈缴本周报》(1981 年 1 月改为《日本全国书目・周刊版》)。

4 月 1 日　公立短期大学图书馆协议会出版《公立短期大学图书馆改善要项 1978 年》。

4 月 27 日　JLA 设置“残障者服务委员会”。

5 月 9 日　京都的“野猫工作室”志愿者小组出版《星之王子》(第一次出版正式的大活字本)。

5 月 12 日　由参众两议院议员组成的“图书议员联盟”成立。

7 月　东京大田区立大森南图书馆开始在 2 号实施“医院隔周为患者服务项目”。

8 月 1 日　东京都公立图书馆协议会向特别区长会提出《关于区立图书馆引入司书职务制度的请愿书》。

10 月 1 日　名古屋市立图书馆单独设立“《皮诺曹》研究会”，研究时间为期 1 年，并设立“皮诺曹专栏”(1979 年 10 月改为成儿童室・儿童角)。

10 月 29 日　成立“视觉障碍者读书权利改善会”。

12 月 19 日　制定《国立大学等馆际互借文献复印业务实施要点》(1979 年 4 月 1 日起实施)。

1979 年

4 月 29 日　设立“盲文图书馆问题研究会”。

5 月 30 日　JLA 召开昭和 54 年定期总会，批准《图书馆自由宣言 1979 年修订案》，当日还发表《关于为保障认知自由的图书馆任务的声明》。

6 月 1 日 国际儿童文库协会(ICBA)设立。

6 月 19 日 学术审议会批准并发表了学术情报资料分科会的中期报告《关于今后的学术情报系统定位》。

7 月 9 日 国际音乐资料情报协会(IAML)日本支部设立。

8 月 1 日 全国 SLA 召开第 1 届学校司书全国研究集会。

9 月 内阁办公厅宣传室开展“关于读书、公共图书馆的民意调查”活动。

10 月 1 日 图书馆情报大学成立(2002 年 10 月 1 日并入筑波大学)。

10 月 25 日 JLA 召开“第 65 届全国图书馆大会”,支持通过《图书馆自由宣言 1979 年修订案》的决议。

11 月 7 日 国公私立大学图书馆协作委员会设立。

12 月 10 日 JLA 颁布《图书馆自由宣言 1979 年修订案》。

12 月 12 日 图书馆流通中心(TRC)设立。

1980 年

1 月 29 日 学术审议会就《关于今后学术情报系统的定位》答复文部大臣。

2 月 18 日 JLA 召开“第 1 届儿童图书馆馆员培训讲座”(此后每年召开)。

4 月 1980 年度起开始由 9 所国立大学作为外国杂志中心分担收集工作。

6 月 4 日 JLA 召开“昭和 55 年(1980 年)定期总会”,批准《图书馆员道德纲领》。

9 月 15 日 全国 SLA 制定《学校图书馆图书选定标准》。

9 月 18 日 JLA 大学图书馆部会召开“第 1 届大学图书馆研究集会”(横滨,至 9 月 19 日)。

11 月 28 日 京都市发表 3 条委托条例(《市图书馆条例》、《市社会教育综合中心条例》、《市社会教育振兴基金条例》)。

12 月 21 日 由日本图书馆研究会 · 图书馆问题研究会主办、JLA 协办,在京都市召开“京都市图书馆委托业务研究馆员及市民的全国集会”。

1981 年

4 月 1 日 开始运行“日本标志”数据库(NDL 发行,JLA 发售)。

4 月 6 日 JICST 开始运行网上情报检索系统“JOIS-II”服务。

4 月 13 日 京都市中央图书馆开馆(委托社会教育振兴财团)。

4 月 滋贺县教育委员会开始实行作为《市町村立图书馆振兴政策》的“图书

馆建设费补助”和“图书馆购买资料补助”。

5月12日　(东京)三鹰玩具图书馆开馆(坐落于三鹰市志愿者中心，是日本第一个玩具图书馆)。

5月18日　日本药学图书馆协会在“昭和56年(1981年)总会”上制定了《药学相关学部图书馆设立标准》的修订案。

5月　大阪市盲人情报文化中心开设一室，用作面向视觉障碍儿童的“淘气鬼文库”。

6月12日　设立“体育图书馆协议会”(1981年11月改为日本体育图书馆协议会)。

6月23日　国立大学图书馆协会通过《国立大学图书馆馆际利用实施要点》(1982年1月15日起施行)。

9月11日　《图书馆事业振兴法(暂名)》研究委员会向图书议员联盟事务局长提出《关于图书馆事业的振兴措施(第一次草案报告)》。1983年3月图书议员联盟总会延迟了《图书馆事业振兴法》的实施。

10月27日　NDL重新实行《盲文图书呈缴本制度》(国立国会图书馆告示第1号)。

10月28日　JLA《图书馆员道德纲领解说》出版(增补版：2002年4月5日)。

10月29日　JLA召开“第67届全国图书馆大会”，在10月30日的第8分科会上发布了《关于伴随出借业务电脑化的个人情报保护标准(草案)》(1982年5月经理事会、评议员会研究探讨，1984年总会采纳通过)。

11月5日　企业史料协议会成立。

11月20日　亚洲资料恳谈会成立。

11月21日　私立工业大学恳谈会图书馆联络会成立。

1982年

3月5日　NDL《盲文图书·录音图书全国综合目录NO. 1-1981》开始发行。

3月　以修改《学校图书馆法》为目标设立“全国学校司书协会”。1990年8月2日日本学校图书馆教育协议会设立。

3月11日　立教大学图书馆的“保存书库”在新座市内落成。

3月31日　全国公共图书馆发表《图书馆全国计划(施行草案)——公共图书馆的广域系统计划》。

4月　盲人绘本联络协会设立。

5月18日　大学标准协会发布《大学图书馆基准》及《关于图书馆·情报学教育标准及其实施方法》。

5月21日　JLA《图书馆年鉴1982》开始发行(此后每年发行)。

7月5日　JLA设立“町村图书馆活动振兴措施临时研究委员会”。

10月　金谷博雄出版《留住书本:书本用纸的酸性问题研究集》。

12月12日　图书馆史研究会成立;1995年9月改为日本图书馆文化史研究会。

1983年

2月　玩具图书馆全国联络协议会成立。

4月1日　东京大学情报图书馆学研究中心改组成为东京大学文献情报中心(大学内部共同教育研究机构)。

4月23日　日教组、日高组向文部大臣提交《关于学校图书馆管理员制度化等相关的请愿书》。

5月27日　公立大学协会图书馆协议会施行《公立大学图书馆馆际利用实施要点》。

9月1日　JLA短大图书馆部门会议在东京召开“第1届图书馆利用指导研究会”。

9月22日　文部省发出《关于国立大学图书馆专业人员的配置》的通知。

10月26日　JLA召开“第69届全国图书馆大会”,通过将《图书馆3大工具系统》、《图书馆杂志》以及《现代图书馆》译成盲文或音译的决议。

1984年

1月29日　东京都发表《都立图书馆废除休馆日·延长开馆时间》等7项规则。

3月30日　私立大学图书馆协会完成《私立大学图书馆协会文献复印业务指南》。

4月1日　日本天主教大学联盟图书馆协议会成立。

4月1日　图书馆情报大学设立大学研究院硕士课程(图书馆情报学研究科)。

4月11日　东京大学文献情报中心改组成“全国共用学术研究所”(7月7日举行开所仪式)。

4月　盲文画册协会设立“岩田文库”(大阪);1991年4月改为“心灵交流文库”。

5月25日　JLA召开“昭和59年度定期总会”,批准通过《关于伴随外借业务电脑化的个人情报保护标准》。

6月2日　第1届图书馆情报服务研究大会召开。

7 月 1 日　由于文部省机构改革,公立图书馆由学习情报科、大学图书馆由学术情报科所管辖。

7 月 13 日　FLINT(女性和图书馆·网络组织)成立,2002 年 8 月 7 日解散。

8 月　图书馆史研究会《图书馆史研究》创刊;后改为《图书馆文化史研究》。

9 月 7 日　长野市通过《图书馆管理及运营允许委托公共团体》条例(1985 年 4 月 1 日施行);1985 年 3 月于施行规则中规定了运营委托的限制。

9 月 28 日　"消除核武器追求和平图书馆关系者协会"(图书馆反核和平协会)成立。

10 月 25 日　JLA 召开"第 70 届全国图书馆大会",第 10 分科会首次实行资料保存;批准通过《时值〈自由宣言〉30 周年,保护国民认知自由,加强图书馆自由实践的决议》。

12 月 15 日　图书馆问题研究会等召开"图书馆委托问题研讨会"。

12 月 21 日　东京大学文献情报中心与东京工业大学间的目录系统开始连接运行。1985 年 4 月作为目录·所在地情报服务开始正式运行;1986 年 4 月成为 NACSISCAT。

1985 年

3 月　全国公共图书馆发表《公共图书馆服务指标及设备配置标准试行方案》。

4 月　滋贺县立图书馆投入运行第 1 代县立图书馆综合电脑系统。

4 月　爱知淑德大学设立"文学部图书馆情报学科"(1989 年设立大学研究院硕士课程,1991 年设立博士课程)。

6 月 1 日　《大宅壮一文库杂志报道索引总目录》(全 13 册)出版。

7 月 12 日　《图书馆法》部分修正(法律第 90 号)。

8 月 9 日　学校图书馆问题研究会成立(学图研)。

10 月　缔结《早稻田大学和庆应大学馆际利用协定》(《早庆图书馆馆际协作》)(1986 年 4 月实施)。

11 月 10 日　日本文献活动协会实施"第 1 届数据库检索技术人员考试(2 级)"。

1986 年

3 月 6 日　在众议院预算委员会上,文部大臣海部就"关于公立图书馆的基础业务无法与民间委托相结合"问题进行了回答。

3月28日 成立"电子图书馆(EL)研究会设立筹备会"。

3月28日 (东京)足立区议会通过《图书馆委托条例》。

4月5日 作为国立大学共用学术研究所的学术情报中心成立(东京大学文献情报中心废除并转换)。

4月 抄本会《抄本通信》创刊。

8月24日 第52届国际图书馆联盟东京大会召开。

8月25日 全国SLA发表《漫画选定标准》(第一次草案);1988年9月追加发表。

9月1日 NDL新馆开馆,11月17日举行开馆庆典。

10月23日 国立大学图书馆协会发表《关于国立大学图书馆公共服务的当前实施政策的报告》。

1987年

2月6日 国立大学图书馆协会、公立大学协会图书馆协议会、私立大学图书馆协会共同施行《关于国公私立大学间文献复印的相关协定》;2000年10月12日修订。

3月20日 高等专业学校图书馆协议会成立。

4月1日 学术情报中心—学术情报网—情报文献服务(NACSIS-IR)开始运行。

4月 早稻田大学图书馆着手对明治时期出版物进行缩微化处理。

7月8日 JLA设立"町村图书馆活动推进委员会"。

7月24日 邮政部长发布《盲文画册及包含盲文翻译数据的FD的邮递费实行免费》的通告,7月27日开始施行。

9月20日 JLA图书馆政策特别委员会发表《公立图书馆的任务和目标》的最终报告。

10月20日 全国盲文图书馆协议会与日本盲人社会协会确认了关于盲文、录音、大字体资料等馆际互借的协定。

1988年

1月10日 朝日新闻社向全国主要图书馆派送其《关于新闻缩印版阅览的请求》。

2月9日 社会教育审议会社会教育设施分科会发表《面向新时代的公共图书馆的定位——中期报告》。

2月18日 东京多摩地区公立图书馆馆际互借期望情报志《寻找》创刊。

3月12日 文部省设立了关于"形成终身学习网络体系"的恳谈会。

3月25日 《图书馆情报学手册》出版(第2版：1999年3月20日，丸善)。

4月1日 文部省变更国立大学图书馆事务部科名(修正了一部分相关训令)，管理科更名为情报管理科，运用科更名为情报服务科，学术情报科更名为情报系统科。

4月8日 书籍数据中心开始编写JLA主编的《标准MARC》数据。

4月25日 JLA颁布J-BISC。

6月1日 大阪市立生野图书馆开设韩国、朝鲜图书专窗。

6月17日 私立大学图书馆协会相互协作委员会制定了《为完成〈关于图书资料出借的协定〉的指导方针》。

7月1日 文部省改组了社会教育局，设立了终身学习局。

7月7日 "形成终身学习网络体系"恳谈会发表《关于旨在推进终身学习网络体系——中期小结》。

8月26日 国立国会图书馆向关西学术研究都市发表《第2图书馆(关西馆)建设的第一次基本构想》。

8月 (神奈川)厚木市立中央图书馆设立"国际资料专窗"。

10月1日 滋贺县图书馆振兴恳谈会发表《创造湖国的21世纪图书馆完善计划》。

10月3日 美术图书馆讲习会(暂名)第一次集会；1989年4月改为美术情报管理研究会。

10月27日 广岛县立图书馆向广岛教育事业团体提出委托请求(县立首次)。

12月1日 日教组等向文部大臣提出《关于专职司书教谕制度的确立的请愿书》。

12月9日 文部大臣向社会教育审议会就《关于面向新时代的社会教育设施完善和运营的情况》征求意见。

1989年

1月 日本图书馆协会图书馆政策委员会颁布《公立图书馆的任务和目标》(2004年3月修订)。

3月17日 文部省发出《关于国立大学附属图书馆的文献复印费》(文学情第106号)的通知。

3月18日 记录管理学会成立。

3月29日 JLA《公立图书馆的任务和目标》出版(增补版：1995年6月15日；增补修订版：2000年12月25日；改订版：2004年9月10日)。

3 月 JLA 完成《难道就不能在日本的町、村都建立图书馆吗》的报告。

4 月 27 日 JLA 和儿童图书馆研究会主办，召开关于《小黑人桑布》的研讨会。

5 月 1 日 日本私立短期大学协会发表《私立短期大学图书馆改善要点》(1989 年版)。

5 月 24 日 文部省发布《关于国立大学附属图书馆文献复印费征收延期办理要点》(文学情报第 145 号)的通知。

7 月 25 日 国立大学图书馆协会向文部省提交《关于学术情报系统的完善扩充的请愿书》。

7 月 JLA 向文部省及图书议员联盟提交《公立图书馆接受国家补助金的必要条件・关于修正〈馆长的图书馆管理员资格〉(〈图书馆法〉第 13 条第 3 项)的动向》(提出反对意见)。

9 月 1 日 NDL 被指定为 IFLA PAC 亚洲地区中心。

9 月 18 日 NDL 开始对明治时期出版图书进行缩微化处理，至 1991 年 5 月结束。

9 月 根据《著作权法》修改时的附带决议，文部省委托 JLA 实施“公共图书馆利用时面向残障人士的服务调查”(翌年公布了报告书)。

10 月 25 日 JLA 召开“第 75 届全国图书馆大会”，批准通过了《强烈反对公立图书馆的国库补助相关条约〈馆长图书馆管理员资格条件的废除以及图书馆管理员配置标准的缓和〉》的决议。

1990 年

1 月 8 日 JICST 开始实行“网上情报检索《JOIS-III》”服务。

1 月 NDL 筹划制定“保存协作项目”。

2 月 28 日 文部省终身学习局学习情报科设立“社会教育审议会、社会教育设施分科会、图书馆相关工作小组组成的研讨会”。

3 月 28 日 NDL 召开“第 1 届资料保存研讨会”[此后每年举行，1999 年(第 10 届)结束]。

4 月 1 日 JLA 设立“资料保存委员会”。

4 月 中央大学文学部社会学科社会情报学课程设立(1995 年 4 月设立大学研究院硕士课程，1997 年 4 月设立博士课程)。

6 月 28 日 国立大学图书馆协会制定《国立大学和大学共用学术研究所等的馆际利用实施要点》。

6月29日　《身体残障者福利法》部分修改，第33条盲文图书馆变更为“视听觉残障者情报提供设施”（1991年4月施行）。

7月27日　自治省设立“图书馆·情报馆网络系统研讨会”。

8月1日　全国SLA制定《学校图书馆设施标准》；1999年2月25日修订。

11月　自治省发表《关于地方公共团体间的图书馆馆际利用》。

1991年

1月25日　JLA在东京召开“IFLA亚洲视觉障碍者研讨会”。

1月30日　电子图书馆国际财团（ELICON）成立。

2月8日　大学审议会就《关于大学教育的改善》和《关于短期大学教育的改善》进行答复。

5月22日　全国SLA第42届总会召开，制定了《学校图书馆宪章》。

5月29日　文部省发表《关于公立图书馆设置及运营的标准（草案）》。

5月　JLA残障者业务委员会成立“多文化·识字运动工作小组”。

6月3日　《大学配置标准》部分修改（文部省令第24号），《短期大学配置标准》部分修改（文部省令第28号）。

6月7日　自治省发表《关于推进地区信息网络配备构想》的通知。

6月19日　《图书馆法施行规则》部分修改（文部省令第33号）。

7月27日　图书馆旅居外国人联谊会（结对子会）成立；1999年10月改为结对子会。

10月12日　护士图书馆研究会成立；1991年12月改为护士图书馆协议会；2003年4月改为日本护士图书馆协会。

10月19日　史料记录保存研讨会成立。

11月2日　NDL召开“作为合作保存方案环节之一的图书馆资料合作保存恳谈会”。

1992年

4月1日　学术情报中心开始运用“ILL系统”进行图书馆馆际互借业务。

5月15日　大学标准协会发表《大学自我检查·评估入门》。

5月21日　终身学习审议会、社会教育分科审议会、设施部门会议、图书馆专业委员会发表名为《关于公立图书馆设置及运营的标准》的报告。

6月　庆应义塾大学医学情报中心开始连网（通过邮件及远程登录进行目录

检索)。

7 月 29 日　文部省终身学习审议会就《关于应对今后社会趋势的终身学习的振兴方案》进行答复。

9 月　地方自治情报中心完成《图书馆情报网络系统概要设计》最终报告。

10 月　包括视觉障碍者读书权保障协会在内的 7 个团体组成"国立国会图书馆视觉业务研讨联络会"。

11 月 17 日　JLA 召开"第 78 届全国图书馆大会",成立"EYE 标志・推动盲文语音翻译协会",通过了《充实图书馆残障者业务宣言》(11 月 19 日)。

1993 年

1 月 15 日　全国 SLA 发表《学校图书馆图书剔除规则标准》。

3 月 29 日　文部省发布《关于〈学校图书馆图书标准〉设定》的通知(文初小第 209 号)。

4 月 1 日　文部省教育推行局长向各都道府县教委发布了名为《关于各公立义务教育学校的年级编制及教职员工定额人数标准的相关法律和公立高等学校的设置、适当配置及教职员工定额人数标准的相关法律的部分修改》的通知。

4 月 28 日　东京调布市发表《新图书馆委托财团方针》(向调布市职员劳动组织正式提案);8 月 30 日撤销全面委托制度。

6 月 10 日　文部省发布《关于各公立义务教育学校学校图书馆购书经费的地方财政措施》的通知(预计 5 年总额可达 500 亿日元)。

8 月 1 日　学术情报中心大幅扩大各种业务的使用者范围(专业图书馆、公共图书馆也可使用 NACSIS-CAT/ILL 系统)。

11 月 1 日　学术情报中心缔结《关于 JICST 与 Gateway 数据库间的互用协定》。

11 月 24 日　图书馆委托运营研讨会全国联络会成立。

12 月 16 日　学术审议会、学术情报资料分科会、学术情报部门会议发布名为《关于推进强化・优化大学图书馆功能》的报告。

12 月 16 日　针对图书馆业务委托的变动,调布市、守口市、静冈市等地爆发了居民运动,要求图书馆直接经营。

1994 年

1 月 29 日　众议院通过了《要求国立国会图书馆残障者业务研究联络会的 NDL 中

录用视觉障碍者》的请愿书(6 月 29 日参议院通过)。

1 月 30 日　全国患者图书业务联络会成立。

4 月 14 日　东京调布市职员劳动组织与文部省学术情报科举行会谈，确认了图书馆并不适宜管理运营委托。

4 月 23 日　NHK 清晨连续剧《ぴあの》中播放了违反图书馆自由原则的镜头。

4 月　骏河台大学文化情报学部设立。

7 月 29 日　因关系到"松本沙林事件"，松本市图书馆停止了涉及描写制造沙林气体书籍的外借业务和报纸报道。

8 月 31 日　数字图书馆学会召开"第 1 届研究会"。

1995 年

1 月 17 日　因阪神淡路大地震兵库县内图书馆多数受损严重，地震导致闭馆及大阪府等地的图书馆受灾。

1 月 18 日　神户市须磨成为新长田图书馆避难所。

1 月 31 日　兵库县立图书馆地震灾后开馆。

2 月 3 日　成立"日英图书馆职员俱乐部"。

2 月 5 日　神户市立图书馆向市内各小学派遣提供连环画剧和巡回故事演讲团，并开始向避难所分发图书。

2 月 17 日　文化厅等四个团体成立"阪神淡路大地震受灾文化财产"等救援委员会。

4 月 28 日　神户市立中央图书馆等再次开馆。

4 月　阪神淡路大地震受灾地图书馆员成立"保留震灾记录图书馆员联络网"。

5 月 26 日　因涉及"松本沙林事件"，警视厅根据指定嫌疑人的搜查扣押令，扣押了约 75 万份 NDL 申请资料表，6 月 22 日返还。

12 月 22 日　文部省终身学习审议会、社会教育分科审议会、计划部门会议就《关于定位如何充实社会教育主管、学艺员及司书等的培训和研修的意见咨询》发表了改善方案，并公布了《司书培训科目》的修订案。

1996 年

3 月　国立大学图书馆协议会发表《关于如何培养和留住大学图书馆员的调查研究班 · 最终报告书》。

4 月 24 日　终身学习审议会、社会教育分科审议会发表题为《关于社会教育主管、学艺员及司书的培训和研修等的改善方法》的报告。

4月26日　东京23区图书馆建设会发起集会，通过批准了《充实区立图书馆专业职员的呼吁书》。

4月　福冈市民图书馆与相关企业签订合约，开始接收包括前台服务业务等的派遣司书。

6月6日　东京特别区(23区)决定废除司书一职。

7月25日　私立大学图书馆协会通过第57届总会《新私立大学图书馆改善要点》的最终案。

7月29日　学术审议会总结《关于充实和加强大学图书馆的电子图书馆功能》的建议。

8月1日　(东京)《町田市立图书馆自由相关委员会设置要点(内部章程)》施行。

8月28日　《图书馆法实施规则》部分修订(文部省令第27号)(变更了司书、候补司书学习科目和学分)。

12月24日　文部省明确表态根据《1997年度公立图书馆相关预算草案》，1998年度起废止"设施完善补助金"。

1997年

1月24日　文部省发表《教育改革计划》，提出重新考虑社会教育的相关法令(8月5日主要点修订，1998年4月28日修订)。

2月3日　JLA发表《关于图书馆馆长的司书资格必备条件(图书馆法第13条第33项)》，2月24日提交地方分权推进委员会。

3月　学校图书馆研究全国联络会成立。

6月3日　《学校图书馆法》修订案在众议院中心会议上通过成立(原则中废除附则第2项)，全会一致通过附带决议。

6月11日　颁布《学校图书馆法》部分修订后的法律。

12月8日　设立"日本学校图书馆学会"。

12月18日　大学审议会答复《关于加强改善高等教育》。

1998年

1月14日　学术审议会提出《关于情报学研究的推进方法》的建议。

1月30日　日本私立短期大学协会出版《私立短期大学图书馆改善要点(1998年版)》。

2月13日　JLA向各都道府县立图书馆递送《关于〈文艺春秋〉(1998年3月号)的报道》。

3月16日　NDL与科学技术振兴事业团(JST)缔结互相协作的相关协定。

3月18日　颁布《学校图书馆司书教谕学习规章》部分修改省令。

3月23日　终身学习审议会、社会教育分科审议会就《关于应对今后社会变化时社会教育行政的定位(中期小结)》进行答复。

4月1日　NDL、NDL-ILL开始正式运行。

4月27日　文部省终身学习局决定批准《培育孩子的"心灵图书馆"活动推进事业要点》。

4月　学术情报中心开始正式运行"综合数据库WWW检索服务(WWWcat)"。

6月12日　《图书馆法》部分修订(法律第101号)。

8月4日　JLA发表《关于公立图书馆免费原则的意见》。

9月17日　终身学习审议会就《关于应对今后社会变化时社会教育行政的定位》进行答复。

9月22日　全国公共图书馆理事会发表《公共图书馆资料互借方针(修订案)》。

10月26日　大学审议会就《关于21世纪的大学形象和今后的改革政策——竞争环境中凸显个性的大学》进行答复。

10月27日　终身学习审议会、社会教育分科审议会、计划部门会议、图书馆专门委员会发表报告《关于图书馆信息化的必要性及其推进方法——作为推动地区信息化基地》。

10月30日　日本自治团体劳动组织总联合会等举办"在所有学校中设置'学校司书'，完善学校图书馆"的全国交流会，并通过了《告集会书》(10月31日)。

11月17日　《图书馆法施行规则》部分修订(文部省令第38号)。

12月4日　NDL召开"第1届电子图书馆全国联络会议"。

12月10日　文部省依据通知《关于通知、通告等的修订》废止了《司书及候补司书的职务内容》。

12月24日　国立国会图书馆呈缴本制度调查会在法制部门会议上发表《法律上关于缴纳包装类电子出版物的诸问题》。

1999年

2月22日　国立国会图书馆呈缴本制度调查会向馆长提交答复书《展望21世纪我

国呈缴本制度的定位——以电子出版物为中心》。

3 月　全国 SLA 发表《理想中的学校图书馆设施》。

4 月 1 日　文部省向都道府县教委教育长发出《关于各公立义务教育学校学校图书馆的配置》的通知。

4 月 20 日　日本复印权利中心向 JLA 和横滨市中央图书馆发出《关于公立图书馆的复印服务》的文件(指出横滨市中央图书馆的问题)。

6 月 23 日　全国公共图书馆 1999 年度定期总会批准《公共图书馆资料互借方针》。

7 月　《关于促进运用民间资金等整备公共设施的法律》(简称《PFI 促进法》)颁布。

7 月 16 日　《图书馆法》部分修正(法律第 87 号)[删除《图书馆法》第 13 条第 3 项(馆长资格要件)以及第 19 条和第 21 条(补助金交付要件),2000 年 4 月 1 日实施]。

8 月 27 日　宫崎市立图书以交由 NPO(民间非营利法人)运营为目标,成立"图书馆运营 NPO 引入研究委员会"。

10 月 31 日　私立大学图书馆协会出版《私立大学图书馆自我检查·自我评估方法指导手册》。

11 月 17 日　文部省向终身学习审议会询问《关于推进"利用新型情报通信技术"的终身学习的方法》。

12 月 21 日　JLA 发表《关于对于 NPO(民间非营利法人)的图书馆运营委托》。

12 月 22 日　《图书馆法》部分修订(法律第 160 号)。

2000 年

2 月 1 日　JLA 和 DAISY 推行使用工作小组完成报告书。

2 月 29 日　《图书馆法施行规则》部分修订省令颁布(文部省令第 6 号)(删除了"公立图书馆最低标准"的相关规定)。

3 月 15 日　轨道交通山手线沿线私立大学图书馆国际财团成立。

3 月 21 日　全国 SLA 制定《学校图书馆多媒体标准》。

3 月 22 日　NDL 修改主页,并公开藏书目录和贵重书籍图片的 DB。

3 月 31 日　颁布《大学共同利用机构组织运营规则》部分修改省令(文部省第 32 号)。

3 月 31 日　宫崎县就担任运营宫崎市立图书馆的 NPO 法人设立 MCL 志愿者一事下发了认证书(4 月业务开始)。

3 月　(东京)东村山市定期例会上在《图书馆设置条例》中，通过了“增加馆长持有资格条例”的修正法案。

4 月 1 日　学术情报中心改组，国立情报学研究所(NII)成立。

4 月 1 日　图书馆情报大学大学院区分制博士课程情报传媒研究科设立。

4 月 7 日　颁布《国立国会图书馆法》部分修订法(法律第 37 号)(添加了“将包装类电子出版物作为呈缴本对象”一项)。

5 月 5 日　NDL 国际儿童图书馆开馆仪式，5 月 6 日向一般公众开放，2002 年 5 月 5 日全面开馆。

6 月 7 日　《文部科学省组织令》修改，公共图书馆归于终身学习政策局社会教育科，大学图书馆归于研究振兴局学术机关科管辖。

6 月 10 日　信息传媒学会成立。

9 月 25 日　在文部省电脑·网络化著作物的教育利用相关调查研究合作者会议上，发表了《关于电脑·网络化著作物的教育利用》的报告。

9 月　国立大学图书馆协议会设立“电子期刊特别小组”。

10 月 31 日　《图书馆法施行规则》部分修订(文部省令第 53 号)。

11 月 28 日　终身学习审议会答复《关于推进“利用新型情报通信技术”的终身学习的方法》。

12 月 8 日　终身学习审议会、社会教育分科审议会、计划部门会议、图书馆专门委员会完成《关于公立图书馆设置及运营方面的期望基准》的报告。

12 月 18 日　《国立国会图书馆职员道德规程》颁布。

12 月 21 日　文部省地区电子图书馆构想研究合作者会议完成《2005 年的图书馆形象——实现地区电子图书馆》的报告。

12 月 28 日　商务支援图书馆推进协议会成立。

2001 年

2 月 19 日　(三重)桑名市向市议会提交《关于在图书馆等复合公共设施导入 PFI 可能性的研究调查》(8 月 28 日依据《PFI 法》对特定业务做出决定，2002 年 6 月 26 日业务签订)。

3 月 30 日　《地方交付税法》部分修订法颁布(法律第 9 号)(《学校图书馆法》修订，学校图书馆设施等相关国库辅助废止)。

3 月 30 日　文部科学省修订了《小学设施配置指南》、《中学设施配置指南》。

3 月 30 日　《学校图书馆法》修订(法律第 9 号)。

4 月 4 日　文部科学省向都道府县教委教育长发出《关于各公立义务教育学校的学校图书馆配置》的通知。

5 月 10 日　新京都府立图书馆开馆(5 月 11 日向一般公众开放)。

6 月 27 日　国立大学图书馆协会第 48 回总会通过《关于今后国际 ILL/DD 的推进方法》《关于文件传送服务的运用(商议)》。

7 月 13 日　东京都教育厅向 3 个都立图书馆发出《关于都立图书馆的定位》的通知。

7 月 18 日　颁布《公立图书馆设置及运营方面的期望基准》(文部科学省告示第 132 号)。

7 月 20 日　JLA 出版《通过图书馆实现町村文艺复兴 L 计划 21 致力于 21 世纪町村图书馆复兴的政策提议》。

9 月 29 日　(千叶)浦安市立图书馆开始实行商务支援业务。

10 月 1 日　发表《关于国立情报学研究所・科学技术振兴事业团体相关情报事业的通力协作》。

11 月　文部科学省发表《关于大学(国立大学)的构造改革方针》。

2002 年

1 月 4 日　NII 开始运行“超级 SINET(Science Information Network)”。

1 月 24 日　东京都教育厅发表都立图书馆定位研究委员会《今后都立图书馆的定位——致力于提升满足居民面对社会经济变化所需的服务》的报告。

3 月 12 日　科学技术・学术审议会、研究计划・评价分科会、情报科学技术委员会、电子研究情报基础工作小组共同了发表了《关于充实学术情报的流通基础(审议小结)》。

3 月 31 日　《国立国会图书馆法》部分修订法颁布(法律第 6 号)(添加了关西馆的相关规定和复印业务的委托)。

4 月 1 日　国立大学图书馆协会电子期刊相关的国际财团成立。

4 月 10 日　《国立学校设置法》部分修订法颁布(法律第 23 号)(决定将图书馆情报大学与筑波大学合并)。

4 月 15 日　NII-OCLC 系统开始连接运行。

4 月 15 日　文部科学省向都道府县教育部长发布《关于各公立义务教育学校学校

图书馆购书经费的地方财政措施》的通知(5 年间设置了总额约 650 亿日元的地方补助金)。

4 月　(东京)江东、墨田区立图书馆窗口业务的委托开始。

5 月 5 日　NDL 国际儿童图书馆全面开馆。

5 月 10 日　《图书馆法》部分修订(法律第 41 号)。

8 月　《推进儿童读书活动相关基本计划》出台。

9 月 27 日　文化厅著作权科发表提案《关于〈教育〉〈图书馆〉相关的权利限制的重新审视》。

9 月　向著作权分科会法制问题小委员会提交《图书馆内等著作物等利用的相关研究结果》。

10 月 1 日　设立筑波大学图书馆情报专门学群其前身为 1979 年 10 月 1 日创立的图书馆情报大学。

10 月 1 日　开始提供 NDL、主页改订、藏书检索和借阅申请系统(NDL-OPAC)、近代图书馆、亚洲语言 OPAC 等服务。

10 月 7 日　NDL 关西馆开馆(京都·精华町)。

10 月　NII 开始"元数据·数据库共同构建业务"。

10 月　国公私立大学图书馆合作委员会召开"第 53 届委员会"，成立"国公私立大学图书馆联盟"(Japan Coalition of Library Consortia，简称 JCOLC)。

11 月 1 日　NDL 在主页公开"互联网资源选择性储存事业(WARP)"和"数据库导航服务(Dnavi)"。在 NDL-OPAC 方面开始提供全面的《杂志报道索引》业务。

2003

1 月 9 日　东京都向都立学校校长发出《关于司书教谕设置的相关标准》的通知。

1 月 21 日　文部科学省向各都道府县教委发出《关于学校图书馆司书教谕的发布(令)》的通知。

1 月 28 日　东京都教育厅向都立高等学校校长下发《关于学校图书馆的运营》的文件，规定了司书教谕和学校司书的业务内容。

2 月 14 日　大阪府教委向各市町村教委发布《关于司书教谕的发布(令)》的通知。

4 月 1 日　规定"12 个班级以上的中小学校设立司书教谕"。

4 月　NII 开始与各研究机关合作，开展“国际学术情报流通基础完善事业”(SPARC/JAPAN)。

5 月 12 日　文部科学省社会教育科向各都道府县教委负责人下发《关于平成 15 年度〈学习据点设施情报化等推进业务〉的运用(委托)》的文件。

5 月 19 日　NDL 撤去本馆目录大厅的目录卡片。

5 月　国立大学图书馆协议会、图书馆高度情报化特别委员会工作小组公布《电子图书馆的新潮流》。

6 月 13 日　《地方自治法》部分修订，第 244 条对于“公共设施”的管理作出新的规定，即引进《指定管理者制度》(9 月 2 日开始施行)。

6 月 30 日　JLA 和日本书籍出版协会实施“公立图书馆外借现状调查”(调查内容为畅销书、主要作品相关的所藏册数、预约数、出借次数等)(10 月中期报告)。

10 月 30 日　国立大学图书馆协议会改组制定《国立大学图书馆协会会则》。

11 月 23 日　情报科学技术协会将“数据库检定技术者认定考试”改名为“情报检索应用能力考试”，并进行第一次测验。

12 月 1 日　文部科学省社会教育科在“中央教育审议会终身学习分科会第 26 届会议”上，就关于图书馆、公民馆、博物馆的民间委托发表《明确今后即使不执行教育委员会的任命，也要实行面向民间的全面的管理委托(中略)》的见解。

12 月 26 日　《学习指导要领》部分修正告示(文部科学省告示第 173 号)，明确了《学习指导要领》中与“综合学习”相关的图书馆定位。

2004 年

3 月 18 日　国际儿童图书馆研究全国联络会向国立国会图书馆长和国际儿童图书馆长提交《关于国际儿童图书馆的资料收集中原资料方面的建议书》及《关于国际儿童图书馆学校图书馆方面的建议书》。

3 月 29 日　中央教育审议会终身学习分科会向中教审议会提交《关于今后终身学习的振兴方案》(经审议后的报告)。

3 月 29 日　图书馆情报大学举行闭学式。

3 月 31 日　《高等学校设置基准》颁布(文部科学省令第 20 号)(修订 1948 年文部省令第 1 号)。

4月1日 NDL开始正式使用“参考咨询合作数据库”系统。

4月1日 国立大学图书馆协会发起成立(由原来的国立大学图书馆协议会改组而成)。

4月 日本国立大学法人化改革正式实施。

5月18日 文部科学省向各都道府县的教育委员会发布《关于各公立义务教育学校学校图书馆购书经费的地方财政措施》的通知。2004年度约有130亿日元的地方交付税金。

5月21日 国立大学图书馆协会制定《大学图书馆馆际利用要项》,并发表公布《大学图书馆馆际利用方针》和《大学图书馆馆际利用指南》。

6月7日 NDL公开“日本法令索引”数据库。

7月15日 国公私立大学图书馆合作委员会发表《大学图书馆馆际合作中关于资料复印方面的指导方针》。

7月23日 内阁办公厅结构改革特区推进办公室针对《〈指定管理者制度〉运用于公立图书馆》这一提案,表示“在现行规定框架内可以实行”。

7月 发表《国立国会图书馆2004展望》。

8月6日 JIA通过报告《关于公立图书馆的〈指定管理者制度〉和今后对策》发表自己的观点。

9月29日 (东京)稻城市图书馆缔结了名为“稻城市立中央图书馆运营完善事业(暂名)”的业务合同(引入PFI业务,2006年7月1日开馆,合同期限为2004年9月30日至2026年6月30日)。

10月1日 首次采用“PFI方式”运营的(三重)桑名市立中央图书馆开馆。

12月1日 《国立国会图书馆法》部分修订(法律第145号)(完善对于独立行政法人等的出版物的《呈缴制度》,2005年1月1日起施行)。

12月6日 科学技术相关资料整备审议会向国立国会图书馆长提交《在电子情报环境下国立国会图书馆在完善科学技术情报上的相关定位的建议》。

2005年

1月25日 文部科学省发表《关于〈指定管理者制度〉是否适用于社会教育设施的相关问题》的报告。

4月1日 《文部科学省组织令》部分修订(政令第115号),颁布《文部科学省组织规则》部分修订(文部科学省令第27号)后的省令内容(大学图书馆的管理权由学术机关科移交至情报科)。

4 月 1 日　NII 开始正式使用 GeNii(NII 学术情报资源门户网站),相应的不再使用 NACSIS-IR。

4 月 13 日　《国立国会图书馆法》部分修订(法律第 27 号)(图书馆长享受的国务大臣待遇被取消,因特殊法人解散而完善了相关法规)。

5 月 27 日　盐见升当选 JIA 理事长。

6 月 27 日　文部科学省在都道府县政令指定都市立图书馆长会议上分发《关于〈指定管理者制度〉是否适用于社会教育设施的相关问题》的报告并进行说明。

6 月 28 日　科学技术・学术审议会学术分科会研究环境基础部会学术基础作业部会发表报告《关于作为学术情报基础的大学图书馆今后的完善定位(中期报告)》。

7 月 29 日　《文字・铅字文化振兴法》颁布(法律第 91 号)。

8 月 4 日　JIA 就《关于公立图书馆的〈指定管理者制度〉》发表观点。

10 月 24 日　文部科学省 IT 战略总部发表《职场 2005 文部科学省的 IT 战略基本思想》,报告中提出了公立图书馆的地区情报据点化等问题。

2006 年

1 月 1 日　JIA、全国公共图书馆协议会、国公私立大学图书馆合作委员会发表《图书馆馆际合作中对通过现货租赁方式借来的图书进行复印的相关指导》以及《关于照相复制文本时避免拍入多余资料的相关指导》。

1 月 20 日　JIA 向内阁办公厅行政改革推行事务局提交报告书《〈公益法人制度〉改革(新制度的概要)的相关意见》。

2 月 4 日　NHK 广播电台节目"周六日报"播送了名为"何为真正的图书馆? 围绕公共设施的《管理指定者制度》的讨论"的节目。

2 月 21 日　NDL、国公私立大学图书馆合作委员会向参众两院议长提出建议,内容为自由民主党行政改革推行本部所提出的关于国会事务局改革的相关事项(其中也包括 NDL 的独立法人化)。

2 月 27 日　图书馆问题研究全国委员会发表文章《控诉! 反对国立国会图书馆的独立法人化》。

3 月 16 日　JIA 在 2005 年度"第 2 届评议员会议"上采纳通过了《独立法人化不适

用于国立国会图书馆—JIA 意见》，并将其递交给参众两院议院运营委员会委员。

3 月 31 日　JIA 图书馆政策计划委员会调查了公立图书馆中《指定管理者制度》的引入情况(2005 年度和 06 年度预计引入的自治体有 42 个，2007 年度以后预计引入的有 43 个，不引入的约为 340 个)。

3 月 31 日　国立大学图书馆协会经营问题委员会发表报告书《法人化进程中的国立大学图书馆经营》，筹划制定了中长期的《图书馆基本计划》，并建议“对图书馆长和管理者的功能性进行强化”。

4 月 1 日　NDL 开始提供“JAPAN/MARC2006 版”，并开始使用《关于照相复制文本时避免拍入多余资料的相关指导》。

4 月 4 日　国际儿童图书馆研究全国联络会向 NDL 馆长、国际儿童图书馆长提交《国立国际儿童图书馆设施第 3 期相关工程的请愿书》、《国际儿童图书馆学校图书馆相关事业的请愿书》。

4 月 5 日　文部科学省召开“今后图书馆的定位研讨合作者会议”，发表《今后的图书馆展望—旨在成为地区情报据点(报告书)》。

4 月 7 日　船桥市西图书馆藏书废弃事件得到判决，原告的再次上诉被驳回，确定维持东京最高法院判决，要求相关人员每人支付3 000日元进行补偿。

4 月 7 日　NII 开始公开招募“次时代学术目录基础共同构建事业”的委托业务。

4 月 11 日　全国 SLA、学校图书馆完善推进会议向儿童未来研究委员联盟提交《关于学校图书馆完善图书的请愿书》。

4 月 20 日　NDL 职员组织发表报告《鉴于国立国会图书馆的功能和立法补助机构的定位所展开的议论——国立国会图书馆职员组织对国立国会图书馆改革提出的建议》。

4 月 20 日　东京・国立市图书馆协议会向市长和教育部长等人提交《国家图书馆和〈指定管理者制度〉的相关意见书》，其中指出“《指定管理者制度》并不适用于图书馆”。

5 月 18 日　文部科学省公布了《关于都道府县・市町村的儿童读书活动推进计划制定状况》的调查结果。

6 月 8 日　文部科学省向都道府县教委教育长发布《关于公立义教育各校学校图书馆的购书经费的地方财政措施》的通知，平成 18 年(2006 年)度财政总额为 130 亿日元。

6 月 27 日 NDL 在网页上刊登了《国立国会图书馆件名目录表》2005 年度版。

6 月 27 日 文部科学省社会教育活性化推进委员会审议了平成 18 年(2006 年)度的事业计划《社会教育活性化 21 世纪计划》,并批准采纳了其中 4 项与图书馆相关的计划方案。

6 月 30 日 2006 年全国公共图书馆总会上修订了《公共图书馆馆际资料互借方针》的部分条款,并予以实施。

7 月 24 日 文部科学省公开发表《关于学校教育情报化现状的调查报告(2006 年 3 月)》。

8 月 23 日 公立大学协会图书馆协议会向文部科学省提交《关于为确保和强化电子学术情报资源而所需的财源保障》的请愿书。

9 月 1 日 实验性地提供《国立国会图书馆件名目录表》(NDLSH)的电脑复印版本。

10 月 2 日 文部科学省终身学习政策局向都道府县教委下发《关于部分修改〈关于批准公立社会教育设施完善费用补助金的财产处理〉》的通知。至此,公民文化馆图书室便作为公立图书馆的分馆,在法律上更容易对其定性。

10 月 6 日 全国 SLA 向文部科学省提交《关于新的〈学校图书馆完善图书制度〉的制定》的请愿书。

10 月 11 日 JIA 召开"《文字·铅字文化振兴法》与图书馆关系的研究集会",会上发表《享受丰富的文字·铅字文化及对其环境的完善——图书馆方面的政策建议》。

10 月 12 日 文字·铅字文化推进机构设立筹措会发表《文字·铅字文化推进机构设立目标》等报告。

10 月 27 日 全国 SLA 等批准通过了举行"文字·铅字文化日"的纪念集会、培养《语言的力量》的学校书馆的确立"、要求完善学校图书馆图书的《呼吁书》等事项。

12 月 22 日 《教育基本法》(法律第 120 号)颁布,新法对旧法进行了全面的修订(颁布之日起施行)。《伴随〈教育基本法〉施行对相关政令的整理的政令》(政令第 395 号)颁布,伴随法律变更由文部科学省发出更改告示(文部科学省告示第 152 号)。《中学学习指导要领》、《高校学习指导要领》部分修订。

12 月 22 日　文部科学省向都道府县·指定都市教委和主管下发《关于〈教育基本法〉的施行》的通知。

12 月 22 日　《著作权法》部分修订(法律第 121 号)。

2007 年

1 月 11 日　文部科学省向各都道府县教育委员会发布《关于伴随公立义务教育各校的〈学校图书馆图书完善新 5 年计划〉制度的制定，今后推进图书完善活动的相关问题》的通知。截至 2011 年，5 年间约有 1 000 亿日元(每年 200 亿)的地方交付税作为计划资金。

1 月 24 日　文部科学省公布《平成 17 年度(2005 年)学术情报基础现状调查结果》(即之前的"大学图书馆现状调查")，网络的完善程度和对外开放程度有所提高。

1 月 30 日　中央教育审议会发表中期报告《关于开拓新时代的终身学习的振兴方针》。

2 月 20 日　日本工业标准调查会制定 JISX0814：2007《图书馆统计》，修订了 JISX0812：2007《图书馆活动指标》。

2 月 21 日　NDL 召开"第 14 届综合目录网络工程参与馆公开研讨会"(京都·精华町)。

3 月 30 日　文部科学省向各都道府县知事·教育委员会下发《关于伴随〈学校教育法〉部分修订法的施行而需完善相关政令的问题》的通知。

3 月 31 日　《国立国会图书馆法》部分修订(法律第 10 号)。

3 月 31 日　JIA 图书馆政策企划委员会发表《研究〈指定管理者制度〉的立场——为了更好地经营图书馆(试行版)》。

4 月 1 日　长尾真被任命为国立国会图书馆馆长(首次任用国会相关者之外的人选)。

4 月 2 日　文部科学省向都道府县教育委员会教育长下达通知，因《学校教育法》的部分修订，聋哑学校和特别看护学校的《学校图书馆图书标准》也有所修正。

4 月 3 日　全国 SLA·学校图书馆完善推进会议召开公开研讨会，会议主题为"为追求图书馆图书的充实:展望《完善图书新5年计划》的完全实行”。

4月6日 文部科学省向都道府县教育委员会教育长下达《关于各公立义务教育学校学校图书馆购书经费的地方财政措施》的通知。

6月12日 文部科学省发表《学校教育情报化现状的调查结果》。

6月15日 NDL在主页上颁布《国立国会图书馆件名目录表(NDLSH)》2006年版。

6月27日 《学校教育法》部分修订(法律第96号)颁布(根据同法第6条规定,《学校图书馆法》的第5条第2项和《图书馆法》附则第10项被修订)。

6月28日 文部科学省在中央教育审议会终身学习分科会中设置了“制度问题小委员会”,并召开第1届会议。

7月2日 《国立国会图书馆资料利用规则》及《国立国会图书馆国际儿童图书馆资料利用规则》部分修订(规则第3号)。

7月3日 NDL在“近代数字图书馆”中追加公布了大正时期所刊行图书等资料。

7月27日 中央教育审议会终身学习分科会制度问题小委员会就《图书馆法》的修订进行了集中审议。

7月31日 文部科学省向各都道府县教育委员会下达《关于〈学校教育法〉等部分修订法的相关问题》的通知。

7月31日 JIA著作权委员会发表《关于谈话会·阅读服务相关的著作权Q&A——以儿童书籍恳谈会上〈通过谈话会·阅读服务对于著作物的利用〉中反映出的问题为中心》的报告。

7月31日 文部科学省在自2006年起展开的《学校图书馆支援中心推进事业》(40个地区)中新追加了19个地区。

9月5日 JST情报事业50周年纪念研讨会(东京)。

9月12日 中央教育审议会终身学习分科会上,制度问题小委员会就包含《图书馆法》的终身学习、社会教育法制的定位问题进行了总结。

10月2日 JIA发表《对于〈图书馆法〉修改的意见》。

10月17日 日本图书馆研究会与上海图书馆学会等共同举办了第5届国际图书馆学研讨会——“关于《图书馆法》”(中国上海,至19日)。

11月4日 NDL派遣代表团访问中国,参加“中日国家图书馆第27届业务交流会”。

11 月 30 日 中央教育审议会终身学习分科会发表《关于研究终身学习·社会教育相关制度的方向性问题》，其中强调了《图书馆法》中新加入的对省令科目的修订、研修活动和自我评估等问题。

12 月 6 日 文部科学省社会教育科出席了 JIA 常务理事会，会上双方就《图书馆法》的修正交换了意见。

12 月 26 日 中央教育审议会终身学习分科会上提出了《必须添加进答复中的事项和草案》，内容包括“图书馆在司书的定位、行政的定位上所起的作用”等等。

2008 年

1 月 10 日 JIA 向文部科学省提交《对〈图书馆法〉修改的相关意见》。

1 月 31 日 NDL 在迎接 60 周年之际发表《未来：知识让我们更精彩》的报告。

2 月 3 日 JIA 向文部科学省提交“对《关于开拓新时代的终身学习的振兴方针·答复草案》的意见”的报告。

2 月 4 日 文部科学省在情报网页上开设了“儿童读书情报馆”，旨在推动《儿童读书支援项目》的实施。

2 月 9 日 NHK 教育电台《抓住未来：平成青年工作图鉴》节目中，出现了“学校司书”这一职业。

2 月 19 日 中教审发表《关于开拓新时代的终身学习的振兴方针——旨在构建知识循环性社会》(答复报告)。

2 月 28 日 JIA 发表《对于〈推进儿童读书活动的基本计划(第二次)(草案)〉的意见》。

2 月 29 日 包括《图书馆法》修订、《社会教育法》部分修订的法案由内阁决议批准，并提上国会议程。

3 月 3 日 日高教向文部科学大臣提交《希望充实学校图书馆的署名》，署名人数共有 43 742 人。

3 月 3 日 全国视觉障碍者情报提供设施协会完成《视觉障碍者音译资料利用指南》。

4 月 2 日 JIA 就《图书馆法》修订法案向国会议员提出请求。

4 月 21 日 文部科学省公开发表《学校图书馆图书相关预算措施状况调查(平成 18、19 年度)》和《学校图书馆现状调查》的调查结果。

4 月 25 日 《国立国会图书馆法》部分修订法(法律第 20 号)。

5 月 23 日　众议院文部科学委员会通过《社会教育法》等部分修订案，并通过了附带决议。

5 月 25 日　NDL 将开始受理呈缴本日定为“呈缴本制度日”，并设计了“呈缴本制度普及标志”。

5 月 27 日　众议院通过包括《图书馆法》修订、《社会教育法》部分修订法案。

5 月 30 日　JIA 发表《给国会议员的请愿书——就〈图书馆法〉修订一事欲与国会审议的相关事项》。

6 月 4 日　参议院批准了包括《图书馆法》修订、《社会教育法》部分修订在内的法案，法案通过成立。

6 月 6 日　总务省以总务事务副部长名义向各自治体下达《关于平成 20 年度地方财政的运营》的通知；在关于《〈指定管理者制度〉运用上的注意事项》中，明确要求“确保公共服务的服务水准”。

6 月 11 日　《图书馆法》修订案、《社会教育法》部分修订案(法律第 59 号)颁布施行。

6 月 11 日　《伴随〈社会教育法〉等部分修订法的施行而需完善文部科学省相关省令》(文部科学省省令第 18 号)颁布(《图书馆法施行规则》等部分修订)。

6 月 11 日　《候补司书和同等以上职位的指定事项》(文部科学省告示第 90 号)及《〈公立图书馆设置及运营方面的期望标准〉的部分修订事项》(文部科学省告示第 92 号)公示。

6 月 11 日　文部科学省以文部事务副部长的名义向都道府县教育委员会下达《关于〈社会教育法〉部分修订法的施行》的通知。

6 月 11 日　全国 SLA 公布《学校图书馆法》部分修订案，实施之日定为“学校图书馆日”。

6 月 12 日　文部科学省发表《都道府县及市町村中‘儿童读书活动推进计划’的制定状况调查》的调查结果。

6 月 13 日　JIA 向文部科学大臣提交《〈图书馆法〉修订对于〈司书培训省令科目〉的影响》报告。

6 月 16 日　文字·铅字文化推进机构召开“‘国民读书年’的国会决议报告集会”，批准采纳了以“读书立国”为目标的建议。

6 月 25 日　国公私立大学图书馆合作委员会向 NII 提交《关于人文社会科学领域电子收藏相关的基础构建》的请愿书(7 月 22 日 NII 进行答复)。

6月30日　文部科学省召开“今后的图书馆定位研讨合作者会议”，发表《关于充实图书馆职员研修内容方策》的报告。

7月1日　国际儿童图书馆的馆藏资料通过NDL—OPAC开始邮寄复印业务和馆际互借业务。

7月1日　内阁通过《教育振兴基本计划》（7月16日由文部科学省发布告示，第118号）。

7月15日　NACSIS—CAT的图书和杂志资料数突破1亿件。

7月17日　文部科学省召开“今后的图书馆定位研讨合作者会议第3期集会”，发表《欲取得司书资格者在大学中必须履修的图书馆相关科目的定位问题》的报告。

8月1日　文部科学省就《基于〈图书馆法〉第9条第1项，关于对都道府县立图书馆的资料提供事宜》进行事务通报。

9月5日　文部科学省在全国中小学校和高校中发行宣传手册《化学校图书馆之力为孩子之力——在这里，向未来敞开大门》。

9月30日　JIA发表《在〈图书馆法〉修订后必须研究的图书馆振兴课题》。

10月1日　《社会教育调查规则》部分修订，在《图书馆法》第29条中规定的由地方公共团体设置的“图书馆同类设施”也被列为调查对象。

10月23日　NDL举行日中韩三国关于“数字档案事业中的日中韩合作”的交流会（东京）。

10月31日　JIA分类委员会开始公开发表《日本十进分类法》第10版试行方案的概要。

11月18日　文部科学省承认“图书馆振兴财团”的设立。

11月18日　文字·铅字文化推进机构召开成立“2010国民读书年推进会议”的集会，发表《国民读书年行动计划》（东京）。

11月19日　NDL召开开馆60周年纪念研讨会：“知识使我们更精彩——国立国会图书馆面临的新使命”（东京）

12月25日　JIA发表《关于公立图书馆的〈指定管理者制度〉》。

参考文献：

1. 奥泉和久. 近代日本公共図書館年表1867—2005［M］. 東京：日本図書館協

会,2009.

2. 日本図書館協会図書館ハンドブック編集委員会. 図書館ハンドブック第6版[M]. 東京:日本図書館協会,2005.
3. 日本図書館協会図書館年鑑編集委員会. 図書館年鑑2007[M]. 東京:日本図書館協会,2007:132—143.
4. 日本図書館協会図書館年鑑編集委員会. 図書館年鑑2008[M]. 東京:日本図書館協会,2008:132—141.
5. 日本図書館協会図書館年鑑編集委員会. 図書館年鑑2009[M]. 東京:日本図書館協会,2009:132—142.